PE

Silke Höllerich

ROY BLACK

– wie er wirklich war

VERLAG PETER ERD · MÜNCHEN

Die Deutsche Bibliothek – CIP-Einheitsaufnahme
Höllerich, Silke:
Roy Black – wie er wirklich war / Silke Höllerich. –
München : Erd, 1992
ISBN 3-8138-0257-4

Redaktionelle Mitarbeit:
Wieland Vagts
Umschlaggestaltung:
MEDIABORD Fernsehen- und Zeitschriftenproduktion GmbH
Lektorat: Ulrike Y. Schmid

Satz: Utesch Satztechnik GmbH, Hamburg
Druck und Verarbeitung: Wiener Verlag, Himberg
Printed in Austria
ISBN 3-8138-0257-4

Es gibt keine Seele,
die nicht ihr Wattenmeer hätte,
in dem zuzeiten der Ebbe
jedermann spazierengehen kann.
(Christian Morgenstern)

Vorwort

Ich bin dankbar, daß unser Sohn Torsten die letzten Wochen bei dir und mit dir verlebt hat. So wird ihm hoffentlich erspart bleiben, eines Tages von Zweifeln und Selbstvorwürfen heimgesucht zu werden.

Ich fahre zu deinem Bruder Walter nach Burghausen, um Torsten dort abzuholen, wo er in stiller Trauer einen Hauch von dir vermutet. Aus dem Cassettenrecorder überschwemmt mich unsere Musik und ich unterquere die Brücke, die in Heldenstein der Weg zu deinem letzten Fluchtpunkt war, die aber auch zu dem einzigen Zuhause führte, das Gerhard Höllerich jemals hatte. Du bist tot. Und gestern hat ein Bulldozer dieses Blockhaus unseres Zusammenlebens niedergewalzt. Meine Heimat als deine Frau und Torstens Elternhaus wurde von engstirnigen Gesetzesverwesern ausgelöscht. Es sollte dir wohl gezeigt werden, was geschieht, wenn du es wagst, dich in den Autobahnwahnsinn einzumischen. Dein Schrei ist nicht erhört worden. Wie so oft hat er nur dich selbst zerrissen. Sehr oft in deinem Leben hat dich die Angst vor Schmerzen klein gemacht, bis zu dem Augenblick vor wenigen Wochen, als du fast heiter, irgendwie losgelöst, auf den endgültigen Tod nach deinem langen Sterben zugegangen bist. Ja, ich weiß, daß das, was du deinem Leben angetan hast, eine Art von Selbstmord war. Du hattest in den letzten Wochen die Größe, loszulassen, Abschied zu nehmen. Gelassen und ohne den Vorwurf, den du immer in dir trugst.

Ich habe deinen sarkastischen Humor geliebt, wenn uns die Melancholie übermannte. Ich habe die durchschimmernde Idee in dir bewundert, den Kämpfer, der öffentlich das alles kommentiert sah, was fast jeder von uns nur im engsten Kreis erträglich findet.

Ich stehe etwas hilflos vor deinem Tod. Alles ist so irreal und nicht zu begreifen. Du hattest immer Angst, von den dich liebenden Menschen verlassen zu werden und hast gerade diese so oft verletzt, als ob du es herausfordern wolltest, allein gelassen zu werden. Irgendwann hat in unserer Liebe die Verzweiflung die Melancholie besiegt, und wir haben beide den Humor im Umgang miteinander verloren.

Mit diesem Buch möchte ich versuchen, unserem Sohn und vielleicht auch deiner Tochter den Vater zu erklären, der ihnen beiden so früh genommen wurde. Ich selbst möchte beim Schreiben verstehen lernen. Ich möchte Sätze mit dir wechseln, die wir so immer seltener zueinander sagen konnten in den vergangenen 25 Jahren, ohne die Gefahr des tief verletzenden Mißverständnisses. Ich möchte mich dir ein letztes Mal annähern: Abschied nehmen durch Erinnerung.

Liebe zu einem Menschen heißt, ihm mit Respekt zu begegnen, Verständnis für ihn zu wecken und die Wahrheit hinter der Wirklichkeit zeigen zu wollen. Ich glaube, ich bin es dir schuldig zu versuchen, dich schreibend in deiner Gesamtpersönlichkeit zu erfassen. Ich möchte das nicht fremden Menschen überlassen, schon gar nicht nach meinen Erfahrungen mit der Presse in den letzten Jahren.

Pinneberg im November '66

Wie beginne ich die Erinnerungen an dich?

Was in meinem Leben hat mich zu dir geführt?

Waren es nur Zufälle?

Ich weiß es nicht. Aber ein wenig nachdenklich werden könnte man schon.

Da wir in unserer Familie eher mit Kritik als mit Lob großgezogen worden waren, glaube ich sagen zu können, daß ich damals als Folge dieser Erziehung fast krankhaft schüchtern gewesen bin. Ich kann deshalb bis heute nicht verstehen, warum ich dennoch dem Drängen meiner Mutter nachgab und mit achtzehn an einem Fotomodellwettbewerb der Zeitschrift REVUE teilnahm und warum ich es ohne größeren Schaden geschafft habe, vor den gnadenlosen Kameras zu posieren, um den Forderungen der Fotografen nachzukommen, obwohl ich in meiner Schulzeit einen Widerwillen gegen Leistung auf Knopfdruck entwickelt hatte. So haben mich paradoxerweise, nachdem ich den Wettbewerb gewonnen hatte, genau die Tätigkeiten, die zutiefst gegen meine Natur liefen, in eine Stadt geführt, die sofort mein Herz eroberte: München. Unsere Stadt.

Wie oft war ich dann während meines Grafikstudiums für Modeaufnahmen in dieser aufregenden Stadt. Instinktiv fühlte ich offenbar schon damals, daß ich dort zu Hause sein würde. So war ich also in gewisser Weise vorbereitet, als sich drei Jahre später die Wende in meinem vor sich hinplätschernden Leben anbahnte.

Ich arbeitete inzwischen als Layouterin bei der Jugendzeitschrift *okay* in Hamburg, als an einem trostlosen, grauen Novembertag unser Chefredakteur verkündete: »Wir werden mit der *BRAVO* in München zusammengelegt. Wer mit will, kann mit.« Wer mit will? Wie konnte dieser Mensch überhaupt noch fragen? Und ob ich mitwollte!

Kurz nach Weihnachten verabschiedete ich mich von meinen vier Brüdern und meinen Eltern in Pinneberg und flog, eine Träne im Augenwinkel, nach München. Ich war erfüllt von einer Sehnsucht nach Schönheit, Extravaganz und Abenteuer. Ein kleiner Koffer voll war mein gesamtes Hab und Gut.

Zusammen mit meiner Kollegin Tini bezog ich ein kärglich möbliertes Zweizimmerappartment in Schwabing.

Die Belgradstraße war zwar laut und nicht besonders schön, aber wir fühlten uns wie im Paradies: Wir waren frei, unabhängig und voller Lebenslust.

In der *BRAVO*-Redaktion empfand ich alle Kollegen irgendwie anders als die in Hamburg. Jeder schien zu wissen, wo es lang ging und jeder kannte anscheinend jeden in der Stadt »wahnsinnig« gut. Etwas angestrengt versuchte ich mitzuhalten und mir keine Blöße zu geben.

Langsam gewöhnte ich mich daran, daß Stars und Prominente in der Redaktion ein- und ausgingen, als wären sie dort zu Hause. Zwar fand ich mein Nettogehalt von 850 Mark im Monat geradezu lächerlich gegen meine vorherigen Fotomodellgagen, aber meine Mutter meinte, ich hätte jetzt wenigstens einen »richtigen« Beruf.

Das erste Treffen '67

Am 16. Januar 1967, es ging wieder einmal sehr hektisch zu, hastete ich mit meinem Layout in der Hand durch den langen Redaktionsflur, als mir plötzlich, zusammen mit Uschi Glas, Roy Black entgegenkam.

Meine erste Begegnung mit dir.

»Wieso mußte ich ausgerechnet heute diese Labberjeans anziehen?« durchzuckt es mich. Unwillkürlich werde ich rot. Du zwinkerst mir frech grinsend zu. Was du dir wohl einbildest? Darauf achtend, nur nicht unsicher zu wirken, ignoriere ich dich stolz und lande völlig verwirrt wieder da, wo ich gerade hergekommen bin: im Layout. Gibt es Liebe nach den ersten sieben Sekunden?

Drei Tage später stockt mein Herzschlag. Ich höre das erste Mal die Stimme des Chefredakteurs meinen Namen durch die Sprechanlage rufen: »Fräulein Vagts, kommen Sie doch bitte sofort mit dem Layout der Roy-Black-Story zu mir!«

Viel ist noch nicht zu sehen von meinem Entwurf und so öffne ich nichts Gutes ahnend die Tür zum Zimmer meines Chefs. Da sitzt du, wieder so frech grinsend, meinem Boß gegenüber. Wieder werde ich knallrot.

Als ich zögernd mein unvollendetes Werk meinem Vorgesetzten vor die Nase schiebe, wehrt dieser ab: »Nicht ich, sondern dieser nette Herr dort möchte gerne sehen, was Sie aus seiner Story gemacht haben.« Wie ich es zum anderen Tischende geschafft habe, weiß ich nicht mehr. »Ja, das ist für den Anfang doch ganz hübsch«, lügst du, »aber viel mehr interessiert mich, ob Sie morgen Abend Zeit haben, mit mir Essen zu gehen.« Meine

Mundwinkel zittern, als ich ein Lächeln versuche. »Leider nicht«, höre ich mich sagen, »ich habe morgen Geburtstag, aber Sie können ja gerne vorbeikommen.«

Den Rest des Arbeitstages starre ich auf die verschiedenen Fotos von dir und bin meilenweit davon entfernt, sie irgendwie grafisch für die BRAVO anzuordnen. Du siehst auf den Schnappschüssen der Pressefotografen fremd und vertraut zugleich aus. Aufregend fremd wegen deiner pechschwarzen Haare und vertraut wegen deiner blauen Augen, die ich schon immer von meinen Brüdern kenne.

Du bist Wassermann, am 25. Januar 1943 geboren. Die Idee des zuständigen Redakteurs ist es, Horoskopaussagen deinen Fotos zuzuordnen. Gedankenverloren überfliege ich die dir zugeschriebenen Eigenschaften: »Analysiert alles und jeden, aufgeschlossen für Abenteuer, schließt schnell Freundschaften, hat aber kaum innige Freunde. Ist halb Albert Schweitzer, halb Mikkymaus, schert sich einen Teufel darum, ob es paßt, wenn er barfuß zu einem Empfang kommt. Viele Uranus-Geprägte haben ein Gesicht wie gemeißelt, das Profil erinnert an Köpfe römischer Kaiser auf alten Münzen...« Ich vergleiche einige Schwarzweiß-Aufnahmen im Hinblick auf diese letzte Aussage und finde sie völlig richtig.

Mein 22. Geburtstag im Januar '67

Am nächsten Abend ist die Party in vollem Gange. Meine Freundin Tini hat für mich einen Moderator vom amerikanischen Soldatensender AFN eingeladen. Ich liebe solche Zwangsbegegnungen nicht, aber das »Himmlische Moseltröpfchen« hilft über die Peinlichkeiten hinweg. Meine Nervosität steigt wieder in mir auf, als es spätabends klingelt: Solltest du etwa doch noch zu meiner Feier kommen? Als ich zögernd die Wohnungstür öffne, stehst tatsächlich du da.

Bepackt mit einem Stapel Schallplatten für mich, setzt du dich sogleich etwas linkisch auf die Kommode im Flur: Du hast wohl schon in der Redaktion festgestellt, daß du etwas kleiner bist als ich. Es ist dir offenbar so unangenehm, daß du überhöhte Absätze trägst. Doch für mich macht dich dieser Komplex um so liebenswerter.

Ich stehe wie versteinert vor dir und schütte den Wein etwas hastiger in mich hinein. Auf der Couch ist bei den anderen kein Platz mehr frei, so tanzen wir miteinander. Du küßt mich. Erst ein wenig schüchtern, später am Abend leidenschaftlich. Wir bemerken überhaupt nicht, daß die anderen nach und nach gehen. Du flüsterst mir Zärtlichkeiten ins Ohr, und ich finde dich so verspielt und romantisch, wie ich es mir erhofft habe.

Als ich die Musterplatten, die du mir mitgebracht hast, durchwühle, finde ich auch deinen Superhit aus dem Jahre 1965: *Ganz in Weiß*. Fröhlich summend und überglücklich lege ich das Lied auf den Plattenteller und drehe mich zu dir um. In derselben Sekunde springst du aufgebracht an mir vorbei und fegst die Nadel von der LP. Ich bin erschrocken. Du forderst wütend: »Ich will das nicht hören! Nicht hier und nicht jetzt!« Behutsam umarme ich dich, und wir setzen uns auf das inzwischen leere Sofa.

Du erzählst mir, daß du als Schüler und Student mit deiner Rockgruppe *Roy Black & the canons* jahrelang vor amerikanischen GIs gespielt hast, ehe dich der kleine dicke Produzent Hans Bertram bei einem Wettbewerb von dort mit hohlen Versprechungen weggeholt hat. Du sagst, du fühlst dich als Rock'n Roller und nicht als »Muttis Liebling«. Du solltest auf Schallplatten die Musik singen dürfen, die jetzt am Ende der Sechziger zusammen mit den Liedern der Beatles ein Aufschrei gegen die Eltern ist. Du solltest Lieder wie die von Elvis oder Cliff Richard singen dürfen, Musik von Roy Orbison zum Beispiel, dessen Vornamen du aus Verehrung übernommen hast, neben deinem Spitznamen *Blacky*.

Als du aber ins Polydor-Studio nach Köln kommst, bist du entsetzt, als du das Playback von der Schnulze hörst, die du aufnehmen sollst. *Sweet Darling mein* heißt das Unglück, und die ersten beiden Worte der Titelzeile sind die einzigen englischsprachigen im ganzen Werk. Du weigerst dich, diesen »verlogenen Unsinn« zu singen. Du wußtest bis dahin überhaupt nicht, was genau in deinen Verträgen mit Bertram stand. Du tobst, dann weinst du. Am Schluß singst du doch. Du sagst mir, du weißt bis heute nicht warum. Diese erste Single wird ein totaler Flop. Zu Recht, wie du es empfindest.

Du hoffst, daß einige Reinfälle deinen Produzenten davon überzeugen können, dich doch noch »deine« Musik singen zu lassen. So wehrst du dich bei der zweiten Platte nur ein bißchen. *Let's go, Darling, my love* heißen die nächsten Reinfälle. Erst das erste rein deutsche Lied wird 1965 ein Hit: *Du bist nicht allein* bleibt 26 Wochen in den Hitparaden. »Leider«, betonst du hier auf meiner

Couch. Ich genieße dein Vertrauen in mich, und ich verstehe dein Hin- und Hergerissensein. »Ein schöner, wilder Paradiesvogel, gefangen im Netz der Verlogenheit«, zitierst du lachend.

Trotzdem finde ich, daß es keinen überzeugenderen Sänger für diese Lieder geben kann. Ich jedenfalls höre sie gern. Etwas unfroh lachst du und nimmst mich wieder in die Arme. Wir schmusen wie wild. Irgendwann spät in der Nacht gehst du. Aber nicht, ohne zu versprechen: »Morgen nachmittag um vier bin ich wieder bei dir.« Noch nie erschien mir ein Mann bereits beim ersten Erkundungsausflug so wohlig vertraut wie du, glückselig und zukunftsfroh schlafe ich ein. Ich bin zum ersten Mal in meinem Leben wirklich verknallt.

Spät am nächsten Morgen wache ich mit dickem Schädel und verquollenen Augen auf. Tini ist offenbar bei ihrem Freund geblieben und ich genieße es, mich ungestört meiner erwartungsfrohen Stimmung hingeben zu können. Sorgfältig räume ich die Reste der Feier weg, staubsauge zur Musik der »Walker Brothers« und finde, daß es keinen schöneren Platz auf der Welt gibt als diese Zweizimmerwohnung in München.

Mit Lust und Sorgfalt bade ich, erneuere meinen Nagellack, style meine halblangen blonden Haare und schminke mich dann sehr sorgfältig. Es soll alles natürlich und wie selbstverständlich aussehen. Kurz vor vier Uhr wechsle ich nervös noch einmal das Kleid. Um fünf bin ich mir gar nicht mehr so sicher, ob ich überhaupt jemals in dich verliebt war. Um sechs entkorke ich das erste »Himmlische Moseltröpfchen«. Um viertel vor acht bin ich tief verletzt und sauer auf dich. Um neun hast du jede Chance verspielt, und um kurz nach zehn falle ich, mit der Welt hadernd, in mein Klappbett. »Die Liebe ist blöd«, werfe ich meinem Spiegelbild entgegen, »die Männer sowieso und überhaupt.«

Die nächsten Tage quälen sich so dahin. Die Arbeit macht keinen Spaß und der Münchner Föhn nervt. Am Abend des dritten Tages nach deinem unverzeihlichen Verhalten sitze ich mit meiner Freundin Tini zusammen und lästere über Männer allgemein und über Stars insbesondere. Am Ende der zweiten Flasche, mitten in »unwiderlegbaren« Argumentationen springe ich wie elektrisiert hoch – ich höre deine unverwechselbare Stimme im Radio. Du bist Stargast bei Ö3. Na, immerhin da und nicht bei irgendeiner anderen Frau, schlußfolgere ich recht logisch und lege mich nun etwas versöhnter schlafen.

Mitten in dieser Ö3 geprägten Nacht weckt mich das nervende Klingeln meines Telefons und reißt mich aus meinen traumatischen Rachefeldzügen. »Hallo? Ich bin's«, preßt du heraus, »ich muß unbedingt mit dir reden. Kann ich morgen bei dir vorbeikommen?« Das leise Schuldbewußtsein, das ich bereitwillig aus deiner Stimme heraushöre, gibt dir noch eine Chance und mir die Möglichkeit, mein Gesicht zu wahren. Betont desinteressiert willige ich ein und lege auf. Sinnigerweise habe ich vergessen, nach der Uhrzeit für das Treffen zu fragen.

Im Verlauf unserer späteren Freundschaft denke ich noch oft an diesen so typischen Anfang zurück. Jetzt hätte ich die Möglichkeit zur Umkehr, jetzt könnte ich noch »nein« sagen zum Verletztwerden. Aber es kommt mir heute nacht doch etwas unverhältnismäßig vor, eine Liebesgeschichte, immerhin meine erste ernsthafte, nach viereinhalb Stunden als beendet zu betrachten. Vielleicht habe ich auch nur aus Trotz versucht, dir zu verzeihen. Meine Mutter hatte nämlich telefonisch gefordert: »Silke, das läßt du dir unter keinen Umständen bieten!«

Irgendwann am nächsten Abend kommst du tatsächlich. Ich bin in meinen Gefühlen hin- und hergerissen. Eigentlich hatte ich beschlossen, einfach nicht mehr in dich verliebt zu sein. Aber als ich sehe, wie du da im Flur stehst und mir etwas hilflos einen lieben Plüschhund in die Hand drückst, wackelt dieser Entschluß heftig. Du erklärst mit Andeutungen und Halbsätzen, daß es da etwas in deinem Leben gibt, das dich daran hindert, richtig mit mir zusammen sein zu können. Ich weiß nicht, ob ich das von Gerhard Höllerich akzeptiert hätte, aber Roy Black hatte das Recht auf eine besondere Rücksicht.

Ich fühle mich als Vertraute und habe Verständnis – für was auch immer. Ich will warten. Ich will verstehen. Ich will uns eine Chance geben. Was sonst? Erschöpft vom Hin- und Hergerissensein der letzten Tage, fallen wir uns in die Arme. Ich hoffe, du hast auch ein bißchen gelitten.

An diesem Abend lädst du mich zum ersten Mal zum Essen ein. Verwundert steige ich in ein Auto, das ich nicht erwartet habe. Du fährst keinen Mercedes oder etwas in dieser Klasse, sondern einen winzigen Mini-Cooper. Etwas enttäuscht frage ich nach dem Grund für diese »Bescheidenheit«. Verwirrt blickst du mich an und murmelst etwas wie »Selbstkasteiung«. Du hast mit deinem letzten Wagen, einem großen Daimler, drei Holländer in einem Käfer zusammengefahren und schwer verletzt. Obwohl du gesetzlich im Recht warst, fühltest du dich auf einer anderen Ebene schuldig. Hinzu kam, daß die drei Verletzten dich bei deinem Krankenbesuch mit den Worten begrüßten: »Oh, Herr Black, daß wir Sie einmal kennenlernen durften, entschädigt für vieles.« Ich glaube dir, wenn du sagst, daß dir eine solche Verehrung »pervers« vorkommt.

Die nächsten Wochen vergehen wie im Fluge. Du kommst vorbei, sooft es deine Termine zulassen.

Meist reden wir stundenlang. Wir entdecken die gleichen Vorlieben, die gleichen Ängste und das gleiche Entzücken über die schönen Dinge des Lebens. Ich bin fasziniert von dir und schrecklich verliebt. Manchmal, nach ein paar Gläsern Wein, überschwemmen dich deine Konflikte wie ein gebrochener Staudamm. Ich höre zu und versuche zu verstehen.

Du wechselst in diesen Tagen ständig und ohne Übergänge zwischen Euphorie und Depression, mal bist du präsent und dann wieder abwesend. Immer wieder glaubst du, eine nahende Katastrophe zu fühlen. Du willst rechtzeitig eine private Sphäre, eine Trutzburg gegen diese Bedrohung durch die Außenwelt aufbauen. Ich stelle mit Verwunderung fest, daß du dich für schüchtern hältst und Angst hast: Angst vor den Massen, vor der Zukunft und vor dem Versagen.

Ich bewundere deine breitgefächerte Bildung und dein Interesse für alles und jedes. Aber du leidest darunter, daß du eigentlich wie alle lebst: Von Termin zu Termin, von Tag zu Tag, von Turbulenz zu Turbulenz. Du mußt deinen Job – Roy Black zu spielen – erfüllen, obwohl du dir zu intelligent für diese Einengung bist.

Du möchtest Begrenzungen durchbrechen, schamlos und frech sein wie viele deines Alters in dieser Zeit. In unseren Gesprächen willst du oft abgebrüht wirken, du siehst das Nichts, auf das alles zuläuft. Du kannst dich schnell für vieles begeistern, um dann doch immer wieder hoffnungslos in dich zusammenzufallen – manchmal etwas selbstmitleidig, wie ich mir insgeheim gestehe.

Du willst noch eine ganze Menge Leben und Abenteuer in deine Jahre packen. Mit mir – oder mit einem Freund, den es so für dich noch gar nicht gibt. Aber erst einmal willst du weitermachen und viel Geld herausziehen aus deiner Karriere, um dich dann erfolgreich abschotten zu können von den Anforderungen der Menschen und der Leistungsgesellschaft.

In diesen langen Gesprächen oder manchmal auch Monologen bin ich oft der Mittelpunkt des Universums und werde mit Aufmerksamkeit überschüttet, um dann ganz unvermittelt völlig ignoriert zu werden. Du blätterst nervös in Zeitschriften, und ich ernte auf meine Schilderungen des Alltags nur noch ein »Hm, hm, ach so?«

Manchmal lache ich offenbar auch an der falschen Stelle deiner Analysen. Aber so verliebt wie ich bin, kann ich die Tragik in deiner Selbsteinschätzung nicht so ernstnehmen, denn zwischendurch bist du wieder so albern und unbeschwert, wie ich das nur von meinen jüngeren Brüdern kenne. Du tanzt mitten am Tag fast nackt über Tische und Stühle und lauschst der überlaut aufgedrehten Musik deines damaligen Lieblingssängers

Lou Rawls, einer noch unbekannten Bluesgröße aus den USA. Immer häufiger bist du mehrere Tage so ausgelassen, daß ich mir einbilde, dir wirklich gut zu tun. Während du singst, lachst und erzählst, krallt sich mein Blick fest in deinen Augen.

Ich mache eine Weltreise auf den noch weichen Linien deines jungen Gesichts.

Du haßt es an dir, daß die Verkaufszahlen deiner Platten ein Gradmesser deines Wohlbefindens geworden sind. Ich versuche, dir zu vermitteln, wie unwichtig das doch ist und wieviel Glück und Zufall dabei mitspielt. Das paßt dir offenbar nicht. Du seufzt überheblich: »Es gibt halt Menschen, die wollen immer nur so wenig, wie sie bekommen. Ich gehöre nicht dazu!« Ich finde nun wirklich nicht, daß du bisher wenig mitbekommen hast, aber ich schweige lieber. Ich liebe einfach alles an dir, auch deine Risse. Wir sind beide Unvorbereitete aus einfachen Verhältnissen, die sich plötzlich in die »große Welt« geworfen sehen.

Deine Kindheit

Du erzählst mir in diesen ersten Wochen viel aus deiner Kindheit. Du wächst in Straßberg auf. In diesem Dorf, in dem du auch geboren bist, lebst du mit deiner Mutter und ihren Eltern in deren Haus.

Du strahlst, wenn du mir von deinen Abenteuern im nahen Wald berichtest. Wie du mit Freunden Schätze vergraben und dann in Höhlen übernachtet hast, wie oft du von Bäumen gestürzt bist, auf denen du stundenlang auf Lauer gehockt hattest. Aber du gestehst auch deine Angst vor deiner zu strengen Mutter. Wie du einmal deine beim Spielen zerrissene Hose mit großzügigen Stichen selbst genäht hast in der Hoffnung, dieses eine Mal keine Prügel zu beziehen. Unendliche Traurigkeit klingt aus deiner Stimme, wenn du die Ängste deiner Kindheit heraufbeschwörst. Haß blitzt in deinen Augen auf, wenn du beschreibst, wie oft dich deine Mutter stundenlang in den dunklen, verließähnlichen Keller gesperrt hat.

Wütend und traurig gestehst du mir, daß deine gesamte Kindheit von der entsetzlichen Angst geprägt war, deine Mutter könnte ihre ständige Drohung wahr werden lassen und dich verlassen, wenn du nicht brav sein würdest. Mehr als einmal rennst du ihr als kleiner Junge hinterher, um sie heulend zurückzuholen. Als du es ihr mit gleicher Münze heimzahlen möchtest und eines Tages einfach abhaust und bei verwandten Bauern unterkriechst, empfiehlt ihnen deine Mutter nur, daß »sie dich bei der Erntearbeit ordentlich rannehmen sollten«.

Da du die ersten fünf Jahre allein mit deiner Mutter und den Großeltern aufwächst, rennst du erschrocken weg, als ein fremder Mann zu euch ins Haus zieht. Du erkennst deinen Vater nicht, den du mit einem Jahr das letzte Mal unbewußt gesehen hast und der jetzt aus dem Krieg und aus anschließender Gefangenschaft heimgekehrt ist. Kaum hast du dich mit Mühe an diesen »Störenfried« gewöhnt, kommt ein Jahr später dein Bruder Walter zur Welt. Du kannst dich nur sehr schwer damit abfinden, nicht mehr allein die Aufmerksamkeit deiner Mutter und deiner Großeltern zu genießen.

Dein Vater ist evangelisch. Du aber wirst nach den

strengen Grundsätzen deiner katholischen Mutter erzogen, was in deinem Fall heißt, mit Angst vor allem und jedem aufzuwachsen. Weil der Herrgott nämlich alles sieht und alles bestraft.

So traust du dich kaum, dir einzugestehen, daß du auf deinen Bruder eifersüchtig bist, obwohl er dir in fast allen Bereichen unterlegen ist. Du erwartest täglich die Strafe »für deine unbändige Freude«, daß die Lippen deines Bruders nach einem gezielten Schneeballwurf heftigst geblutet haben. Deine Mutter glaubt damals wie heute an Hexen und zeigt dir drohend die Häuser, in denen diese Teufelswesen wohnen. Du beschreibst deine tiefe Sehnsucht, beachtet und herausgehoben zu werden. Und so kommt es fast zwangsläufig, daß du Pfarrer werden willst, nachdem du als Ministrant das erhebende Gefühl genossen hast, von den Gläubigen in der Kirche angeschaut zu werden.

Wie gebannt höre ich deinen Schilderungen zu und vergleiche sie mit meiner kirchenlosen Kindheit in Norddeutschland. Deine Augen funkeln und deine Hände untermalen jeden Satz mit temperamentvollen Gesten. Alles an dir wirkt auf mich südländisch aufregend. Du umarmst mich zwischendurch immer wieder zärtlich, und du bist ein körperbetonter Mensch, aber ich könnte viel häufiger von diesen Händen liebkost werden, finde ich.

Im Gegensatz zu mir bist du zu Hause nie aufgeklärt worden. Das, was du weißt, hast du mehr schlecht als recht auf der Straße aufgeschnappt. Du gestehst mir, daß du erst mit einundzwanzig das erste Mal mit einer Frau geschlafen hast, was mich beruhigt, weil ich dann mit meinen unberührten zweiundzwanzig vielleicht nicht ganz so unzeitgemäß wirke. Besonders in diesen Jahren, in denen die Hippies von freier Liebe in Kommunen schwärmen und in denen Studenten die Lebensweisheit verkünden: »Wer zweimal mit dem(der)selben pennt, gehört schon zum Establishment.«

Die erste Nacht. Mitte März '67

Der Winter verliert langsam den Kampf gegen die steigende Sonne. Endlich willst du mir das Geheimnis beichten, warum du nie ganz bei mir sein konntest. Du sitzt bei dieser Ankündigung vor mir wie ein schuldbewußter kleiner Junge, der seiner Mutter die Fünf in Mathe zu erklären versucht. Dein flackernder Blick und die nervös an der Teetasse spielenden Hände lassen mich dir schon vorher alles verzeihen.

Mit zu vielen umständlichen Worten versuchst du mir zu erklären, daß du eine für dich außergewöhnlich lange Zeit bei der »offenherzigen« Schauspielerin Barbara Z. gelebt hast. Du fühltest dich ihr gegenüber aus irgendwelchen Gründen verpflichtet. Als es dann aber nicht mehr ging und du ihr erklärtest, daß du deine Zahnbürste in ein anderes Bad stellen wolltest, drohte sie offenbar sehr überzeugend mit ihrem Selbstmord. Heute hattest du es endlich geschafft, in einer Nacht- und Nebelaktion deine Sachen aus ihrer Wohnung herauszuholen.

Ich höre dir nur mit einem Ohr zu, ich bin viel zu aufgeregt, als daß ich weiter über diese Frau nachdenke.

Alles, was ich aus deinen etwas hilflosen Worten heraushöre, ist, daß du dich zu mir bekennst, daß du eine gefährliche Aktion in Kauf genommen hast, um ausschließlich für mich da zu sein.

Du hast in den letzten Wochen die Geduld aufgebracht, mit mir nur zu lachen, zu sprechen oder auszugehen. Du hast mir die Möglichkeit gegeben, dir näher zu kommen, ohne mich dabei zu überfordern. Heute will ich den letzten Schritt wagen, heute bin ich mir meiner Gefühle vollkommen sicher.

Das gelbe Licht der untergehenden Sonne taucht mein Zimmer in eine warme, anheimelnde Stimmung. Ich zünde zwei Kerzen an, während du »Musik aus der Neuen Welt« von Anton Dvořâk auf den Zehnplattenwechsler legst.

In diesem Augenblick breitet sich in mir das Gefühl aus, schwerelos zu sein. Alles stimmt. Ich vergesse das Gestern und mögliche Sorgen von morgen.

In dieser Nacht schlafen wir das erste Mal miteinander. Wir sinken in den zeitlosen Raum, der vielleicht nur dem Rausch der Liebe vorbehalten ist. Du bist mein erster Mann und ich liebe alles an dir. Atemlos höre ich dich flüstern: »Endlich, nach so langer Zeit, endlich bist du meine Frau – ein Leben lang.«

Ich bin mir ganz sicher, mein anderes Ich, meine zweite Hälfte gefunden zu haben. Gerd Höllerich, ich liebe dich wie wahnsinnig.

Total verliebt. Ende März '67

Ich stehe wild verzweifelt vor meinem Kleiderschrank: Meine zwei Röcke, zwei Pullis und drei Kleider haben mir bisher eigentlich vollkommen ausgereicht. Jetzt finde ich plötzlich, daß mein Schrank total unterbelegt, ja geradezu leer ist. Beim prüfenden Blick in den Spiegel finde ich mich überhaupt nicht mehr schick. Aber was tun? Mein Gehalt bei der BRAVO reicht gerade mal so zum Leben. Aber besondere Umstände erfordern außergewöhnliche Maßnahmen. So stürze ich mich in Schulden und nehme den ersten Kredit meines Lebens auf: Wahnwitzige fünfhundert Mark.

Nach dem Einkaufsbummel, der von schweren Entscheidungskrisen geprägt ist, quillt mein Schrank zwar immer noch nicht über, aber ich fühle mich etwas angemessener versorgt, um nicht so verunsichert zu sein, wenn wir zusammen ausgehen.

An diesem Abend bin ich sehr nervös, während ich auf dich warte, um dir meine neusten Klamotten vorzuführen. Verflixt! Zu dem wahnsinnig schicken fliederfarbenen Kleid fehlen mir die passenden Ohrclips.

Macht nichts, beruhige ich mich, hast du mir doch vor Tagen gestanden, daß du farbenblind bist.

Ich finde dein Leben so grau in grau zwar unendlich traurig, aber zumindest heute hilft es mir aus der Klemme, sage ich mir und clipse mir giftgrüne an die Ohrläppchen.

»Wie siehst du denn aus«, lachst du nur, als du mich abholst, »das paßt wohl irgendwie nicht, oder?« Ich weiß nicht, wie du das erkannt hast, aber ich möchte vor

Scham im Erdboden versinken. Das ist also das Ende unserer Liebe, durchzuckt es mein kollabierendes Gehirn. Aber du nimmst mich nur in die Arme und verdeutlichst mir geduldig, was Farbenblindheit heißt: Du kannst im Rotgrünbereich nur verschiedene Helligkeitstöne wahrnehmen. Doch wie wir alle, wenn wir Schwarzweißfilme anschauen, kannst du aus Erfahrung fast immer ahnen, welcher Ton hellgrün und welcher etwa dunkelrot ist. Auf diese Weise setzt dein Gehirn etwas wie ein »farbiges« Bild zusammen. Was mich nur kurz für dich freut, denn ich finde meine Blamage im Augenblick ungleich weltbewegender. Dann also runter mit den giftgrünen Dingern. Schade.

So fahre ich also mit nackten Ohren in deinem Austin-Mini in den Schwabinger *Wendekreis*, unser Lieblingslokal. Da sitzen du und ich aneinandergepreßt auf der Kutscherbank am Ende des Tresens und fühlen uns inmitten der anderen Gäste wie ein Universum für sich. Wir gegen den Rest der Welt.

Du gestehst mir, daß du dir ein Leben ohne mich nicht mehr vorstellen kannst. Worauf ich erwidere, daß auch ich mir ein Leben ohne dich nicht mehr vorstellen kann.

So stammeln wir uns in ein wohliges Miteinander-Eins-Sein. Der Dunst um uns herum verschwindet, die starrenden Menschen versinken und wir berauschen uns an unserem Glückgefühl und am reichlich fließenden Wein. Plötzlich haben wir es eilig, nach Hause zu kommen. Wir kichern wie die Kinder und drücken uns im Taxi ganz eng aneinander. Wir stolpern prustend in mein kleines Reich, fallen ins Bett und übereinander her. Die Nacht reicht nicht aus, um all das zu entdecken, was uns verbindet.

Die erste Pressekonfrontation

Ich befinde mich in einer herrlichen Schwerelosigkeit. Unten in den Straßen stellen die Wirte schon wieder vereinzelt Tische und Stühle vor ihre Lokale. Die Luft verströmt das Wiedererwachen der Natur. Alles in mir atmet Zuversicht und Zukunft, als ich nichts Böses ahnend an diesem Morgen wie immer mit der Tram zur Redaktion fahre.

Kaum bin ich jedoch an meinem Arbeitsplatz in der Graphik angekommen und habe meine tuschelnden Kollegen begrüßt, schreckt mich schon wieder die Sprechanlage aus meinen Tagträumen und Phantasien: »Fräulein Vagts, kommen Sie doch bitte einmal zu mir«, dröhnt die Stimme meines Chefs. Als erstes setzt sich mein schlechtes Gewissen in Bewegung, dann ich: »Okay, das letzte Layout von mir war ohne Liebe zusammengestellt und ohne Pep, aber sonst...?«

Wieder klopfe ich nervös an diese Schicksalstür. »Nehmen Sie doch bitte Platz«, fordert mich mein Boß mit geschäftsmäßigem Lächeln auf. Völlig überrascht falle ich in den viel zu tiefen Stuhl vor dem riesigen Schreibtisch. Meine Sensoren fahren aus, mein Gehirn prüft in Sekundenschnelle alle Möglichkeiten, denn hinsetzen durfte ich mich hier noch nie.

Während ich ein wenig umständlich meine Beine drapiere, glimmt die Hoffnung auf eine Gehaltserhöhung in mir auf, das könnte meinem überlasteten Kredit vielleicht wieder auf die Beine helfen.

»Wir wissen, daß Sie mit Roy Black liiert sind«, startet mein Chef den Angriff aus einer völlig unerwarteten Richtung, »sicherlich werden Sie als Mitarbeiterin und Kollegin verstehen, daß ein Blatt wie das unsrige darüber berichten muß.« Ich verstehe überhaupt noch nichts. »Wir erwarten, daß Sie sich mit Ihrem Partner für Fotos zur Verfügung stellen, exklusiv für die BRAVO.«

Das sitzt, mir wird augenblicklich schlecht.

An diesen Teil unserer Beziehung hatte ich noch überhaupt nicht gedacht. Aber war es nicht sehr naiv zu glauben, daß wir unsere Liebe im Verborgenen leben könnten, ungestört von öffentlichen Kommentaren?

Ich bin genervt. Von einem Augenblick zum anderen empfinde ich dieses Büro als unangenehm und den Chefredakteur als anmaßend. Verärgert blinzle ich gegen die gleißende Sonne hinter ihm und erkläre meine Liebe zur Privatangelegenheit. Ich habe überhaupt kein Verständnis für den Wunsch meines Vorgesetzten. Dieser starrt mich ein wenig verdutzt an in diesem Moment, so, als habe er noch nie erlebt, daß sich jemand weigert, in die Presse zu kommen.

Das Normale war wohl auch das Gegenteil: Alle gieren auf Empfängen und Veranstaltungen danach, mit einem Prominenten, gleichgültig ob Friseur, Halbweltler oder Künstler, abgelichtet und dann erwähnt zu werden.

Ein Stück Unsterblichkeit ergattern, einmal mit im Licht stehen. Ich jedenfalls will das nicht. Es käme mir wie ein Verrat an unserer Liebe vor. »Ich möchte das nicht«, entgegne ich eher trotzig als clever. »In dem Fall müssen wir Ihnen leider Tag und Nacht einen Fotografen vor die Türe stellen, irgendwann erwischen wir Sie schon. Sie sind, wenn Sie mit Roy Black leben, eine relative Person des Zeitgeschehens und haben das Recht auf ihr Bild verwirkt.«

Ich fühle mich vergewaltigt und schutzlos ausgeliefert. Ich breche in Tränen aus. Ich spüre das erste Mal in meinem Leben den Zusammenprall mit der neugierigen Übermacht der Presse. Ich weiß intuitiv, daß ich mich nicht wehren kann, ich werde die Verliererin sein.

Wie ein mitten im Flug abgeschossener Vogel fahre ich vorzeitig nach Hause. »Es ist etwas Furchtbares geschehen«, heule ich dir entgegen. »Bist du etwa schwanger?« fragst du mit weit aufgerissenen Augen. »Schlimmer«, schluchze ich, »viel schlimmer, die ganze Welt soll von unserer Liebe erfahren. Sie wollen alles auf Fotos festhalten.«

Verwirrt sehe ich dich erleichtert losprusten. »Oh, Kleines, bin ich froh, wenn sonst nichts ist, das war doch zu erwarten.« Ich starre dich an und verstehe die Welt nicht mehr. Dir scheint das völlig gleichgültig zu sein, daß unser privates Leben, unsere intimsten Gefühle an die Öffentlichkeit gezerrt werden sollen.

Beruhigend nimmst du mich in die Arme und versuchst, mir das Nichteinsehbare zu erklären. Ich weiß aber in diesem Augenblick, daß ich eine wichtige Grenze überquere. Ich soll eine Person des öffentlichen Interesses werden. Ich verliere die Rückzugsmöglichkeit in eine andere Nachbarschaft oder in eine andere Stadt. Ich werde nie wieder anonym sein. Und für mich ist das eine als Vorteil kaschierte Strafe. Trotzdem gebe ich nach und wir machen die Fotos. Du wie ein Profi mit jederzeit einsetzbarem Lächeln, ich eher schüchtern, weil hier *ICH* und nicht das Modemodell fotografiert wird.

Unsere Liebe wird öffentlich. Anfang April '67

Ich bekomme die von uns geschossenen Fotos auf meinen Tisch. Zu allem Unglück soll ich aus ihnen auch noch selber ein Layout gestalten. Mir ist die schwülstige Geschichte peinlich, die der Redakteur zu den Bildern erfunden hat. Ich bilde mir ein, daß mir jeder Kollege feist grinsend zuschaut. Schon hier in der Redaktion fühle ich mich ständig beobachtet. Jetzt kann jeder über mich tratschen, ohne mich persönlich zu kennen. Meine Unbefangenheit ist weg.

Die BRAVO erscheint mit unserer Geschichte. Nichts ist hinterher mehr, wie es war. Da die Story exklusiv ist, spielt die Yellow-Press danach verrückt. Alle schreiben ab. Jeder erfindet ein wenig hinzu, um etwas »Exklusives« zu haben. Die Fotos werden in andere Zusammenhänge gestellt, Vermutungen werden als wörtliche Aussage zitiert. Tages- und Wochenzeitungen veranstalten Umfragen, ob »unser Roy« eine feste Freundin haben darf oder nicht, Fans äußern sich in Interviews und Leserbriefen verbittert. Jeder scheint sich ganz sicher zu sein, daß ich nicht gut bin für dich.

Ich entwickle das intensive Bedürfnis, mich zu verkriechen. Die meisten halten mich für berechnend und denken, daß ich nur auf dein Geld und deine Berühmtheit aus bin. Eigentlich eine Beleidigung deiner Persönlichkeit, finde ich. Nachts kommen Terroranrufe: »Du häßliches Miststück, du meinst doch nicht, daß du ungestraft unseren Roy wegnehmen darfst.« »Scher' dich zum Teufel, du Pinneberger Landpomeranze!« »Geh' zurück, wo du herkommst, du Hure.« Andere versuchen, mich zu ärgern, indem sie mir telefonisch das Gefühl geben, sie kämen gerade aus deinem Hotelzimmer. Ich habe mir vieles vorgestellt. Das jedoch nicht, so etwas kann sich keine Phantasie ausmalen. Ich beginne schmerzhaft zu ahnen, wie weit die öffentliche Anschauung oft von der Realität entfernt ist. Ich beginne mich gegen Lügen in der Presse zu wehren, aber jede Verteidigung macht mich verdächtiger.

Mitten in meinem schwerelosen Liebesflug bin ich abgestürzt. Meine Seele friert trotz der Frühlingssonne über München. Todunglücklich beantrage ich eine Geheimnummer. Du begreifst meine Panik nicht, für dich gehört mittlerweile Klappern zum Geschäft, für dich ist das Alltag.

Dein Elternhaus. Ostern '67

Es ist schon fast wieder sommerlich warm in Bayern. Auf den Straßen verschwinden die langen Mäntel über den Miniröcken und aus dem Radio tönt scheinbar ununterbrochen die neue Hymne der Hippies: Scott Mc Kenzies Superhit *San Francisco.*

Du nimmst mich das erste Mal mit zu deinen Eltern nach Augsburg-Göggingen. Aufgrund deiner vielen Erzählungen bin ich sehr gespannt, endlich deine Familie kennenzulernen. Auch bin ich ein wenig stolz darauf, daß du mich schon jetzt nach drei Monaten vorstellen willst: Es hat so etwas von Anerkennung unserer Beziehung an sich. Ich bin schrecklich nervös, wie ich aufgenommen werde.

Nach einer Stunde Fahrt mit deinem Mini-Cooper biegen wir in eine kleine Anliegerstraße und halten vor der Einfahrt eines riesigen Hauses. Kaum steht der Wagen, wird auch schon die Haustür aufgerissen und deine Mutter kommt heraus. Ich habe mir irgendwie eine stattliche Frau vorgestellt und bin jetzt überrascht, daß da eine sehr kleine, etwas rundliche Frau auf uns zukommt und dich herzlich umarmt. So erstaunt ich sie wohl anstarre, so mißtrauisch verfolgen mich ihre braunen Augen. »Das ist die Silke«, stellst du nur fest. Schüchtern gebe ich ihr die Hand. Du kümmerst dich überschwenglich um den aufgeregt wedelnden Cockerspaniel in der Diele.

Hinter mir höre ich von einer, deiner sehr ähnlichen Stimme die herzlichen Worte: »Grüß dich, Schatz.« Dann umarmt mich dein kleiner, dicker Vater mit einem vehementen Druck.

Wir setzen uns an den Ecktisch in der Küche und sehen deiner quirligen Mutter *Else* zu, wie sie den Kaffee vorbereitet. Sie hat sich einen buntbedruckten Kittel übergezogen, während sie festverwurzelt am Herd und der Spüle herumwerkelt. Ich bin froh, daß ich »deine« Hündin Anka streicheln kann, während ihr euch in tiefstem Schwäbisch kleine Anekdoten und Klatschgeschichten zuruft. Ich verstehe kaum ein Wort, was dich offenbar köstlich amüsiert.

Erst sehr viel später sollte ich in der Lage sein, euren Dialekt zumindest zu verstehen.

Dein sechs Jahre jüngerer Bruder *Walter* schlurft mit einem sympathisch verschmitzten Grinsen in die Wohnküche. Wenn er sich nicht in eurer gemeinsamen Junggesellenbude in Ramersdorf aufhält, lebt er ebenso wie du, wenn du nicht bei einer Freundin übernachtest, hier bei euren Eltern. Ich bin viele Brüder gewöhnt und fühle mich von der ersten Minute an sehr heimelig bei euch.

Dein Vater scheint mich gleich ins Herz zu schließen, denn er zieht sich schon nach einer halben Stunde die Jacke aus und sitzt fortan mit Hose, herunterhängenden Hosenträgern und Unterhemd an dem wachstuchbedeckten Holztisch. Du meinst lachend, daß er das nur bei Menschen so schnell wagt, die er mag. Ich bin glücklich, daß alles einigermaßen harmonisch verläuft. Walter, der das letzte Jahr in einer Chemotechnikerschule absolviert, hat außer dem pechschwarzen Haar nicht viel Ähnlichkeit mit dir. Er ist etwas kleiner, hat nicht deine blauen, sondern braune Augen und leidet unter einer starken Akne. Aber er hat einen urkomischen trockenen Mutterwitz entwickelt, der ihn wohl vor den ständigen Vergleichen mit dir, dem erfolgreichen großen Bruder, schützt.

Als dein Vater Georg uns durch das Zehnzimmerhaus führt, bin ich über die Menge der Fanpost überrascht, die in einem kleinen Hinterraum in vier Waschkörben gesammelt wird. Stolz berichtet *Schorsch*, daß er trotz seiner beruflichen Auslastung als kaufmännischer Angestellter versucht, jeden Brief irgendwie irgendwann zu beantworten. »Aber ich schaff' halt nicht alles«, murmelt er, nicht ohne einen vorwurfsvollen Blick auf dich. Du scheinst dich überhaupt nicht für die Tausende von Briefen und Karten zu interessieren. Auch deine Preise, die *Goldenen Ottos* und *Goldenen Löwen* stehen etwas lieblos herum. Ungeduldig schiebst du mich durch die vielen Räume mit ihren Blümchentapeten und der Fünfzigerjahreeinrichtung.

Überall sieht es nach Arbeit aus. Hier hängt noch Wäsche, da steht das eingeschaltete Bügeleisen und dort werden bestimmt bald wieder Strümpfe gestopft.

Obwohl ich dieses geordnete Chaos anheimelnd finde, scheinst du froh zu sein, als wir endlich ganz oben im Haus in deiner separaten Wohnung angelangt sind.

Du hast dir hier von deinen ersten größeren Gagen ein urgemütliches, sehr geschmackvolles eigenes kleines Reich ausbauen lassen. Die Möbel sind aus Leder und Holz und überall hängen, liegen und überdecken Schaffelle die Wände, das Bett und den Teppichboden.

Größer könnte der Kontrast zu den darunterliegenden Räumen nicht sein. Ich frage erstaunt, warum du nicht gleich eine eigene Wohnung in München genommen hast. Du meinst darauf: »Ich weiß ja nicht, wie lange das gutgeht mit meiner Karriere und wie lange das Geld fließt. Hier muß ich keine Miete zahlen und meine Mutter hält alles in Ordnung.« Angst und Freiheit vertragen sich wohl nicht so leicht, denke ich, während du mit einem zufriedenen Lächeln eine der vielen Bluesplatten auflegst, zwei Kerzen anzündest und dich zu mir setzt. Meine Begegnung mit deinen Eltern scheint geklappt zu haben.

Wir haben nur noch einen kleinen Disput, als du mir

spät abends allen Ernstes vorschlägst, im Gästezimmer zu schlafen, wegen deiner Mutter, und so... – und das im Jahr der Studentenrevolte, der Demonstrationen und der Befreiung von unsinnigen Tabus. Am Schluß siegt unsere Lust und wir einigen uns, daß wir dort nur das Bettzeug durchwühlen, damit sie glauben kann, wir hätten getrennt geschlafen.

Als wir am nächsten Morgen hinunter in die Küche kommen, pfeift gerade der Wasserkessel, die Waschmaschine rumort, dein Hund bellt und deine Eltern wirken seltsam gehetzt, obwohl eigentlich doch alles in Ordnung ist. Während ich noch deine hier lebende Oma vermisse, beobachte ich deine Eltern und überlege, wie sich dein Aussehen und dein Wesen zusammensetzt. Ich kann mir beim Anblick deines Vaters nicht recht vorstellen, daß er dich nach seiner Arbeit immer auf Geheiß deiner Mutter für Stunden zurückliegende Taten verprügelt hat. Er wirkt eigentlich eher wie ein gutmütiger Teddybär, der auch Nähe und Zuneigung zeigen kann. Aber du hast ja betont, daß ihm diese zugewiesene Aufgabe meistens sehr unangenehm gewesen war.

Von ihm oder seiner Familie hast du bestimmt die hellen Augen, obwohl du deine Mutter immer wieder humorvoll dazu verleiten willst, zuzugeben, daß deine Mischung von schwarzen Haaren und blauen Augen von ihren Vorfahren stammt: »Also, Mutterle, nun gib' schon zu, daß du von Zigeunern abstammst. Ich würd' mich doch freuen, ich wär' dann irgendwie etwas Besonderes«, versuchst du es auch heute wieder. Deine Mutter ist sichtlich wütend. Und als sie dir ins Wort fällt, spüre ich noch etwas von der kindlichen Angst in dir aufglimmen.

Als Else sich nach dem Frühstück daran macht, handgemachte Spätzle vorzubereiten und dein Bruder mit deinem Vater zum Einkaufen fährt, willst du mir dein ursprüngliches Elternhaus in Straßberg zeigen. Nach ungefähr zwanzig Minuten mit dem Auto sehe ich das erste Mal den Garten, die Bäume und die Plätze, von denen du mir schon so oft vorgeschwärmt hast. Wir schauen kurz bei deinen hier noch lebenden Großeltern herein.

Dein Opa, der vor sich hinmurmelnd in der Wohnküche sitzt und davon redet, bald »dort oben, beim Herrgott zu sein«, hat einen dir ähnlichen faszinierenden Charakterkopf mit hellen, wachen Augen und dichtem, weißgrauen Haar. Obwohl deine Oma bestimmt über 75 Jahre alt sein muß, hat sie noch pechschwarzes, dickes Haar. Sie hat eine machtgewohnte Ausstrahlung, und es wundert mich nicht, daß deine Eltern immer noch kuschen, wenn sie Befehle austeilt. Du erzählst, daß sie in den ersten Jahren der Kindheit deiner Mutter in der Fabrik hat arbeiten müssen und so nur eine schwache Beziehung zu ihrem einzigen Kind hat aufbauen können.

Deine Mutter empfand eine sie aufziehende Verwandte als »wirkliche« Mutter und hat zu ihrer leiblichen nur eine Beziehung der Furcht entwickeln können.

Nur so ist es zu verstehen, daß sie, nun selber Mutter, dich oft stundenlang in dem Verließähnlichen Keller dieses Hauses eingesperrt hat, wenn du mal wieder mit zerfetzter Hose heimgekehrt bist. Sie wußte es nicht besser, entschuldigst du sie, Erziehung bedeutete für sie, Angst zu verbreiten.

Wir fahren zurück nach Augsburg-Göggingen, wo inzwischen das herrlich duftende Mittagessen auf dem Tisch steht. Ich merke dir an, daß dich die Erinnerungen an deine »schrecklich« schöne Kindheit aufgewühlt haben. Du hast plötzlich unbewußt einen aggressiv vorwurfsvollen Ton an dir, wenn du mit deiner Mutter redest. Nachdem du mir kurz zuvor Geschichten über den Jähzorn deines Opas, des Charakterkopfes, erzählt hast, spüre ich jetzt fast körperlich deine eigene Unbeherrschtheit in dir wild werden.

Du willst ausbrechen aus der Enge deiner Familie und aus den Einengungen deiner Kindheit. Du hast plötzlich etwas anarchistisch Wildes im Blick und wirst wütend auf deine Mutter, die um so intensiver in der Küche herumpusselt. Du brüllst, sie brüllt, dein Vater schweigt. Und Walter rollt die Augen, als ob er sagen will: »Mein Gott, das nun schon wieder.« Sie wirft dir vor, daß sie immer deine gesamte Wäsche in Ordnung halten und hier stundenlang das Essen vorbereiten muß. Du wirfst ihr vor, daß das keiner von ihr verlangt, daß sie aber auch jede Stimmung mit ihrem Hausfrauengetue kaputt machen kann.

Und genauso plötzlich wie der Sturm entstand, legt er sich wieder. Mit kleinen Nachwehen und kurzen Sticheleien vertragt ihr euch schließlich wieder. Der ganze Streit hatte etwas Operettenhaftes an sich, ich vermisse das Echte darin, das, was zur Ursache eures Verhältnisses führen könnte, und das was die große Bedrohung, die elterliche Macht darstellt, überwinden könnte.

Das aber blockst du ab. Du sprichst deine Mutter auch nicht darauf an, warum sie dich noch mit 21 Jahren geschlagen hat.

Als wir danach in deine Dachgeschoßwohnung gehen wollen, begegnet uns im ersten Stock dann doch noch die Mutter deines Vaters. Es ist eine kleine, zierliche alte Frau mit schlohweißem Haar, die hier mit im Haus wohnt, obwohl sie ein eher schlechtes Verhältnis zu ihrer Schwiegertochter haben soll, wie du mir einmal vor Tagen erzählt hast. Ihre hellen Augen und die feinen Gesichtszüge verziehen sich zu einem milden, freundlichen Lächeln, als du mich ihr vorstellst. In meiner schlimmsten Einsamkeit sollte ich mit dieser Frau bis zu ihrem Freitod noch viele freundschaftliche Gespräche führen.

Als wir am Schlafzimmer deiner Mutter vorbeikommen, fällt mir das riesige Farbposter von dir auf, das neben dem Bett auf einer Pappkonstruktion prangt. Dir scheint das nicht seltsam vorzukommen, daß nur ein kleines Schwarzweißfoto von Walter irgendwo daneben auf dem Bücherregal steht. Für dich scheint diese ungerechte Verteilung der Aufmerksamkeit selbstverständlich zu sein. Ich dagegen kann mir nicht vorstellen, daß Walter das genauso leicht hinnehmen kann. Ich glaube manchmal, du bist zu unempfindlich für die verletzten Gefühle deines Bruders, aber »Geschwisterliebe« ist ein heikles Thema. Ich weiß das, denn auch ich mußte drei nach mir kommende jüngere Brüder verkraften und ihre Rechte anerkennen.

Einen Tag später ist dein Humor erschöpft und wir fahren zurück in meine Wohnung nach München.

Kurz vor dem Ziel eröffnest du mir, daß du gleich weiterfahren willst nach Arosa in die Schweiz, um eine Woche Urlaub im Schnee zu machen. Ich bin erschrokken und finde es höchst ungerecht, daß ich ab morgen wieder in die Redaktion gehen soll. Noch im Auto beschließe ich, dich zu begleiten. Ich ging davon aus, daß es auch dein sehnlichster Wunsch sein müßte, daß ich mitkomme, bin mir jetzt aber nicht mehr so sicher, da deine Begeisterungsäußerungen so überaus kläglich ausfallen.

Ich glaube, ich habe dich nie wieder so verdattert gesehen wie in diesem Moment meiner fröhlichen Entscheidung.

Meine Sachen sind schnell gepackt, besitze ich doch rein überhaupt nichts, womit man für einen Skiurlaub einigermaßen passend gekleidet sein könnte, aber ich bin überglücklich, mitfahren und bei dir sein zu können.

In der BRAVO-Redaktion melde ich mich krank und schon geht's los. Als wir nach kurzer Zeit die sich auftürmenden Felsen der Alpen vor uns haben, sehe ich das erste Mal im Leben ein Gebirge. Ich bin angefüllt von der Urgewalt dieses völlig neuen Eindrucks und genieße jeden Tag mit dir.

In Arosa, diesem Schweizer Skiort mit den supermodischen Urlaubern, leihst du mir eine Hose und Schuhe von dir. Ich bin überrascht und auch ein wenig darüber enttäuscht, aber das Wunder der brütenden Wärme im kalten Schnee entschädigt für vieles.

Braungebrannt und gut gelaunt kehre ich nach einer Woche zurück, um mit Schrecken festzustellen, daß ich bei meinem Aussehen unbedingt ein Attest brauche. Ein mit dir befreundeter Arzt tut mir dann den Gefallen und bestätigt mir eine schwere Bronchitis, die ich in den Bergen auskuriert habe. Du wirkst sehr unruhig und genervt, wie du da in meiner kleinen Wohnung herumtigerst. Ich werde das Gefühl nicht los, daß ich dich in den letzten Tagen von irgendetwas abgehalten habe. Noch kann ich mir nicht vorstellen von was.

Zurück in der Redaktion, muß ich feststellen, daß ich Klatschreportern nichts verheimlichen kann: Unverblümt fragt man mich, wie mir denn eigentlich der Urlaub mit Roy Black gefallen hat.

Riesenerfolg. Anfang August '67

Die deutschen Fernsehzuschauer sehen dich zum ersten Mal in Farbe auf ihrem Bildschirm. Du feierst immer größere Triumphe. Seit deiner ersten Erfolgssingle *Du bist nicht allein* hast du mit *Ganz in Weiß*, *Leg' dein Herz in meine Hände* und jetzt mit *Ich bin so gern bei dir* einen Millionenhit nach dem anderen. Wo du auch auftrittst, warten Hunderte von Fans. Du bist in Deutschland beliebter als die Beatles und du verkaufst mehr Singles als jeder andere Star. Du bist so erfolgsverwöhnt, daß du es kaum noch für nötig erachtest, die Texte deiner Lieder auswendig zu lernen. Du hast deshalb oft Mühe, die Lippen synchron zum Playback zu bewegen und versuchst das noch nicht einmal zu überspielen. Du bist trotzdem in jeder Fernsehshow der Stargast: derjenige, der ganz am Schluß auftreten darf.

Seltsamerweise will keiner etwas anderes als deine Lieder von dir hören, kaum einer der Moderatoren fragt dich mehr, als was du in einem belanglosen Satz beantworten kannst, als hielte man dich für dumm. Du wirkst auf mich bei deinen Auftritten schüchtern und im wahrsten Sinne des Wortes »eingeschränkt« in deinen Bewegungen. Wenn ich dich darauf anspreche, machst du dich über dich selbst lustig und karikierst deine »drei sich abwechselnden Standardarmverschränkungen«.

Wir treffen uns immer seltener, ich sehe dich mehr auf dem Bildschirm und in den Zeitungen als bei mir zu Hause. Wenn du dann endlich wieder einmal mit Blumen und dem obligaten Steifftier vor der Tür stehst, ist es jedesmal für mich wie das erste Rendezvous – mit einem herrlichen Flimmern im Bauch.

Unser erster Urlaub. Mitte August '67

Ich bin hektisch und nervös: Du hast unseren ersten gemeinsamen Urlaub in den Süden gebucht. Ich war noch nie jenseits der Alpen. Eigentlich kannte ich bisher nur die Nord- und Ostsee als Urlaubsparadiese mit garantiertem Nieselregen über den Strandburgen. Die Insel Lemnos in Griechenland soll unser Ziel sein.

Während des Fluges nach Athen halte ich deine schweißnasse Hand. Aus für mich unverständlichen Gründen hast du fürchterliche Todesangst und fühlst dich in dieser engen Maschine den Urgewalten hilflos ausgeliefert. Ich verstehe dich nicht: Mit dir abzustürzen und Hand in Hand zu sterben, stelle ich mir fast wunderbar vor. Vom Flughafen geht es weiter mit einem verrosteten, bunten Taxi zum Athener Hafen Piräus. Ich finde, daß schon dieser so oft besungene Name romantischer klingt als zum Beispiel Husum oder Duisburg. Wir freuen uns auf die von dir gebuchte 1. Klasse-Kabine auf der kleinen Fähre nach Lemnos.

Es ist herrlich warm. Doch als der Steward uns die winzige Zelle mit den Etagenbetten knapp oberhalb der Wasserlinie zeigt, finden wir es plötzlich entsetzlich heiß unter Deck. Du versuchst dem Mann mit Händen und Füßen zu erklären, daß das nicht im Ernst die »Erste Klasse« sein kann. Doch als dieser freundliche Grieche uns die im Unterdeck zusammengepferchten Menschenmassen zeigt, gehen wir erschüttert und dem Schicksal dankbar zurück in unser komfortables Loch. Eine unendlich langsam zerrinnende Nacht läßt uns während der schaukelnden Überfahrt glauben, in der Hitze erstikken zu müssen.

Die kleine exklusive Hotelanlage aber, die wir am nächsten Morgen erreichen, entschädigt für Erlittenes. Wir beziehen einen kleinen Bungalow inmitten einer urwaldähnlichen Parkanlage. Auf den Bäumen und Büschen vor unserer Terrasse wachsen zentnerweise Feigen, Orangen und Weintrauben. Ich weiß, daß dies hier »mein Klima« ist: Hier bin ich wirklich zu Hause.

Wir ziehen uns schnell um und stürmen zum Strand, der ausschließlich für die Hotelgäste zur Verfügung steht. Überrascht stellen wir fest, daß kaum ein anderer außer uns das türkisblaue Wasser genießt. Erst später erklärt uns ein Engländer mit Kolonialbart, daß sich kein Tourist in diesem Jahr nach Griechenland traut, da erst vor drei Monaten im Mai '67 die Generäle geputscht haben und seitdem dieses urdemokratische Land mit fürchterlicher Brutalität beherrschen. »Deshalb also die vielen Militärfahrzeuge überall auf den Straßen«, flüsterst du unwillkürlich, und wir lachen über unseren ungewollten Mut und über unsere mangelnde Informiertheit.

Ich liege am Strand und mein blasser, entwöhnter Körper saugt kribbelnd die Sonnenstrahlen auf, es weht ein warmer Wind. Zufrieden und eins mit der Welt betrachte ich die Felsen, das Wasser und die vielen exotischen Palmen. Ich weiß, daß mich dieser Süden nie wieder loslassen wird. Es gibt wirklich schönere Arten zu leben, als immer in feuchtkalten Städten, eingehüllt in dicke Mäntel.

Mit Schnorchel und Taucherbrille machst du dich inzwischen zu »großen Abenteuern« unter Wasser auf. Mittags gehst du allein zum Essen. Zwar machst du dich über meine hervorstehenden Beckenknochen lustig, aber ich finde mich wie fast immer zu dick, oder einfach nicht richtig proportioniert. So bleibe ich mit knurrendem Magen auf dem weißen warmen Strand zurück.

Ich treibe gerade auf den sanften Wellen, als du nach zwei Stunden vom Restaurant zurückwankst.

»Hallo Schatzi«, brüllst du, »schau', was ich dir mitgebracht habe!« Und schon kämpfst du dich durch das Wasser zu mir. In der Linken eine Flasche Wein schwenkend und in der Rechten ein riesiges Fladenbrot. Daß ich gerade in tiefem Wasser schwimme und du noch vollkommen angekleidet bist, stört dich überhaupt nicht.

Das Wasser steht dir bis an den vormals gestärkten Hemdkragen, als du mich endlich erreichst. Du lachst schelmisch und überglücklich wie nach einem bestandenen Abenteuer. Ich liebe dich und deine »wilde« unkonventionelle Seele. Könnten wir doch hier die restliche Welt abschalten und für immer diese Gefühle festhalten.

An diesem ersten Tag trinken wir beide die Erinnerung an die Anforderungen in Deutschland weg. Mit jedem Glas werden wir »wesentlicher«. Wir sitzen auf unserer herrlich eingewachsenen Terrasse mit dem traumhaften Blick auf das glitzernde Meer und bestellen eine Flasche nach der anderen. Wir kommen immer mehr in Hochstimmung – »in den Zustand überhöhter Lebensfreude« –, wie du es kichernd nennst. Du philosophierst über uns Ameisenmenschen, die nur ein kläglicher Versuch einer übergeordneten Macht sind. Ich kenne diesen Zustand an dir. Es sind die gedanklichen Ausschweifungen eines weltgewandten, trinkfreudigen Mannes. Es ist mir nicht unangenehm. Wir lachen und albern herum.

Doch spät am Abend überschreitest du langsam eine Grenze, deren andere Seite ich bis dahin noch nicht erlebt habe. Du hast Anflüge einer Lust, mich zu verletzen, mich zu verunsichern, wenn du zwischen intelligenten Gedanken und völligem Unsinn hin- und herwechselst. Deine Worte kommen immer langsamer heraus und ich habe das Gefühl, du willst nicht mehr bei mir sein, sondern abdriften und vollkommen abschalten. Deine Gesten und Schritte werden tolpatschig wie die eines jungen Hundes, und am Schluß liegst du niedergestreckt im Bett, umgeworfen von dem Zuviel-Festhalten-Wollen: zu viel Euphorie, zu viel erhoffte Nähe, zu viele Gedanken, zu viel Vergessen und viel zu viel griechischer Wein.

Am nächsten Morgen wartet ein Pressefotograf aus

Deutschland in der Hotelhalle auf uns. Dein Reisebüro hat ihm bereitwillig die Reisedaten und den Aufenthaltsort verraten. Ich weigere mich, ihm im Bikini zusammen mit dir Modell zu stehen. Schon aus Prinzip und außerdem, weil du immer betonst, daß ich keine Bikinifigur habe, mit »meinen breiten Hüften«. Zum Glück liegt er die nächsten Tage nicht heimlich auf der Lauer, sondern reist nach einem Tag mit Fotos ausschließlich von dir etwas enttäuscht wieder ab. Nicht aus Fairness, sondern weil er samt Ausrüstung von einem rutschigen Felsen ins Meer gestürzt ist.

In unserer Bucht liegt eine alte Kaiki, ein traditionelles griechisches Fischerboot. Du gibst keine Ruhe, bis du es geschafft hast, an Bord zu kommen. Schnell freundest du dich mit dem urwüchsigen Kapitän Joannis und seiner Mannschaft an. Ich bewundere deine Fähigkeit, mit Händen und Füßen und irgendwelchen Sprachbrocken eine längere Unterhaltung zu bestreiten. Dein Gesicht glüht vor Freude, wenn du zusammen mit diesen ursprünglichen geradlinigen Menschen als einer von ihnen aufs Meer hinausfahren darfst. Begeistert kochst du am offenen Feuer eine delikate Suppe aus eben im Meer gefangenen Fischen und dem allzeit kreisenden Wein.

Mit urkomischen Verrenkungen schaffst du es, dich mit ihnen für vier Uhr am nächsten Morgen zu verabreden. Du möchtest unbedingt in ihren tatsächlichen Tagesablauf eintauchen. Es scheint, als ob du dich und deinen Ursprung in dieser Lebensart wiederentdeckst. Überall öffnen sich dir die Herzen dieser einfach lebenden Menschen, da du weit entfernt von einer kulturell herablassenden Haltung bist. Die Griechen hier spüren spontan dein geradezu verzweifeltes Aufsaugen ihrer echten Identität.

Als krönenden Abschluß an einem dieser Tage machen wir noch eine Tour auf dem Rücken zweier Esel. Überströmend vor Glück und kindlicher Freude schmetterst du ein Lied nach dem anderen in die Olivenhaine. Ich habe den Eindruck, daß dir das Singen hier wirklich direkt aus dem Herzen strömt.

Leider greift zwei Tage später auch hier »im Paradies« der Alltag wieder nach dir. Dein übermächtiger Produzent Hans Bertram hat plötzlich ein paar Studiotermine in Köln frei und möchte sie mit dir belegen. Wie meistens fluchst du ein paar Stunden, um dann doch, wie von unsichtbaren Fäden gezogen, das zu erfüllen, was »die starken Männer« in deiner Umgebung von dir erwarten. Kaum bist du mit deinem kleinen Gepäck in einer klapprigen Maschine auf dem nervenzermürbenden Flug nach Athen, ruft Bertram wieder an, er habe es sich anders überlegt, er bräuchte dich doch nicht. Nach hektischen Telefonaten und wüsten Drohungen gegen die Flughafenleitung erreiche ich dich noch rechtzeitig vor deinem Weiterflug auf dem Athener Flughafen. Vor Wut kochend, aber dennoch erleichtert, kommst du noch in derselben Nacht nach vierzehn Stunden zurück auf »unsere« Insel.

Das Ende dieser unauslöschlichen drei Wochen naht, noch nie sind wir so lange Tag und Nacht zusammen gewesen. Du wirst in den letzten Tagen immer stiller, redest kaum noch mit mir, deine Trauer und deine Depressionen hängen wie große schwarze Wolken über uns. Am Tag der Abreise sitzen wir beide mit unseren

Gedanken allein vor dem Hotel und warten auf das Taxi, das uns zur Fähre bringen soll: »Verdammt«, bricht es da aus dir heraus, »warum können wir nicht einfach hierbleiben?« Du nimmst deine Hände vors Gesicht und schluchzt.

Du willst nicht zurück in diese künstliche Identität des *Roy Black*. Du willst nicht zurück in diesen Beruf, der dir soviel raubt: deine Anonymität – die Möglichkeit, ohne Zeugen Versuche anstellen zu dürfen – Lebensentwürfe zu zeichnen und zu äußern, ohne Applaus oder Geringschätzung durch Menschen, die dich nicht kennen. Du empfindest die ständige Erwartungshaltung deiner Umgebung als bedrohlich. Vielleicht fühlst du das erste Mal, daß der ursprüngliche Gerhard Höllerich beim Anpassen an die Kunstfigur Roy Black auf der Strecke bleiben könnte?

Das Taxi kommt. Wir steigen stillschweigend ein. Gerhard hat nicht genügend Kraft, um hierzubleiben, Roy funktioniert auf der »vorbereiteten Schiene«.

Wie im Rausch betäubst du dich in den nächsten Wochen mit unzähligen Partyterminen. Der *Jet-Set*, der in dieser Zeit entsteht, reißt sich um dich. Du hast bisher immer über die Belanglosigkeiten dieser Überdrüssigen gelästert. Jetzt hängst du selber immer häufiger mit ihnen herum: mit Arndt von Bohlen, Toni Sailer und wie sie alle heißen, die Kitzbühl belagern und Schein als Sein annehmen. Mich läßt du zu Hause. Ich störe nur, sagst du. Du kannst nicht Ski fahren, schiebst das auf angebliche Paragraphen in deinem Künstlervertrag und schaffst es, dein Bein trotzdem zu brechen: beim Skibobfahren. Einen Tag später bist du wieder bei mir – jetzt störe ich nicht mehr.

Dein Herzklappenfehler. Dezember '67

In Südafrika verpflanzt Professor Christian Barnard das erste Mal ein Herz. Aufgeregt verfolgst du die täglichen Bulletins über die Genesung des Patienten. Ich finde die Berichte zwar auch ganz interessant, verstehe aber nicht dein Mitfiebern. Bis du mir erzählst, daß bei dir mit sieben Jahren eine schwere Angina zu spät diagnostiziert wurde und du deshalb auch nicht rechtzeitig genug mit Penicillin behandelt worden bist. Der Entzündungsherd hatte deshalb ungebremst auf dein Herz übergreifen können und deine Herzklappen beeinträchtigt. Sie schließen seitdem nicht mehr vollständig. Obwohl du davon nicht viel spürtest, hast du auf Geheiß deiner überängstlichen Mutter nie am Sportunterricht teilnehmen dürfen.

Schon damals hast du dich als Außenseiter gefühlt, immer erfüllt von dem Wunsch, dir zu beweisen, daß du überhaupt nicht krank warst und mehr als die anderen leisten konntest. Jetzt verfolgst du die Herztransplantationsnachrichten wie ein möglicher späterer Nutznießer dieser revolutionären Operationstechniken. Nach drei Wochen stirbt der erste Herzpatient.

Die erste Trennung. Januar '68

Ich sehe dich in den letzten Monaten immer seltener. Deine Karriere erlebt ständig neue Höhepunkte. Du hast mehr als 330 Termine im Jahr. Ich versuche dir nahe zu bleiben, indem ich deine Fernsehauftritte verfolge und in dein Aussehen alles Mögliche und Unmögliche hineininterpretiere.

Die wenigen Stunden, die uns beiden bleiben, muß ich allzu oft mit fremden Menschen teilen.
In fast jedem Restaurant setzt sich der Chef mit an unseren Tisch, glücklich, den Superstar bei sich begrüßen zu dürfen. Ich bin wütend und traurig zugleich.
Es bleibt kein Raum, über uns und unsere unterschwelligen Probleme zu sprechen.

Wir hasten durch die Straßen. Du behältst sogar nachts als Schutz die Sonnenbrille vor den Augen. Wir können keinen Kinofilm bis zum Ende genießen, weil du unerkannt den Saal verlassen willst, ehe das Licht wieder angeht. Wir begegnen vielen Menschen, die es witzig finden, dich als »Schlagerfuzzi« zu titulieren, die finden, daß du viel kleiner bist, als sie es sich vorgestellt haben oder die einfach grundlos starren und dann kichern. Nicht einmal in deinem Mercedes sind wir sicher vor Nachstellungen. Kaum erkennt dich einer beim Überholen, bleibt er in halsbrecherischer Weise neben dir oder macht vor uns eine Vollbremsung, um dann herauszustürmen und ein Autogramm zu verlangen. Du spürst immer stärker den Preis, den du für deinen Erfolg zahlen mußt.

Aber auch ich bin ein Opfer deines Aufstiegs. Alles andere wird wichtiger für dich. Für jeden versprühst du deinen Charme, hast du ein Lächeln übrig, nur bei mir fehlt dir dann die Kraft. Es sind nicht die vielen Termine, es ist nicht deine notwendige Abwesenheit, die mich verletzen: es ist deine innere Entfernung, die mich trifft, wenn du bei mir bist. Das Schlimme ist, daß ich ständig die Schuld dafür bei mir suche und auch von dir auch irgendwie schuldig zurückgelassen werde.

Du bekommst dein erstes Filmangebot, eine kleine Rolle in dem Episodenfilm *Paradies der flotten Sünder*. Ich rate dir ab. Du schiebst meine Bitte, nicht noch mehr Verpflichtungen einzugehen, unbeachtet zur Seite. Ich spüre, daß ich dich verliere. Du hast keinen Boden mehr unter den Füßen, du bist in deiner Umlaufbahn, und ich habe als Trägerrakete meinen Sinn erfüllt. Jetzt werde ich abgestoßen. Du fliegst ohne Widerstände im Kreis um den Erfolg und das Geld. Wir leben in verschiedenen Welten. Du kommst immer seltener, eines Tages gar nicht mehr.

Drei Tage nachdem du bei mir vorbeikommen wolltest, erhalte ich einen kurzen Brief, in dem du mir sehr kühl erklärst, daß ich dich behindere. Ich bin wie betäubt. Ich trinke zu viel. Nach der zweiten Flasche Wein versuche ich, dich an allen Orten, an denen du sein könntest, telefonisch aufzuspüren.

Als ich dich endlich in einem Wiener Plattenstudio erreiche, habe ich mich nicht mehr in der Gewalt. Ich heule und zittere am ganzen Körper, als ich all meinen Mut zusammenraffe und dich frage: »Meinst du das im Ernst?« und von dir nur ein »ja« höre. Ich lege auf. Mir war noch nie im Leben so übel wie in dieser unendlich langen Nacht. Kann man Liebe so einfach abschalten?

Offenbar hast du in Gesprächen mit Reportern alles vorzeitig verraten. Ich lese in jeder Gazette in epischer Breite meine erbärmliche Leidensgeschichte mit untermalenden gräßlichen Fotos. Ich versinke in einem dunklen Morast der Sinnlosigkeit. An meinem Arbeitsplatz funktioniere ich nur noch. Ich verliere mein mühsam aufgebautes Selbstbewußtsein und möchte mich einigeln und darauf warten, daß ich plötzlich aufwache, und die Düsternis um mich herum ist verschwunden.

Ich werde Fotomodell. Februar '68

In der BRAVO-Redaktion verstärkt sich der Verdrängungswettbewerb. Immer häufiger kommen »unbedingt heute noch auszuführende« Arbeiten gegen 17 Uhr auf den Tisch und es wird für uns alle üblich, erst gegen 23 Uhr nach Hause fahren zu können. Durch meine Trennung sensibilisiert, frage ich mich, wie die Ehen und Partnerschaften meiner Kollegen aussehen, wenn es keinen sichtlich stört, immer weniger vom Leben zu Hause mitzubekommen.

Die Forderungen der Chefredaktion werden immer dreister, das Gehalt immer weniger wert und das Leben immer eintöniger. Eines Tages haben sie mich soweit, ich schmeiße meinen linken Schuh an die Wand und ziehe hocherhobenen Hauptes von dannen. Es ist 23 Uhr 15 und keiner hat es gesehen. Es bedeutet dennoch meine Kündigung, da ich auch am nächsten Tag in diesem *Ameisenhaufen* nicht wieder erscheine.

München kommt mir sehr trostlos vor in diesem Frühling 1968. Mit alles beherrschender Zukunftsangst sitze ich in meiner kleinen Einzimmerwohnung in der Schellingstraße und gebe die Hoffnung auf, in dieser journalistisch »sehr übersichtlichen« Stadt, in meinem Beruf einen Job zu finden, der mir bessere Bedingungen bietet als die BRAVO. Von dem Recht auf Arbeitslosenunterstützung habe ich damals noch nie bewußt etwas wahrgenommen, außerdem glaube ich nicht, daß ich mir diese Hilflosigkeit eingestanden hätte. Aber wie so oft in meinem Leben verändert der Zufall meinen Weg.

Mein ehemaliger Chef sucht schon länger ein typisch deutsches Mädchen für verschiedene Fotoserien in der BRAVO. Er weiß, daß ich nicht gerade auf »Wolke Sieben« schwebe und bietet mir deshalb einen Zweitagejob für 600 Mark an. Eine Summe, für die ich noch vor kurzem fast einen ganzen Monat täglich zehn Stunden arbeiten mußte. Meine Mutter gibt schließlich den letzten Anstoß, meine Karriere zu verlagern: Denn sie findet es schlimm, daß ich meinen schönen Beruf aufgeben will, um dem »Mammon« hinterherzujagen. Ich werde also Fotomodell.

Mit weichen Knien und einem verkrampften Lächeln erscheine ich bei meinem ersten professionellen Termin im Studio des Fotografen des Bauer-Verlages. Nach dem Schminken durch eine Visagistin stehe ich etwas verkrampft und schüchtern vor der Kamera. Ein Beleuchter fummelt mit Meßgeräten vor meinem Gesicht herum, ein Assistent zupft an meinen Kleidern und der Fotograf brüllt Bewegungsanweisungen gegen die überlaute Musik. Ich muß viele Gesichtsausdrücke und Körperhaltungen mehrfach wiederholen. Immer und immer wieder. Ich bin am Schluß, nach acht Stunden, den Tränen nahe und muß trotzdem fröhlich in die Kamera lächeln. Ich weiß nach dem Abschminken, daß das Fotomodellhonorar für mich eine Art Schmerzensgeld ist. Jetzt finde ich die 600 Mark, ja eigentlich jede Höhe berechtigt. Und denke nur noch an das in kurzer Zeit zu verdienende Geld, wenn ich mich vor dem Objektiv quäle. Die Fotografen empfinden mich als Naturtalent und leicht zu führen, ich werde immer häufiger gebucht und fange an, das Leben wieder mehr zu genießen.

Ich bin ich. Anfang April '68

Mein Bruder Rainer studiert inzwischen in München Jura. Ich zeige ihm »meine Stadt« und lerne sie dabei selbst erst richtig kennen.
Wir können überall hin, wir müssen keine Rücksicht auf Fans, die Presse oder irgendein Image nehmen.
Ich genieße meine Jugend und mein Ungebundensein. Ich gehe in Popkonzerte, tanze in der Discothek *PN* die Nächte durch und finde meinen eigenen Stil.

Auf Festen genieße ich es das erste Mal, daß ich Männern in der Menge auffalle: Barry Gibb, Tom Jones oder etwa Udo Jürgens machen mir Avancen und gehen mit mir Essen. Mein gutes Gefühl wird manchmal von Schüben des Trennungsschmerzes getrübt – und dadurch, daß ich Diät halten muß unter anderem für Modeaufnahmen verschiedener Versandhauskataloge.

Mein Bruder macht schon Witze darüber, wenn er, vor unseren gemeinsamen Zügen über die »Piste« nur unzählige Jocca-Hüttenkäse-Packungen im Kühlschrank vorfindet und mehrere Flaschen herben Weißwein.
Diese harte Zeit des Maßhaltens wird von mir nur manchmal unterbrochen durch heißhungrige Anfälle, in denen ich Berge von Wurstscheiben in mich hinein-

stopfe, was mein Körper wohl nicht gut findet, aber die Seele aufblühen läßt.

Der Wiederbeginn. Juli '68

»Du, ich bin in München, ich möchte bei dir vorbeischauen«, eröffnest du mir am Telefon. Ungefähr fünf Monate, achtzehn Tage und dreizehn Stunden nach unserer Trennung.

Dein Tonfall läßt darauf schließen, daß für dich vielleicht gerademal drei Tage vergangen sind.

Ich habe mir unzählige Male jedes Wort für jede mögliche Situation genau überlegt und will »nein« sagen, höre mich aber automatisch »ja, gerne« antworten. Wie schon so häufig möchte ich, daß du kommst und nicht von mir lassen kannst, daß du mir sagst, wie sehr du mich vermißt hast, und daß ich mir deiner ganz sicher sein kann.

Kurz darauf klingelst du. Ich öffne und sehe dich da vor mir stehen: unsicher lächelnd, blendend aussehend, charmant bis in die Fußspitzen und mit einem Riesenstrauß roter Rosen in den Armen. Wie zwei, die ihre Heimat verloren und wiedergefunden haben, fallen wir uns in die Arme. Du kannst keine Sekunde den Blick von mir lassen und flüsterst alle paar Minuten die für mich erlösenden Worte: »Verzeih' mir, Schatz, ich brauche dich doch so sehr. Ich liebe dich.«

Wieder bekommen die verschiedenen Klatschreporter Wind von unserer wiederaufflackernden Liebe und füllen mit ihren »internen Berichten von guten Freunden« die Spalten.

Unsere Geschichte scheint fast schon wichtiger als die von den Attentaten auf Rudi Dutschke und Robert Kennedy.

Die Hütte. Ende Juli '68

Über die dich verehrenden Töchter lernst du in diesem Sommer einen Arzt in Burghausen kennen, der deine Angelleidenschaft teilt und mit dem du dich schnell anfreundest. Zusammen verbringt ihr viele Tage und Abende an verschiedenen idyllischen Gewässern nahe der österreichischen Grenze, bis er dir eines Tages die Pacht eines Fischgewässers anbietet.

Zusammen fahren wir das erste Mal die fünfzig Kilometer aus München hinaus zu diesem traumhaften Anwesen. Nach der Abfahrt von der Bundesstraße müssen wir über ein privates Grundstück dreier finster dreinblickender Brüder, um schließlich auf einer Halbinsel mit einer verfallenen Fischerhütte zu landen.

Als wir aussteigen, spüren wir augenblicklich, daß wir das Fleckchen Erde gefunden haben, das Dreh- und Angelpunkt in unserem weiteren Leben sein wird. Vor uns glitzert ein kleiner, fast quadratischer See, und hinter der Hütte liegt unter tiefhängenden alten Ästen ein zur Pacht gehörender kilometerlanger Flußlauf.

Du stellst sofort fest, daß das gesamte Areal uneinsehbar und dank der Zufahrt durch die Mühle und das Sägewerk der drei Brüder »uneinnehmbar« ist. Kein Ungebetener wird dich hier aufspüren können. Und das alles soll nur 1500 Mark Pacht im Jahr kosten, fast ein Geschenk und doch sollte es das Wertvollste in unserem Leben werden – *unsere Hütte am Silbersee.*

Es stellt sich schnell heraus, daß die »Drei vom Sägewerk« sehr gutmütige und außerordentlich hilfsbereite Nachbarn sind. Luki, der jüngste und lebenslustigste der drei, nennt sich selbst humorvoll »Manager«, da er mit dem von Schorsch und Franz zersägten Holz aus den teilweise eigenen Wäldern handelt. Franz ist der offizielle Erbe des väterlichen Betriebes. Er schafft es, eines Tages zu heiraten. Schorsch ist der vier Minuten jüngere Zwillingsbruder und wird nur als Knecht beschäftigt. Er war, solange wir ihn kannten und solange er lebte, ständig unerwidert in eine Maria aus der Nachbarschaft verliebt.

Obwohl beide Zwillinge ein sehr unterschiedliches Leben führten, sollten sie später beide im selben Monat einen Herzinfarkt erleiden und etwa im Abstand von einem Jahr noch in jungen Jahren sterben. Sie sind nahezu der gleiche Jahrgang wie du, und für dich war ihr Tod wieder ein überzeugender Beweis für deine Ansicht, daß wir alle nur das leben können, was für uns irgendwo vorherbestimmt wurde: »Wir können unsere Rolle, die uns auf den Leib geschrieben ist, nur interpretieren, nicht umschreiben.«

Glück. August '68

Du wirkst auf mich wie ausgewechselt. Die Gewichtung deiner Tätigkeiten verschiebt sich völlig. Deine Karriere mit den Plattenaufnahmen, Auftritten und Fernsehsendungen wird zur lästigen Nebensache. Das neue komfortable Blockhaus, das du zusammen mit Luki, Schorsch und Franz anstelle der behördlich genehmigten Fischerhütte hinstellst, läßt kaum einen Wunsch offen. Eine Wohnküche mit Elektroherd, Holzofen und Eisschrank, zwei Schlafzimmer für insgesamt vier Personen, Anbauten für Geräte und Angelutensilien, Bootsanlegestege, ein Toilettenhäuschen, eine überdachte Veranda, ein riesiger Außentisch und der alte Mühlstein als Feuerstelle fügen sich wie eingewachsen in die Landschaft und wirken so, als ob das alles schon Jahrzehnte hier gestanden hätte.

Luki legt eine Elektroleitung, die sich aus dem kostenlosen selbsterzeugten Strom der Mühle speist. Der Naturbursche in dir verzichtet auf eine leicht mögliche Warmwasserdusche und auf fließendes Wasser überhaupt. Lieber schleppst du strahlend Trink-, Wasch- und Kochwasser in riesigen Kanistern jeden Tag die vierhundert Meter vom Brunnen der drei Brüder heran. Du setzt in den ersten Wochen mindestens fünfzehntausend Kleinstfische aus und freust dich darauf, daß du diese wohlgenährt in den nächsten zwanzig Jahren deiner Pacht wieder herausangeln kannst, da der Flußlauf unüberwindlich von zwei Mühlen begrenzt wird.

Hier in dieser Umgebung lerne ich den urwüchsigen naturverbundenen Gerd Höllerich kennen, der mich später über die Exzesse des Roy Black hinwegsehen läßt. Kaum ist »unser Blockhaus in der Wildnis« fertiggestellt, installierst du riesige Lautsprecher, und wir berauschen uns an Geigenklängen, die sich durch das windgestreichelte Geäst der Büsche und Bäume schmeicheln und unsere ausgetrockneten Seelen streicheln. Morgens und abends waschen wir uns im See und schwimmen uns die Knoten aus der Seele. In der rustikal eingerichteten Wohnküche duftet es fortan nach Kräutern der Provence, Knoblauch oder Majoran, die du pfundweise bei deinen Kochorgien in deine herrlichen Phantasiegerichte einrührst.

Zum ersten Mal in unserem gemeinsamen Leben verliere ich die Angespanntheit in mir, die deine stets unterschwellig vorhandene Unruhe und Getriebenheit in mir auslöste. Ich bin zwar kein ausgesprochener Anhänger von den Angel- und Tötungsvorgängen, die dich so begeistern, aber es macht mich glücklich, dich stundenlang so still und selbstversunken dasitzen zu sehen.

Wenn wir dann am prasselnden Feuer bei einer Flasche Wein darauf warten, daß deine eben gefangenen Fische grillen, kommt uns die beruhigende Erkenntnis, daß unser gemeinsames Glück eigentlich überhaupt nichts mit ziellosem Konsum und Partybesuchen zu tun hat: Wir sind beide in kleinem Kreis am glücklichsten, umgeben vom Duft frisch gemähten Grases und dem Rauschen des kleinen Wasserfalls hinter unserem ersten echten Zuhause.

In der Gegend spricht es sich schnell herum, daß die drei Obermaiers jetzt den Roy Black auf ihrem Grundstück herumsitzen haben. Neugierig kommen ein paar Bauern, deren Felder an das Wasser grenzen, zu scheuen Besuchen an unser fast immer brennendes Feuer. Du hast die faszinierende Fähigkeit, so mit diesen Urbayern in ihrer Sprache, in ihrer Tonart und über ihre Themen zu reden, als ob du auf einem Heuboden großgeworden wärst. Die Hütte bedeutet für uns in den nächsten Jahren Urlaub, Zuhause, Leben und Erdverbundenheit, und wir vermissen hier fast nichts.

Wenn es zu lange regnet oder wir das Bedürfnis nach den Abenteuern der Großstadt haben, fahren wir nach München und sind meist nach ein paar oberflächlichen Begegnungen froh, wieder hier draußen zu sein. Hinzu kommt natürlich auch, daß die Einzimmerwohnung, die du uns in der Klopstockstraße am Ende der Leopoldstraße in einem unfreundlichen Hochhaus angemietet hast, zwar teuer eingerichtet ist, aber in seiner Enge und Düsternis nicht gerade zum Verweilen einlädt. So sitzen wir dann auch manchmal in unserem Fünfundzwanzig-Quadratmeterzimmer stundenlang eingeengt zusammen und flüchten dann in Panik wieder aus dem Dunst der Großstadt hinaus zu dem einzigen Platz, der keine Bühne für uns ist.

Dein erster großer Film. September '68

Der Alltag unserer Berufe holt uns allerdings auch in dieser Idylle ein. Ich versuche zum großen Kummer meiner Agentin meine Fototermine so zu legen, daß uns in Abstimmung mit deinen Verpflichtungen zwei oder drei gemeinsame Tage bleiben. Aber immer wieder reißt uns das »Leben aus dem Koffer« für mehrere Wochen auseinander. Auch jetzt im Spätsommer dieses so ereignisreichen Jahres brichst du auf, um in den nächsten fünf Wochen zusammen mit Uschi Glas am Wörthersee deinen ersten großen Spielfilm zu drehen.

Nachdem du jahrelang jegliche Filmangebote abgelehnt hast, in denen du nur »Salzkammergut-Schmäh und Ins-Wasser-fallen-Witze« entdecken konntest, hast du im Februar dieses Jahres mit dem ernst gemeinten Episodenfilm *Heubodengeflüster* unfreiwillig eine Persiflage abgeliefert. An Stellen, an denen die Zuschauer um dich als Draufgänger zittern und mit dir weinen sollten, haben sie nur schadenfroh gelacht.

Jetzt will der Produzent Carl Spiehs, von der LISA-Film, deiner Ansicht nach das »neue Traumpaar des deutschen Films« backen: Das »saubere Schätzchen« Uschi Glas und du, der »Saubermann des deutschen Schlagers«, sollen, ähnlich wie Maria Schell und O. W. Fischer in den Fünfzigern, das zweite Bollwerk werden, das die filmschaffenden Strategen gegen die überall bröckelnden Werte errichten wollen. Und da wir nur eine uns allen gemeinsame Erfahrung haben, spielt das Lustspiel in der *Penne. Immer Ärger mit den Paukern* soll der Streifen heißen, bei dem der junge Fernsehkrimiregisseur Harald Vock sein Filmdebüt gibt. Uschi und du sollen eher gute Kameraden spielen und nicht die Liebenden, da Liebe meist im Bett landet, und euch angeblich keiner im Bett sehen will.

»Herr Black und Frau Glas sind die Antwort auf Oswald Kolle und den deutschen Aufklärungsfilm«, lachst du scherzend beim Abschied und hast keine Ahnung, was genau in dem Drehbuch steht.

Zufriedenheit. Ende Oktober ’68

Wir sitzen an einem der letzten schönen Tage in Wolldecken eingehüllt vor unserem obligaten Feuer an der Hütte. Ein paar Leute des Filmteams und der Regisseur Harald Vock sind zusammen mit dir direkt von der Premiere in Düsseldorf hierhergekommen.

Der Film kam sehr gut an, und Harald Vock lobt dein ungeschliffenes Talent. Du kannst dich nicht darüber beruhigen, daß es für dich möglich war, einen Film in so kleinen nicht folgerichtigen Abschnitten abzudrehen, daß du erst bei der gestrigen Filmvorführung genau erfahren hast, was du eigentlich für eine Rolle gespielt hast.

Eine astrologisch versierte Schauspielerin streichelt dein Ego mit der Feststellung, daß deine günstige Uranus-Saturn-Verbindung im Zeichen Wassermann dein Charisma begründet. Die Ausstrahlung, die jenen Funken überspringen läßt, den man nicht planen kann. Ich erkundige mich neugierig nach dem »Zusammenspiel« mit deiner Filmpartnerin Uschi Glas und bin überrascht zu hören, daß »sie privat so ziemlich das genaue Gegenteil von dem ist, was sie in ihren Rollen ausstrahlt«. Dir ist es offenbar eher unangenehm, »wenn eine Frau wie ein Kerl auf den Tisch hauen« und ihre Meinung durchsetzen kann.

Verschnittene Haare. Dezember '68

Du hast noch immer fürchterliche Angst vor dem Fliegen. So sind wir in dieser Nacht mindestens sechs Stunden in einem beängstigenden Schneegestöber im Auto nach Wien. Du bist als Stargast in die sehr populäre, aber umstrittene Fernsehshow *Wünsch dir was* eingeladen. Es ist das erste Mal, daß ich dich zu einem deiner Termine begleiten kann, da ich erst jetzt in der Lage bin, meine Arbeit dementsprechend einzuteilen.

Während du probst, genieße ich die schöne Altstadt.

Zusammen gehen wir abends in verschiedenen Restaurants essen, und ich habe das Gefühl, daß es gut wäre, dich öfter auf deinen Reisen zu begleiten. Es kostet mich zwar bis zu 700 Mark am Tag Honorarausfall, aber das soll es mir wert sein, wenn du es denn auch willst. Als dann aber im Hotel immer wieder eine Heidi anruft und herrisch verlangt, dich zu sprechen und betont, daß du sie bestimmt auch sprechen willst, kommen mir Zweifel, ob es dich nicht doch stören könnte. Oder mich.

Am Nachmittag vor der Live-Sendung mit Dietmar Schönherr und seiner Frau Vivi Bach bittest du mich, dir schnell noch die Haare zu schneiden. Nichts Ungewöhnliches, da ich schon zwei- bis dreimal meine Künste an deinen Locken ausprobiert habe. Den panischen Aufschrei aus dem Bad kurz darauf werde ich nie aus meinem Gedächtnis löschen können: »Scheiße, Scheiße!« fluchst du über das Ergebnis meiner Bemühungen. Wild verzweifelt zupfst und schnippelst du noch eine weitere Stunde an dir herum, bis du dich traust, vor das vor den Apparaten harrende Millionenpublikum zu treten.

Popularität und Neid. Anfang Januar '69

Deine Popularität versetzt mich immer mehr in Erstaunen, sie hat die Grenze zur Hysterie überschritten:

Jeden Tag bringt die Bundespost mindestens dreihundert Fanbriefe in dein Elternhaus. In vielen deutschen Städten entstehen Fanclubs, du bist in jeder möglichen und unmöglichen Hitparade. Überall, wo du dich zeigst, stürmen die Massen kreischend auf dich zu, und ständig werden dir Telefonnummern zugesteckt.

Schmunzelnd behauptest du, daß du das Telefonbuch rauf- und runtersingen könntest, ohne daß es deinem Erfolg etwas anhaben könnte. Gegen den Willen der englischen Gewerkschaften lädt dich der Beatles-Manager Brian Epstein zu Probeaufnahmen nach England ein.

Du bist in den intellektuellen Zirkeln zum Abschuß freigegeben, dein Künstlername wird zum Synonym für alles Verlogene, für das Altbackene in der deutschen Unterhaltung. Viele, die Roy Black sagen, meinen die überkommenen Ideale ihrer Eltern. Wenn einer von dir redet, meint er immer »den Schnulzensänger«. Keiner interessiert sich für den Darsteller dieser Rolle, keiner meint Gerhard Höllerich, und doch trifft dich die Kritik sehr persönlich und mitten ins Herz. Obwohl du dich selbst lustig machst über die Blauäugigkeit deiner Texte und die Verlogenheit deines Bildes in der Öffentlichkeit, willst du gerade von kritischen Menschen geliebt und respektiert werden.

So versuchst du in nächtelangen Gesprächen, meinen sozialistisch denkenden Bruder Rainer davon zu überzeugen, daß seine Skrupel nur in Ermangelung korrumpierender Angebote vorhanden sind. Du willst ihm unbedingt klarmachen, daß auch er nur solidarisch für die Unterprivilegierten kämpfen will, weil er keine bessere Möglichkeit sieht, in seinen Kreisen Anerkennung zu finden – Egoismus auf einer gehobenen Ebene nennst du das; trotzdem ist er nicht bereit, dir eine Art Absolution zu erteilen. Ich finde, du solltest nicht jedem gefallen wollen. Du kämpfst aber unverdrossen weiter. Als Rainer kurz darauf wieder nach Pinneberg in unser Elternhaus umzieht, bekomme ich deine Wut und Enttäuschung zu spüren. Du praktizierst so etwas wie Sippenhaft, ohne daß ich je mit den Argumenten meines Bruders gegen dich vorgegangen wäre.

Mitten in fröhlichen Runden, in denen ich versuche, eine gewisse Form zu wahren, fährst du mich neuerdings immer häufiger mit den Worten an: »Du meinst wohl, du bist edel, du nordische Schönheit, du denkst, du kannst auf mich kleinen südländischen Berserker herabblicken, was? Denk das nur nicht. Ihr in eurer Familie seid keinen Deut besser als ich!« Ich konnte und kann mich nur sehr schwer gegen verletzend gemeinte Angriffe zur Wehr setzen. Auch jetzt sitze ich meist sprachlos da und weiß mir nicht anders zu helfen, als zu lächeln. Was dich oft endgültig zur Raserei bringt, weil du dahinter eine nicht vorhandene Überheblichkeit vermutest.

Überhaupt fühlst du dich immer häufiger von allen verfolgt. Ich sage dir, daß ich als Ursache dafür deinen extrem angestiegenen Pillenkonsum vermute und erreiche in einer ruhigen Minute, daß wir zusammen die vielen bunten Dinger wegwerfen. Zum Wachwerden duschst du jetzt zum ersten Mal im Leben morgens eiskalt, und abends hilft dir autogenes Training beim Einschlafen. Schon nach zwei Wochen fühlst du dich körperlich ruhiger und mehr im Einklang mit dir selbst. Eine Pille gegen deine Angst aber gab und gibt es nicht, dagegen setzt du immer größere Mengen Alkohol ein. Vergeblich.

Schüchternheit. Ende Januar '69

Völlig überfordert und entnervt stehe ich vor dem Badezimmerspiegel und frage mich, warum ich mir das antue. Ich schmeiße resignierend eine Captagon ein, um durch die sich verläßlich einstellende künstliche Euphorie den heutigen Abend zu überstehen.

Wie jedes Jahr gehen wir zu dem *Matthäser Filmball* und durchdrängen die bedrohlich aufschäumende Menge von Pressefotografen und Fernsehteams. Ich versuche, jeglichen Blickkontakt zu Menschen mit Mikrofon zu vermeiden: Ich würde augenblicklich sterben, hätte ich mehr als »Guten Tag« zu sagen.

Ich bin immer wieder verwundert darüber, wie es anderen Menschen möglich ist, dieses Blitzlichtgewitter und das ständige Beobachtetwerden zu überstehen oder vielleicht sogar zu genießen. Ich finde diese Prominenten furchterregend unschüchtern, geradezu unmenschlich. Wo steckt bei ihnen in diesem Moment die Sensibilität, die doch angeblich Voraussetzung für schöpferische Höchstleistungen ist. Kommt denn übertriebene Eitelkeit vielleicht aus einer starken Verletzlichkeit? Sind daher so oft extrem schüchterne Menschen die wildesten Schauspieler oder introvertierte Menschen die ausdrucksstärksten Sänger? Ich selbst bin ja auch in der Lage, in meinem Job als Fotomodell, die private Zurückhaltung abzulegen. Wollen wir alle zu sehr geliebt werden?

Die mitreißende Wirkung der Aufputschtablette und der Alkohol tragen mich wie auf Flügeln durch die Menge. Jetzt noch. Was aber mache ich nur bei nachlassender Wirkung, wenn ich, einen imaginären Scheinwerfer auf mich gerichtet, durch die Menge muß, um zur Toilette zu gelangen?

Ich sitze neben Pierre Brice, dem wie fast allen meinen Tischnachbarn bei solchen Anlässen auch nichts einfällt, was ein Gespräch am Leben erhalten könnte.

Ich könnte im Boden versinken, wenn es einem weiter entfernt sitzenden Mann in den Sinn käme, mich quer über die sich neugierig umdrehenden Köpfe und verstummenden Gespräche anzusprechen. Glücklicherweise bist du kein begnadeter Tänzer, und so drängen wir uns erst dann auf die Tanzfläche, wenn wir in der Menge nicht mehr auffallen können.

Aber auch heute abend kannst du es nicht lassen, mich vor den anderen bloßzustellen, indem du dich schadenfroh über meine Zurückhaltung lustig machst.

Der Wechsel vom Rosarot der Captagon in das ernüchternde Blau gegen Ende des Abends läßt mich die eitle Lächerlichkeit vieler Besucher unerträglich finden.

Unsere zweite Trennung. Mai ’69

Wir sind immer häufiger getrennt und versäumen es, beim Wiedersehen die aufgestauten Probleme anzusprechen, um sie dann vielleicht in ruhigere Gewässer ableiten zu können. Du kannst meinen kleinen Alltagsgeschichten nichts abgewinnen, ich kann über deine Witze nicht lachen – es ist zu viel unausgesprochen in den vergangenen Wochen.

Als du eines Tages früh morgens schon fort bist, liegt direkt vor meinen Augen eines deiner Tagebücher, die du von Zeit zu Zeit führst. Ich ringe mit mir bei der Morgentoilette, ob ich oder ob ich nicht. Mit Herzklopfen entscheide ich mich für das Hineingucken und damit gegen meine Erziehung. Unglücklicherweise.

Du beschreibst mit sinnlichen Worten seitenlang die Vorzüge diverser Damen aus deiner Branche. Es bleibt mir keine Hintertür zur Hoffnung auf deine Treue offen.

Warum kann ich in diesem Moment nicht weinen? Warum eigentlich zerreiße ich nicht meine Kleider oder demoliere die Wohnung? Nein, statt dessen leide ich wie ein zurückgelassener Hund und fliege traurig und mit verzweifelter Wut nach Teneriffa zu Modeaufnahmen. Meine Rettung dort heißt Joël und hat die südländische Frechheit und die männlich mitreißende Art, die mich das Elend in München vergessen lassen.

Etwas melancholisch genieße ich nach den anstrengenden Aufnahmen die mich überraschenden Aufmerksamkeiten dieses glutäugigen und wirklich schönen Mannes. Es ist wie Balsam auf meiner verwundeten Seele.

Erst kurz vor der Rückkehr in den ernüchternden Winter meines Alltags in München denke ich über dich und dein Getriebensein nach. Offenbar glaubst du, daß deine Liebe nur immer wieder das richtige Objekt braucht. Ist denn Liebe keine Fähigkeit in dir, liebst du in mir nicht die ganze Welt? Kann es sein, daß du nicht in der Lage bist, dich selbst anzunehmen, ohne die ständige Aufladung durch einen neuen Menschen?

Du wirkst auf mich wie ein Mensch, der immer wieder neu darüber erstaunt ist, daß er ganz schnell die Schranken von Frauen überwinden kann und sich dann frühmorgens, die Schuhe schon fluchtbereit in der Hand, darüber wundert, daß er sich schämt, weil er nach dem schrankenlosen Zusammensein kein Bedürfnis hat, dem anderen wirklich als Mensch näherzukommen.

Es entfremdet dich offenbar schon nach dem ersten Mal und muß doch ständig wiederholt werden, um dem Zweck der Herstellung von Nähe nahezukommen. Ich habe immer gefunden, daß meine Erotik durch meine Liebe zu dir stimuliert wird. Ist bei dir Angst vor dem Alleinsein im Hotelzimmer, der Wunsch zu erobern oder zu zerstören, das Stimulans deiner sexuellen Begierden? Ich weiß es nicht, ich verstehe das nicht.

Für mich bist DU einzigartig, und deshalb ist es für mich täglich immer wieder neu aufregend, dich genauer zu erforschen. Auf jedem Gebiet.

Aber erst einmal will ich dich nicht wiedersehen und nehme mir deshalb eine eigene Zweizimmerwohnung, diesmal ganz oben im dreizehnten Stockwerk, ebenfalls in der Klopstockstraße. Ich muß Abstand gewinnen und meine Hinnahmefähigkeit überdenken. Noch glimmt in mir die Hoffnung, in dir ein dauerhaftes Feuer der Neugierde entfachen zu können. Aber das geht nicht auf Befehl und mit Gewalt.

Ich muß versuchen, die Liebe zu mir selbst und das leicht erschütterbare Selbstvertrauen zu stützen.

Meine Rückkehr. Juli '69

Das herrliche Sommerwetter, die Erinnerung an die Hütte und dein reumütiges Versprechen, dich zu ändern, haben mich schon nach sechs Wochen wieder zu dir zurückgeführt. Du erklärst mir, daß deine gelegentlichen Affären doch nur einen verzweifelten Versuch darstellen, mit den frühen Zurückweisungen durch deine Mutter fertigzuwerden, daß sie eher ein Akt der Verachtung, denn der Liebe sind.

Immer wieder will ich dir glauben und genieße deine rührende Aufmerksamkeit, während unserer gemeinsamen Wochen an der langsam einwachsenden Blockhütte in Heldenstein.

Nach einem nicht so erfolgreichen Streifen mit Helga Anders im Frühjahr, fährst du jetzt zu den Dreharbeiten deines dritten großen Films erneut an den Wörthersee.

Es ist der zweite mit deiner Erfolgspartnerin Uschi Glas, mit der du zwar immer noch nicht warm geworden bist, die aber die Dreharbeiten mit dir professionell und angenehm über die Zeit bringt.

Da auch ich in den nächsten Wochen ausgebucht bin, kann ich dich leider nur einmal in deinem Hotel am Drehort Mariawörth besuchen.

Weil ich immer noch weder Führerschein noch Auto besitze, fahre ich die idyllische Strecke mit der Bahn. Es ist ein herrlicher Spätsommertag, als ich von der Dame des Hauses in dein Zimmer geführt werde. Es ist kurz nach Mittag, und ich muß auf dich bis zum Abend warten. Ich räume meine Sachen ein, bestelle mir Essen und schaue mich im Zimmer nach etwas Lesbarem um. Unter einem der Romane deiner geliebten russischen Autoren finde ich etliche Fotos von dir mit einer sehr attraktiven Blondinen.

Ich bekomme keine Luft mehr und rette mich auf den Balkon, um erst einmal tief durchzuatmen.

In diesem Augenblick entdeckt mich unten auf der Wiese ein rotblonder junger Kerl und ruft zu mir hoch: »Grüß' dich, was machst du denn im Zimmer von Roy Black?«

Ich finde, daß ihn das nichts angeht. Trotzdem klopft es kurz darauf an der Tür, und Rudi, so heißt der Mensch, schnappt sich ungebeten eine Flasche Whisky und setzt sich aufs Bett, um ungefragt zu erzählen: »Also ich kenn' die Gerdi ja schon lange, aber der Roy hat wohl die besseren Karten gehabt, und so hat die Gerdi sich nicht für mich, sondern für ihn entschieden.« Ich starre verständnislos auf den vor mir sitzenden Mann, der immer zügiger die Flasche leert.

Als du kurz darauf mitten in seine Erzählungen hineinplatzt, bist du sauer über Rudis Anwesenheit und sein lockeres Mundwerk. Du schwörst Stein und Bein, daß die Frau auf den Fotos das Scriptgirl ist und du bestimmt nichts mit ihr hast. Trotzdem hast du es plötzlich seltsam eilig, noch am selben Abend in ein anderes Hotel in

Villach überzuwechseln. Ich WILL dir zu gerne glauben, aber der Zweifel nagt tödlich an mir. Der sich gerade bildende Schorf auf der Wunde meines Vertrauens reißt erneut ein. Und als du mir jetzt hier in Villach auch noch ein Steifftier zur Gemütsberuhigung mit ins Hotel bringst, finde ich es an der Zeit, Widerspruch einzulegen.

Ich habe von meiner Mutter eingebleut bekommen, daß ich mir von meinem Galan nur ja nichts Wertvolles schenken lassen sollte, weil damit angeblich der Gefahr einer Erwartungshaltung des Mannes Vorschub geleistet wird. Allmählich jedoch finde ich, daß die nun über dreißig Steifftiere von dir, die alle Schubladen, Schränke und Regale meiner Wohnung füllen, nicht der Liebe letzter Schluß sein können.

Wir sind jetzt mit Unterbrechungen knapp zwei Jahre zusammen, und ich sehne mich danach, ein kleines Schmuckstück von dir als Glücksbringer zu tragen.

Du bist erschrocken und schaust schuldbewußt in meine Augen, als ich dir diese Nachlässigkeit verdeutliche. Ich habe den Eindruck, du fühlst dich ein wenig ertappt.

Du erklärst mir, daß du gerade das so toll an mir gefunden hast, daß ich es scheinbar nicht auf Geschenke abgesehen habe. Du hast mich in dieser Beziehung als ungewöhnlich angesehen, aber du verstehst natürlich, daß eine Frau auch einmal einen Ring oder einen Armreif als Erinnerung an ein liebes Zusammensein geschenkt bekommen möchte.

Ich zucke innerlich bei deiner Erklärung zusammen. Wieder hast du es fertiggebracht, daß ich mich schuldig fühle, dein Fehlverhalten auch nur erwähnt zu haben. Ich bin also auch »gewöhnlich« und keine »Ausnahmeerscheinung« mehr. Deine *Sparsamkeit* ist in einem Atemzug zu meinem Fehler geworden. Ich will nur noch eins: Ich will weg.

Überhaupt kommt es mir manchmal so vor, als hätte dich die Entwicklung deiner Einkünfte vollkommen unvorbereitet überrollt. Eines Tages kommst du mit einem Klatschblatt in der Hand auf mich zu und wunderst dich darüber, daß sie schreiben, du seist schon einige Zeit Millionär, hättest mehr als sieben Millionen Platten verkauft und deine Gagen seien größer als die aller anderen Künstler. Du bist offenbar ein Unternehmen geworden, dessen Finanzen noch immer vom »Küchentisch« in Augsburg-Göggingen aus, mehr naiv als fachkundig geleitet werden. So ist es fast typisch, daß ein zufällig interessierter Nachbar, der kleine quirlige Herr N., mehr aus Hilflosigkeit deines überforderten Vaters, denn aus Fachkenntnis, dein erster echter Anlageberater wird, wie du ihn bezeichnest.

Du kaufst eine Wohnung in München genauso unbedarft wie ein Auto. Du machst oder unterschreibst Verträge, ohne auch nur einmal in die Vertragstexte hineinzusehen. Immer wenn Herr N. Geld benötigt, rufst du deinen Vater an und der überweist diesem dann jede Summe, ohne Belege zu fordern. Du ärgerst dich noch heute, daß du aus Nachlässigkeit die ersten zwei Jahre vergißt, die Interpretenlizenz, die GVL, einzufordern. In diesem Fall zahlst du mehr als 100 000 Mark Lehrgeld, wie du immer wieder stöhnst.

Du interessierst dich kaum für Preise von Autos, Versicherungen, Möbel oder technischem Gerät, nur die Dinge des alltäglichen Bedarfs werden wertmäßig von dir kontrolliert, und es kommt daher vor, daß wir für Stunden dicke Luft haben, wenn ich von deinem Geld Essen einhole und mir zusätzlich einen teuren Nagellack davon gekauft habe. Das ist neben weggeworfenem trokkenen Brot oder altem Käse im Mülleimer Anlaß genug, darüber zu klagen, daß wir dem Rückfall in arme Zeiten geweiht sein werden, wenn wir so verschwenderisch fortfahren. Andererseits fällt es dir offenbar nicht auf, daß ich diese Alltagssachen meist aus meiner Tasche bezahle. Deine fast krankhafte Angst vor dem »Weglaufen« geliebter Menschen oder Dinge, diesmal die Furcht vor dem Nichtzurückkehren deines Geldes, bringt dich trotzdem nicht dahin, auch nur einmal eine Bank zu betreten, oder einen Rechtsanwalt deine Verträge prüfen zu lassen. Du bist nicht in der Lage, eine Banküberweisung zu schreiben, nie guckst du einen Bankauszug an, du könntest ihn auch gar nicht lesen.

Du stellst Männern, denen du vertraust, wie deinem Vater oder Herrn N., mit einer unbedachten Unterschrift mehr Geld zur freien Verfügung, als du jemals in Jahren selbst verbrauchen könntest. Andererseits hast du nie ausdrücklich geregelt, was deine Familie oder irgendeiner sonst für etwaige Bemühungen und Arbeiten bekommen soll.

Du hoffst, daß alle dein Geld als einen Teil von dir behandeln. Du hoffst, daß alles fair abläuft und fragst nicht allzu genau nach, aus Angst vor Enttäuschung vermute ich. Jeder teilt sich deshalb seinen Lohn selber zu.

In diesen Jahren des großen Geldes hast du nicht einmal einen gewieften Steuerberater, der dir hilft, nicht den höchsten Satz zu bezahlen. Du glaubst immer noch, daß du Geld sparst, wenn du deine Wohnung bei deinen Eltern hast und diese deine Wäsche gratis erledigen. Du weißt einfach nicht, daß es absetzbare Kosten und Abschreibungen gibt. So kostet dich dein Kopf-in-den-Sand-Stecken im Jahr ein Vermögen. Andererseits bist du stolz auf deine Sparsamkeit, weil du regelmäßig selber im C&C Großmarkt einkaufst und die Kisten ins Haus schleppst, bestellst aber im gleichen Moment Hunderte von Weinflaschen zum Einzelpreis von achtzehn Mark aufwärts.

Du hast keine Beziehung zu den auf Rechnungen ausgedruckten und von Beratern genannten Beträgen.

Nur das in deinem Portemonnaie vorhandene Kleingeld ist für dich eine begreifbare Größe. Das darf keiner ungestraft vergeuden, das darf dir nicht »weglaufen«.

Du willst ständig den Pfennig ehren und festhalten, während dir die Scheine jedoch davonfliegen.

Opium. Marokko November '69

Zwei Wochen in einem Super-Luxushotel in Marrakesch liegen vor uns. Wir haben vor, die Stadt und die sie umgebende uns fremde Landschaft mit dem Landrover zu erforschen. Du hast diese Reise nach Marokko zähneknirschend gebucht, weil ich dir vorgeworfen habe, dich immer mehr auf der Gewohnheit auszuruhen, mich und meine Liebe zu besitzen. Soll denn die Zeit, in der du mit

Lebendigkeit und Energie versucht hast, mich täglich neu zu begeistern und damit zu gewinnen, schon vorbei sein? Vom Abenteuer Leben redest du nur noch selten und traust dich kaum noch einen Schritt seitwärts neben deine Schiene. Nach langen Gesprächen kommen wir überein, daß wir uns um unsere Zuneigung und um unsere Nähe täglich neu bemühen müssen, da sonst der Besitz der gegenseitigen Liebe erdrückend wird.

In den ersten beiden Tagen schlendern wir vollkommen sprachlos beeindruckt durch die verwinkelten Souks, erhandeln auf dem Marktplatz kleine Kunsthandwerke und staunen wie die Kinder über die todesmutigen Schlangenbeschwörer, die dramatisch-wahnwitzigen Reiterwettkämpfe und die so fremd wirkenden Beduinen. Verwegen wagen wir uns auch in die entlegensten Gassen und Höfe und stoßen dabei auf für uns unvorstellbare Armut. Als wir einem uns verfolgenden Jungen in Lumpen eine Handvoll Münzen geben, dankt er uns das, indem er für den Rest des Tages als eine Art Fremdenführer fungiert.

Die Nächte sind überraschend kühl, und uns beiden kommt der Mond viel größer vor, als wir ihn aus München in Erinnerung haben. Abends beim Wein am Hotelswimmingpool blickst du in den schwarzen Himmel und sagst: »Es ist hier in diesem so altertümlich wirkenden Land noch unfaßbarer, daß die Amerikaner gerade das zweite Mal dort oben auf dieser Kugel landen, findest Du nicht auch?« Abgesehen davon, daß ich nicht weiß, daß da oben schon wieder jemand herumläuft, nicke ich stumm beeindruckt.

Am dritten Tag unserer Erkundungsausflüge landen

wir bei brütender Mittagshitze in einem winzigen, aber herrlich schattigen Gartenlokal in der Altstadt. Der Ober, ein altes Männlein, empfiehlt uns mit der stolzen Freundlichkeit der Araber die Nationalspeise Cous-cous. Während wir, wie hier üblich, ohne Besteck mit den Händen dieses Fleischhirsegemisch verzehren, schaffst du es durch deine interessierte Bemühtheit, daß der Wirt immer neue kulinarische Köstlichkeiten heranschleppt. Als krönender Abschluß wird uns am späten Nachmittag ein Teller mit vier kuchenähnlichen Kügelchen hingestellt. Ich bin »zufällig« auf Diät und verzichte zu deinen Gunsten. Auf dem langen Fußmarsch zurück zum Hotel kicherst du unvermittelt und ohne erkennbaren Grund. Ich freue mich über deine unverhoffte Fröhlichkeit und albere zusammen mit dir um die Wette.

Im Hotel angekommen, stürzt du dich gleich in den herrlichen Swimmingpool im Innenhof. Ich schaue dir dabei zuerst vom Balkon aus zu, als dann aber dein fast hysterisches Gelächter durch die Hotelflure hallt, ist mir dein Verhalten peinlich, und ich verziehe mich schnell in unsere Suite. Kurz darauf tappst du plitschnaß durch die Zimmertür und erzählst prustend und kichernd, daß du beinahe ertrunken wärst, obwohl du eigentlich als »Fliegender Fisch« auch unter Wasser atmen kannst. Im nächsten Moment rufst du fröhlich: »Ich bin ein Vogel, Dicke, ich bin ein Vogel«, und springst mich auch schon mit ausgebreiteten Flügeln an, und wir landen unsanft ineinander verkeilt auf dem Boden.

»Ich bin ein Vogel, Schatzi«, behauptest du erneut freudig glucksend, und wir fallen, kaum wieder aufgerichtet, erneut auf die herumliegenden Sitzkissen. Du liegst platschnaß auf mir, und ich kann überhaupt nicht finden, daß du die Leichtigkeit eines Vogels hast.

Kichernd plumpst du ins Bett und lachst atemlos über die Hühner an der Zimmerdecke. Ich bekomme Angst, denn mir wird klar, daß du mehr als nur Alkohol in dir haben mußt, als du plötzlich mit schreckgeweitetem Blick deinen Kopf festhältst und in Panik schreist: »Der ist ab, mein Kopf ist vom Körper getrennt. Das ist die Strafe.« Ich will dich anfassen und dir zeigen, daß alles noch beieinander sitzt, du schreist jedoch nein und tust so, als ob ich in eine offene Wunde gefaßt habe. »Mein Kopf ist von meinem Körper völlig abgelöst. Ich komme nicht mehr zusammen. Silke, hilf mir, einer da oben schaut uns mit einer riesigen Lupe an, und wir werden bei genauer Betrachtung immer kleiner.«

Erschöpft schläfst du nach dieser Erkenntnis plötzlich ein. Mir ist inzwischen klar, daß du aus Gastfreundschaft Rauschgift in den vier Kügelchen geschenkt bekommen haben mußt. Als du am nächsten Morgen aus dem komaähnlichen Tiefschlaf erwachst, scheint dir der Blick in den Spiegel immer noch eine Wahrheit jenseits der Wirklichkeit zu vermitteln. Wir erfahren von anderen Gästen, daß es hier offenbar üblich ist, Opium in kleinen Mengen zum Nachtisch gereicht zu bekommen. Du hast nur viel zu viel erwischt durch meinen diätbedingten Verzicht auf »Kuchen«.

Nach diesem Erlebnis versinkst du in tiefem Morast existentieller Depressionen.

Unser Abenteuerversuch abseits der vorgegebenen Schiene wird nach vier Tagen abgebrochen. Wir reisen zurück in unsere gewohnte Umwelt.

Schmuck. Februar '70

Kurz nach unserer Rückkehr aus der marokkanischen Nomadenwelt erfährst du in der Nacht der Premiere deines zweiten Films mit Uschi Glas, daß euer erster gemeinsamer *Immer Ärger mit den Paukern* die *Goldene Leinwand* für drei Millionen Besucher erhalten hat.

Wir feiern diese sensationelle Zuschauerzahl, in Zeiten der finanziellen Mißerfolge deutscher Filme, mit einer riesigen Party auf der *Wappen von Hamburg.*

Die oberste Chefin des GLORIA-Filmverleihs, Ilse Kubaschewski, kurz Kuba genannt, nutzt diesen Anlaß, um mit riesigem Gefolge aus München die erste Regiearbeit von Peter Weck *Hilfe, ich liebe Zwillinge* pressewirksam in Szene zu setzen.

Kaum einem falle ich als deine Freundin auf, da du es offenbar für superschlau hältst, jeden näheren Kontakt zu mir zu vermeiden. Trotzdem bekomme ich unzusammenhängende Unterhaltungsfetzen mit: Jedem wichtigen Filmschaffenden gegenüber betonst du, daß du ja auch schließlich Schauspielunterricht genommen hast und dich mit Bodybuilding fit hältst.

Ich vermute, je häufiger du das erzählst, desto mehr glaubst du langsam selber, damit das neue Erfolgsgeheimnis deiner Filme gelüftet zu haben. Im Hotel müssen wir anschließend beide darüber lachen.

Zu deinem nächsten Film mit Lex Barker in Thailand möchtest du nach den unguten Erlebnissen in Österreich, daß ich dieses Mal die gesamten sechs Wochen dabei bin. Ich freue mich schon auf das Erlebnis eines kulturell so andersartigen asiatischen Volkes und auf die herrliche Landschaft, als ich erfahre, daß du nicht bereit bist, meine Flugkosten von 2000 Mark zu tragen. Du hattest den Produzenten Carl Spiehs um das Geld gebeten und eine Abfuhr mit dem Hinweis auf deine riesige Gage erhalten. Ich vermute hinter dem Manöver eine Absicht – und die enttäuscht.

Aus Trotz gehe ich die nächsten Wochen nicht ans Telefon, wenn ich deinen Anruf vermute.

Auch auf deine Briefe erhältst du keine Antwort. Ich verfolge die Berichte über die Dreharbeiten in der Zeitung und amüsiere mich über die Verlogenheit, daß die Lufthansa als Sponsor ausgestiegen sein soll, da in dem Film der Pilot (Lex Barker) den Copiloten (dich) fragen soll: »Nimmste dir heute abend eine Stewardeß?« Das war offenbar zu schmutzig für das Image der Luftlinie mit dem Kranich am Heck. Ich nutze die ungebundene Zeit, um meine Zweizimmerwohnung zu vervollständigen.

Nach endlos langen vier Wochen fallen wir uns wieder in die Arme. Ich habe meine Bitte nach anderen Geschenken als Steifftieren verdrängt und bin deshalb um so überraschter, als du mir strahlend eröffnest: »Aufgepaßt, ich hab' was für dich«, und mir feierlich gleich fünf toll aussehende Ringe überreichst. Sozusagen rückwirkend für die Zeit unseres Zusammenseins hoffe ich, aus schlechtem Gewissen befürchte ich.

Die restlichen Aufnahmen sollen hier in München abgedreht werden, jetzt haben wir Gründonnerstag und wollen Ostern und die drehfreien Tage bei deinen Eltern genießen.

Daraus wird nichts. Kaum in Augsburg angekommen, erkrankst du an einer lebensgefährlichen Amöbenruhr.

Sechs lange Tage kämpft euer Arzt um dich. Du verfällst zusehends, und wir befürchten alle gemeinsam das Schlimmste. Am kritischen siebten Tag endlich schaffst du die Trendwende. Du hast wieder einmal eine schwere Bedrohung überlebt.

Jetzt erinnerst du dich auch an die mögliche Ursache für die Vergiftung: Die Thailänder verkaufen Wassermelonen nach Gewicht und du vermutest, eine mit Kloakenwasser künstlich erschwerte erwischt zu haben.

Erleichtert fahren wir zurück nach München, wo das Filmteam schon ungeduldig auf deine Genesung hofft.

Als ich meinen Wohnungsschlüssel zücke, geht die Tür durch leichten Druck von selber auf. Käseweiß und mit Herzklopfen bis an die Grenze des Verkraftbaren öffnen wir die Tür vollständig.

Die Wohnung bietet ein Bild, als sei ein Wirbelsturm hindurchgefegt. Vorhänge sind heruntergezerrt, die Schränke und Schubladen aufgerissen und alles, was von irgendeinem Wert für die Diebe war, ist mitgenommen. Auch die vier zurückgelassenen Ringe, was mich am schlimmsten trifft.

Da ich bis jetzt immer dachte, daß bei mir doch nichts zu holen ist, bin ich nicht einmal hausratsversichert. Ich muß also wieder von vorne anfangen. Um das zu können, gibst du mir ein wenig vorwurfsvoll 5000 Mark, damit ich mir das Nötigste an Accessoires für meine Fototermine kaufen kann.

Meine Eltern. Frühsommer '70

»Herzlichst, Ihr Roy Black«. Diesen Postkartengruß hast du meiner Mutter vor Monaten als erste und einzige Aufmerksamkeit geschickt. Jetzt endlich wage ich es, dich nach einem Fernsehtermin mit in mein Elternhaus nach Pinneberg zu schleppen.

Du bist umringt von meinen Brüdern, diskutierst wiederum vehement mit Rainer über deine grundsätzliche Daseinsberechtigung, wirst von Wieland bewundert, und meine Mutter überbetont ständig, daß sie durch deinen prominenten Namen absolut nicht zu beeindrukken ist. Aber meine sehr selten trinkende Mutter behauptet auch, daß sie sich trotz einiger Aquavits zuviel noch immer in der Hand hat.

Ich zeige ihr hinter ihrem Rücken einen Vogel und bekomme sofort Krach, da sie meine abwertende Bewegung mit ihrem dritten oder gar vierten Auge bemerkt haben muß. Die Stimmung ist nervös und gereizt.

Als wir spät abends in das gemeinsame Zimmer von Rainer und Wieland einquartiert werden sollen, ist meine Mutter sehr im Zweifel, ob sie sich nicht strafbar macht im Sinne des Kuppeleigesetzes und im Sinne der allgemeinen Moral. Meine Brüder lachen sie für das »einer Dänin unwürdige altmodische Gerede« aus. Später erklären sie mir, daß die bisher so gut funktionierende Ehe meiner Eltern einen tiefen Riß bekommen hat oder schon seit Jahren hatte. Ich will davon nichts hören, ich will den Glauben an die Möglichkeit auf ein friedliches beglückendes Zusammenleben, das mir meine Eltern doch vorgelebt haben, nicht verlieren.

Wieland. August '70

Wir fühlen uns nicht mehr sicher im dreizehnten Stock am Ende der Leopoldstraße mit dem Balkon, der um das gesamte Hochhaus herumführt. Langsam kommt es auch dir widersinnig vor, daß wir hier auf beengtem Raum zur Miete wohnen, während du deine repräsentative Vierzimmereigentumswohnung in Nymphenburg an Fremde billig vermietest.

Aber erst als mein jüngster Bruder Wieland es vorzieht, hier in München Abitur zu machen und es sich bei uns erst einmal gemütlich macht, entschließen wir uns, umzuziehen und endlich unser erstes gemeinsames Zuhause zu gründen.

Meine Eltern haben sich kurz nach unserem Pflichtbesuch getrennt. Und mein pubertierender langhaariger Bruder, der kurz zuvor von meiner Mutter aus dem Haus geworfen worden war, »damit ihm klar wird, wie gut er es doch daheim gehabt hat«, findet es ungleich aufregender in München bei mir, als in Kiel bei unserer Mutter zu leben. Ich fühle mich total überfordert mit meinem Job, meiner anstrengenden Partnerschaft und jetzt auch noch mit den Problemen meines knapp achtzehnjährigen Bruders.

Doch meine Mutter erwartet diese Solidarität von mir und meint, daß Wieland ja auch eine familiäre Hilfe sein könnte. Ich habe meine Zweifel, wage sie aber nicht meiner Mutter gegenüber zu äußern.

Als erstes soll ich Wieland dabei helfen, im Luitpoldgymnasium unterzukommen, und das bei meiner noch heute aufsteigenden Angst, wenn ich nur in die Nähe einer Schule komme. Diese »Schule für Jungen« am chinesischen Turm scheint nämlich hinter den langen Haaren, den engen Röhrenhosen und den riesigen Stiefeln meines Bruders eine bedrohliche Haltung gegen die bayerische Erziehung zu vermuten. Mehrmals wird Wieland wegen angeblicher Überfüllung der dreizehnten Klasse vom Direktor zurückgewiesen.

Also bitten wir dich, zusammen mit uns zur Schule zu fahren, um den offensichtlich beängstigenden Eindruck meines Bruders etwas zurückzunehmen.

In letzter Minute muß dir beim Anblick des Schulgebäudes wohl auch schlecht geworden sein, jedenfalls bleibst du in der riesigen abgedunkelten Mercedeslimousine vor dem Schulhofeingang zurück. Wieland ist mächtig sauer darüber, weil er weiß, daß dein Erscheinen sofort alle Hindernisse aus dem Weg räumen würde.

So nehme ich also meinen gesamten Mut und gehe allein mit ihm zum Direktor. Dort stottere ich ein paar Höflichkeitsfloskeln und bin völlig entgeistert, als mein Bruder diesen anbrüllt und auf sein Recht pocht, anstatt still zu bitten. Wütend wirft er dem obersten Lehrer der Schule vor, die wahre Klassenzahl ihm gegenüber vorher wissentlich verfälscht zu haben.

Nervlich ziemlich am Ende, erwarte ich jetzt das endgültige »Aus«, da willigt der Direktor wie durch ein Wunder in die Aufnahme meines Bruders ein.

Nachdenklich gehe ich zurück zum Auto: Vielleicht muß man das, was einem zusteht, doch eher fordern als erbitten. Es war auf jeden Fall eine interessante ungewohnte Erfahrung.

Unser erstes gemeinsames Heim. Oktober '70

Du bist, wie so oft, unterwegs in Deutschland, während ich durch München tobe, um hier eine Couch beziehen oder dort die Bauernstube auf Maß sägen zu lassen. Ich lasse deine geliebten alten Stiche rahmen, wähle den Teppichboden aus und zeichne die Aufteilung für die dunkle Schrankwand des Wohnzimmers.

Du hast dich Anfang des Monats für drei Wochen mit den Worten verabschiedet: »Tschau, Dicke, mach dir eine schöne Zeit und richte unser Heim kuschelig ein. Ich liebe dich.« Ich habe den Ehrgeiz, dich nicht mit dem entnervenden Alltag des Sich-Kümmerns konfrontieren zu müssen und packe die Tage mit unendlich vielen Terminen voll, um dir am Ende des Monats eine fertige Wohnung präsentieren zu können.

Stundenlang warte ich unruhig auf den Klempner, um dann nach erledigtem Auftrag den Haufen Dreck aus den Ecken und Winkeln zu kratzen. Die Isolierplatten an der Decke krachen nach zwei Wochen mitten in der Nacht mit erschütterndem Getöse wieder herunter: Der befreundete Tischler hatte vergessen, sie nach dem Leimen zusätzlich festzuschrauben. Endlich sind die Regale und Einbauschränke fertig, und ich kann die paar Sächelchen aus den vierzig Umzugskartons einordnen.

Die Fernsehantennenschnur liefert kein Bild, die Rollläden an zwei Fenstern schließen nicht und der Braunton der gewebten Tapeten paßt irgendwie doch nicht zu dem gelbweißen Sofastoff.

Alles wird neu überstrichen, es stinkt nach Farbe, und es bleibt nur noch ein Tag bis zu deiner Rückkehr.

Ich kaufe Kerzen und Räucherstäbchen, fülle den Kühlschrank mit genügend Weißwein und Kleinigkeiten für den Heißhunger und falle spätabends erschöpft ins schnell noch frisch bezogene Bett.

Am nächsten Morgen flitze ich im Eiltempo noch einmal durch jeden Winkel der Wohnung, um ja nichts zu übersehen, wasche das Restgeschirr mit der Hand ab – eine von diesen neuartigen Geschirrspülmaschinen habe ich nicht gewagt zu kaufen – und lande völlig ausgelaugt im Frisierstuhl meines Haarkünstlers im entfernten Schwabing. Und das alles ohne Auto, da ich immer noch keinen Führerschein habe.

Kurz bevor du von deinen Terminen zurückkehrst, schlüpfe ich noch in ein schickes, neues Kleid, schminke mich sorgfältig und warte aufgeregt auf dich und dein überraschtes Gesicht. Ich sehe aus, als hätte ich in meinem Leben noch keinen Handschlag getan. Du verspätest dich. Nervös zünde ich gegen Abend die Kerzen in der herrlichen Bauernstube an, putze noch einmal die Weingläser und erwarte dich mit klopfendem Herzen.

Endlich stürmst du gehetzt in unser neues Heim, gehst irgendwie geistesabwesend an den Kühlschrank, stopfst dir ein paar Scheiben Wurst in den Mund und fluchst über die dich überall erwartenden Massen. Du scheinst überhaupt nicht zu sehen, wo du bist und mit wem. Erst nach einer halben Stunde fragst du, ob alles wie geplant geklappt hat, und was ich denn so die drei Wochen getrieben habe. Enttäuscht stelle ich fest, daß du meine Leistung überhaupt nicht erkennst. Du nimmst mich wahr, interessierst dich aber nicht für die Alltäglichkeit meines Daseins und meiner Arbeit. Wer nicht stöhnt und jammert, der leistet auch nichts, oder? Anstatt dich zu kritisieren und ein Lob einzufordern, versuche ich Unverbesserliche den Rest des Abends, noch aufmerksamer und perfekter zu sein.

Wieso leide ich bloß unter dem entsetzlichen Gefühl, dir nicht zu genügen, mich nicht ausreichend um dich zu bemühen? Ich erwarte von dir, was ich offensichtlich nicht in mir habe: das Annehmen meines Selbst, die freundschaftliche Zuneigung zu meiner Gesamtpersönlichkeit und die Liebe zu meinen Talenten.

Vereinigung und Abgrenzung. Dezember '70

Du warst mein Märchenprinz, mein Mann für viele schöne Stunden. Aber bist du auch der Mann für jeden Tag? Wir müssen uns beide erst noch daran gewöhnen, ohne Zweitwohnung, das heißt ohne Ausweichmöglichkeit, zusammenzuleben. Wir müssen lernen, daß ständig jemand beim Telefonieren dabei ist, daß Intimität und Nähe auch mißbraucht werden können. Du lernst die kleinen großen Geheimnisse meiner Schminkkunst kennen, ich stolpere häufiger über Nachlässigkeiten von dir. Wir müssen uns neue Grenzen und alte Freiräume erkämpfen, ohne dahinter gleich einen Liebesentzug zu vermuten.

Vorher haben wir uns getroffen, weil wir es wollten und nicht, weil wir dieselbe Wohnung teilten.

Aus uns zwei Solisten muß jetzt langsam ein Duett werden.

Du bist Frühaufsteher, und ich genieße es sehr, wenn

ich nach dir aufwache, dich vor deiner Kanne mit ultrastarkem Tee bei klassischer Musik sitzen sehe.

Beim Auspacken deiner Augsburger Sachen habe ich mich gewundert, daß du nur einen alten Schwarzweißfernseher hattest, stelle jetzt aber fest, daß du abends meist früh zu Bett gehst, ohne fernzusehen, und bisweilen in mehreren Romanen gleichzeitig herumblätterst. Du genießt die zufrieden melancholische Stimmung in den Büchern von Tschechow, Dostojewski und Turgenjew, springst aber so häufig von einem Autor zum nächsten, daß du dir angewöhnst, »gelesen« auf die erste Seite zu schreiben. Ich bekomme das Gefühl, daß du dir in steter Unrast diese Dichterseelen einverleiben willst, um sie mit dem Verschlingen der Geschichten zu deinem Eigentum zu machen. Ich lese nur selten, was zu einer weiteren Unsicherheit in mir führt. Aber durch meine Abneigung gegen jegliche Leistung auf Knopfdruck lehne ich die Änderung dieses Mankos trotzig ab.

Wieland kommt jetzt häufiger von meiner vorherigen Wohnung herüber, und ich freue mich, daß ihr euch über tausendundein Thema stundenlang unterhalten könnt.

Mein Bruder schwärmt von deiner genießerischen Art, bei klassischer Musik und einer Tasse zeremoniell aufgebrühten Tees, Gespräche und Gedanken von Schriftstellern förmlich körperlich aufzusaugen.

Für ihn beinhaltet diese Facette deiner Persönlichkeit eine nachahmenswerte Lebensart.

Zwischendurch bekommt ihr euch aber auch in die Haare, wenn du zum Beispiel schon morgens anfängst, deine Zukunftsangst vor uns auszubreiten und dich in die zynische Behauptung versteigst: »Wieland, du hast es gut. Du bist bald Student, hast nichts und kannst deshalb auch nichts verlieren.« Mein Bruder schluckt bei dieser Logik dreimal und hält sich nur mühsam zurück mit einer Entgegnung.

Ihr streitet auch über eure extrem unterschiedliche Einschätzung von Franz Josef Strauß, den du bei einem Fest längere Zeit sprechen konntest und von dem du fasziniert bist. Es scheint dir vollkommen gleichgültig, was jemand will und was nicht. Du willst bei mächtigen Menschen ergründen, was die Faszination, was Erfolg und Charisma ausmachen, völlig unabhängig davon, was mit diesen Eigenschaften bewegt wird.

In diesem Jahr hast du auch den Sänger für dich entdeckt, der die nachahmenswerte Sehnsucht deines Lebens werden sollte: Joe Cocker mit seinem *With a little help from my friends*. Dieser Mann hat außer herausgeschriener Bluesmusik keine große Botschaft. Seine Ausstrahlung, sein Charisma bedeuten für dich drei Dinge: eine innerlich und äußerlich offenbar übereinstimmende Haltung, ein daraus herrührendes Charisma und die Aussendung eines erkennbaren Lebensgefühls.

Wie oft wiederholst du den Witz: »Ich trinke genausoviel wie der, aber bei mir findet es seltsamerweise keiner gut.« Joe Cocker hat eine Ausstrahlung, die man nicht künstlich erzeugen kann, man hat sie oder hat sie nicht. Du spürst, er fühlt deine Schmerzen, deine Sehnsüchte, schreit deine Ängste hinaus, und er beschreibt eine Welt, in der Althergebrachtes nicht mehr gilt und Neues nicht in Sicht ist. Er ist ein Bruder im Leiden. Du trägst ihn in dir. Du glaubst, daß Cocker das IST, was er SINGT. Und beneidest ihn ein Leben lang darum, ohne den echten Versuch zu wagen, es ihm gleichzutun.

Statt dessen drehst du in deiner Verzweiflung seine Musik um so lauter auf, setzt dich mit einer Schale Eiswürfel, einem Glas und der Flasche Jack Daniels hin und sinnierst über die Ungerechtigkeiten der Welt. Wenn du dann spät abends nach Cocker die russischen Chöre auflegst, deinen diabolisch gemeinten Blick aufsetzt, weiß ich, daß du deine Unfähigkeit mir in die Schuhe schieben möchtest. Du willst lieber mich erniedrigen als zugeben, daß du deinem Ideal als Künstler nicht entsprichst.

In deiner Zerrissenheit beschäftigst du dich immer intensiver mit deiner eigenen Psyche. Dieser Blick in die »inneren Verwüstungen«, wie du es nennst, macht dir angst. Dabei wiederholst du in einer bestimmten Phase deines Suffs stets deine Überzeugung, daß eine übergeordnete Macht, irgendwas oder irgendwer im unendlichen Kosmos, mit uns allen Experimente veranstaltet, die stark an Scherze erinnern.

Du schilderst mir diese Gedanken immer wieder und immer wieder so, als ob ich sie noch nie gehört hätte. Ich kann in dieser Zeit deine Abfälligkeiten und Boshaftigkeiten über meine angebliche Unwissenheit nicht als Hilfeschrei deiner Seele werten, ich bin nur verletzt.

Wenn du dann am nächsten Morgen mit traurigem, verzweifelt fragendem Blick auf mich zukommst, um mich vorsichtig in den Arm zu nehmen, fragst du in letzter Zeit häufig: »Schatz, wie war ich gestern? War ich böse zu dir oder haben wir auch Spaß gehabt?« Deine Filmrisse werden zunehmend umfangreicher.

Allzuoft muß ich deine inständig hoffenden Augen enttäuschen und dir so ruhig wie möglich vermitteln, daß dieses Trinken bis zur Ohnmacht nichts mit deinen kleinen Ausschweifungen von noch vor einem Jahr zu tun hat, daß du nur das Auslöschen deiner dich zermürbenden Gedanken und Ängste suchst. Aber du gehst aus diesem »kleinen Tod« gebrochener und zerbrechlicher hervor, als du dich hineingestürzt hast. Hinzu kommt, daß du meinen Schilderungen, wie patzig und verständnislos du wieder gewesen bist, kaum noch Glauben schenken willst. Du fühlst dich von meinen Erinnerungen verfolgt.

Der Alkohol, der uns so häufig füreinander geöffnet hat, trennt uns jetzt immer öfter und heftiger. Wir sind beide traurig über diese Entwicklung. Du versuchst, Erklärungen zu finden, du siehst in deinem gespaltenen Dasein die Ursache für deine Zerrissenheit.

Du suchst Verständnis und Rückhalt bei mir. Ich liebe dich und bin bereit, für dich Verantwortung zu übernehmen. Ich leide unter deinen Abstürzen, als wären sie meine eigenen.

Eine große Hilfe finde ich bei meinem in psychologischen Dingen sehr belesenen Bruder. Wir reden viel über die seltsamen Zusammenhänge von Kindheit und Erwachsensein. Mir wird zunehmend klar, daß du eher ein »Männer-Mann« bist: Deine Begeisterung für Reisen, Abenteuer, Freundschaft und Vertrauen bezieht sich fast ausschließlich auf männliche Freunde.

Ich kann mich täglich über die kleinen Annehmlichkeiten und Höhepunkte, die das Leben mit sich bringt, freuen, du dagegen hast offenbar alles so schnell und im

Übermaß bekommen, daß du die Fähigkeit zur Freude verlernt hast. Ständig bist du auf der Suche nach neuen Ablenkungen, Tätigkeiten und Ereignissen, die dich vergnügen können. Immer schneller langweilen dich aufwendige Vergnügungen, die Phasen deiner Euphorien werden kürzer.

Wie oft suchst du Trost bei mir und ich versuche, auch diese eher mütterliche Rolle zu erfüllen.
Du spielst das kindische Spiel »böser Bube« sein zu dürfen und trotzdem geliebt werden zu wollen. Du willst, daß ich dich nach deinen Abstürzen umarme. Du willst mich offenbar verletzen und enttäuschen.
Und trotzdem ist das Faß meiner Liebe zu dir noch übervoll. Es muß an meinem Charakter und meiner Erziehung liegen, daß ich so hinnahmefähig bin und Männern wohl mehr Rechte einräume als mir selbst. Außerdem trinkst du aus Eitelkeit vor Auftritten und Terminen nicht. Du bist dann zärtlich, fürsorglich und wir beide sind für Stunden in einem Rausch der Versöhnung, der mich immer wieder in die Höhen einer beglückenden Hoffnung hochreißt.

Einzug meines Bruders. März '71

Mein Bruder sucht seit Monaten verzweifelt ein Zimmer in einer Wohngemeinschaft für die einhundertzwanzig Mark unserer Eltern. Er sieht natürlich unser Leben im Überfluß und kann sich nur schwer damit abfinden, aus der von mir fristgerecht gekündigten Zweizimmerwohnung in der Klopstockstraße ausziehen und irgendwo im

Hinterhof auf zehn Quadratmetern hausen zu müssen. Trotz seiner Bereitschaft, sich von mir die rückenlangen Haare abschneiden zu lassen, findet er kein angemessenes Zimmer. Ich bin so verunsichert von deinem Gefühl, von allen nur ausgenützt zu werden, daß ich nicht wage, Wieland mehr Geld für eine eigene Wohnung zur Verfügung zu stellen. Es käme zwar von meinen eigenen Gagen, aber da ich in der Dall'Armistraße von deinem Geld lebe, könntest du das als Vorteilsnahme werten.

Es endet also damit, daß mein Bruder am 1. März bei uns in das Gästezimmer zieht.

Wieder sind alle zufrieden, meine fordernde Mutter eingeschlossen. Nur ich fühle mich vollkommen überfordert.

Mein Bruder in unserer Wohnung. Was ist, wenn dein Bruder Walter irgendwann auch hier einziehen will? Kann ich das dann ablehnen? Aber du scheinst das alles nicht so problematisch zu sehen.

Wir sind auch glücklicherweise so oft zu unterschiedlichen Zeiten unterwegs, daß es manchmal für uns beide ganz angenehm ist, beim Nachhausekommen nicht allein zu sein. Manchmal komme ich von einer Fotoreise zurück und kann euch in der verräucherten Bauernstube kaum ausmachen.

Seit du dir mindestens zwanzig verschiedene Pfeifen zugelegt hast, seid ihr beide mit Eifer und ohne Rücksicht auf Herz und Lunge dabei, diese mit »gutem Cognac und viel Zucker einzurauchen«, wie du mir hustend erklärst.

Ich bin in solchen Augenblicken froh, daß du dich mit meinem Bruder gut verstehst und ihn nicht allzu sehr als Störenfried ansiehst. Wieland mag dich und du spürst wohl auch seine Bewunderung für dich und deine Art zu kochen, zu trinken, Musik zu hören, und du bist darüber beruhigt. Nur manchmal packt dich dein Verfolgungswahn und du machst ihm lautstarke Vorwürfe, wenn er es gewagt hat, die unverbrauchte Soßentüte der Miracoli-Packung fortzuwerfen und du diese dann aus dem Mülleimer wieder herausfischst.

Ich entschließe mich endlich, den Führerschein zu machen. Es stört mich, daß ich von der Hütte nicht allein wegfahren kann oder daß ich dir zu einem Auftritt nicht spontan nachreisen kann.

Nach etlichen schreckgeprägten Fahrstunden kommt der Prüfungstermin, ein Tag, den ich nie wieder erleben möchte. Wie so häufig vor solchen Anforderungen, bekomme ich hohes Fieber und nehme einen Riegel Aspirin. Zusammen mit den Baldriantabletten ergibt das eine wunderbar beruhigende Mischung und ich falle völlig benebelt, aber seelenruhig durch die Prüfung. Als ich wieder nüchtern bin, ärgere ich mich, daß ich noch einmal durch diese Hölle muß.

Am nächsten Tag begleite ich dich zu einer deiner vielen Otto-Verleihungen der BRAVO. Sie soll in Salzburg stattfinden und der Verlag hat einen kleinen Zug nur für die Stars, die Gäste und die Presse gechartert. Wie so oft in deiner bisherigen Karriere willst du einen Sonderstatus beanspruchen: Sollen doch die anderen »Fuzzis« mit der Presse fahren, wir beiden »Luxusgeschöpfe« erreichen im Mercedes das Hotel, in dem die Feier stattfinden soll.

Ich bekomme das erste Mal richtiggehend Angst vor den Massen, als wir vorfahren und du die Scheiben herunterläßt, um die Hunderte von Fans mit deinem Autogramm zu bedienen. Teenies kreischen, Hände greifen bedrohlich ins Auto und zerren an dir. Du bleibst ganz Star und lächelst gelassen.

Eines weiß ich in diesem Augenblick, dieser Beruf wäre mein Tod. Wie schaffst du das nur?

Nach der Verleihung sitzen wir noch an dem VIP-Tisch, und alles, was Rang und Namen hat, ist vertreten. Plötzlich reitet dich wieder einmal der Teufel. Unvermittelt stehst du auf und verkündest mit Spottlust in den Augen: »Meine Damen und Herren, ich darf Ihnen mitteilen, daß meine Freundin Silke bei der Führerscheinprüfung mit Pauken und Trompeten durchgefallen ist.« Großes Gelächter und hämischer Jubel sind die Folge. Alles starrt auf mich. Ich kann die aufsteigende Röte nicht unterdrücken und rette mich in ein verlegenes Lächeln. Ich hasse es, ungewollt im Mittelpunkt zu stehen und angestarrt zu werden. Du erklärst mir nach meinem vorwurfsvollen Blick, es habe dich geärgert, daß ich durchgefallen bin und trotzdem auch noch darüber gelacht habe. Ich kann nicht glauben, daß du meinen Galgenhumor auch nur wieder als »Beweis der reuelosen Ausbeutung deines Führerscheingeldes« sehen kannst.

Kurz vor der Abreise am nächsten Morgen läßt du im Hotel überglücklich ein Zahnputzglas mitgehen. »Die schlichte Schönheit dieses Bechers kann ich einfach nicht zurücklassen«, sagst du und strahlst dabei wie ein Lausbub.

Dein letzter Erfolg mit Anita. Sommer '71

Schon seit Stunden sitzen wir mit deinem, ohne Unterbrechung und abgehackt redenden Berater N. aus Augsburg und einem von ihm mitgebrachten Drehbuchautor in unserer Bauernstube zusammen und versuchen gemeinsam, ein Konzept zu erarbeiten für die große Donnerstagabendshow, die dir der Unterhaltungschef Viehhöver für das ZDF angeboten hat. Mir kommt das alles sehr unprofessionell vor, aber die euphorischen Ausmalungen von *Roy Blacks Hütte* – das ist tatsächlich der Arbeitstitel – und der Zusicherung, daß du zeigen darfst, was in dir steckt, lassen uns alle zusammen weinselig abheben.

Als du am nächsten Tag so ganz nebenbei, auf Vorschlag von Herrn N., deinen offiziellen Wohnort in die steuergünstige Schweiz verlegen willst, ahne ich, daß das so nicht gutgehen kann. Das wirkt alles zu sehr aus dem Ärmel geschüttelt und nicht wirklich durchdacht. Ich halte mich jedoch nicht für zuständig und somit zurück. Noch habe ich das anerzogene Vertrauen – du weißt, was du tust.

Ich habe trotzdem das Gefühl, daß du immer mehr der Spielball von Menschen deiner professionellen Umgebung wirst, denn schon dein letzter Film vom Februar dieses Jahres, mit Theo Lingen und Eddi Arent, wirkte lieblos heruntergedreht. Dein Produzent Hans Bertram baut neue, jüngere »Schmusesänger« auf und so plant er für dich, nach dem sensationellen Erfolg von Heintje, ein Doppel mit der neunjährigen Anita Hegerland aus Norwegen.

Du bekommst selbst Zweifel, ob es richtig ist, diesen Sprung vom »Traummann der Teenies« zur Vaterfigur an der Seite eines Kindes zu wagen.

Aber wie immer traust du dich nicht, wirklich aufzumucken.

Unglücklicherweise wird das erste gemeinsame Lied *Schön ist es, auf der Welt zu sein* wieder ein Millionenhit. Alle schwärmen von euch beiden. Hier du als der vitale, väterliche Sonnyboy und dort die zarte Anita aus Großmutters Zeiten: erstaunte Kinderaugen, porzellanweiße Haut, goldene Kringellöckchen und ein schüchternes Lächeln.

Schon im Herbst zeigt sich, daß dein Image als Lover gelitten hat, dein dritter Film mit Uschi Glas *Wenn mein Schätzchen auf die Pauke haut* lockt nur noch einen Bruchteil der Besucher des ersten Streifens ins Kino.

Allerdings kannst du nicht einmal mehr unseren Balkon in Nymphenburg betreten, ohne daß die gesamte Nachbarschaft zusammenläuft und entzückt aufschreit. Sogar als du mich einmal zusammen mit meinem Bruder nachts auf dem Münchner Hauptbahnhof abholen willst, mußt du schon nach wenigen Metern aus dem Gebäude zum Auto flüchten, da mindestens zweihundert Menschen auf dich zustürmen und an dir zerren und reißen.

Der Bruch mit dem ZDF. Winter '71

Wieland wohnt nach bestandenem Abitur wieder in Hamburg in einer Wohngemeinschaft. Unser Silbersee an der Hütte ist zugefroren, und wir haben jeden Tag

ndlich unser erstes gemeinsames Zuhause in mphenburg. Du zeigst ivat gerne deine komische, uneitle Seite. München, Juni 1971

lich stehst du zu mir. ihrend der Flitterwon in meinem ›ertrotz-Hochzeitskleid »Ganz in Weiß«. iechenland, Mai 1974

St. Ulrichs-Kellereien G.m.b.H.
AUGSBURG
Vorsicht Glas, nicht stürzen

ks: *Deine Eltern und dein Bruder*
'alter müssen mithelfen, die Fan-
st zu bewältigen. Augsburg 1967

'nten: *Unser ›erster Sohn‹ Tolkin*
ıt sich gerade an seinen ›Bruder‹
›rsten gewöhnt. Ich darf ihn wie-
der streicheln. Am Hof 1977

ːn: *Gemeinsames Glück in Grie-*
chenland. Sommer 1967.

Unten: *Unsere Flitterwochen in*
Griechenland: auf dem Boot
die Seele baumeln lassen
unter südlicher Sonne.
Mai 1974

Unser Sohn ist vier Tage alt. Das to ist mit Selbstauslöser fotografi und von dir entwickelt worden. Burghausen, 3. August 1976

Minus 10 °C. Besuch beim Nachl bauern in Altötting nach einer T mit Torsten und Tolkin. Januar 1977

Beginn unserer herrlichen Hütten-
fenthalte. Ich liebe deine wilde ›russische‹ Seele, die dort tanzt.
Frühjahr 1969

ıf dem abenteuerlichen Weg durch
n Schnee zum Nachbarbauern. Es sind Tolkins schönste Momente.
Hof Altötting, Januar 1977

Du hast für deine Touren mit Torsten diesen Logenplatz für ihn gekauft. Neugierig riskiert dein sechs Monate alter Sohn aus sicherer Position die ersten Blicke. Hof 1977

chneidest dich beim
chuppen der Fische.
sten guckt dir inter-
essiert zu, er scheut
ı, auch später noch,
bei dieser Arbeit zu
helfen.
Iütte, Sommer 1978

Der letzte Spaziergang, in deiner g
liebten bayrischen Tracht, vor uns
rem Auszug vom Hof.
Frühjahr 1978

Glücklich angelst du mit Torsten a
dem Rücken am Anlegesteg des io
schen Flußlaufes hinter der Hütte
April 1977

Besuch von immer anderen Leuten, mit denen wir um die Wette eisstockschießen.

Du hast dich inzwischen mehrmals mit echten Profis des ZDF getroffen und ein Konzept für deine monatliche Show erarbeitet. Im Frühjahr 1972 soll es losgehen, alle Gäste sind eingeladen, die Dekoration gebaut, die Kostüme genäht und die Lieder arrangiert. Da bekommst du Angst, ob du das alles kannst: Moderieren, interviewen, tanzen und schauspielern. Deiner Ansicht nach könntest du nur wenig neue Fans gewinnen, aber viele verlieren, wenn es schlechte Kritiken hageln sollte.

Ungewöhnlich entschlußfreudig teilst du dem mächtigen Unterhaltungschef Viehhöver lapidar am Telefon mit, daß du die Show verschieben möchtest, da du gerade die erste Tournee seit drei Jahren zusammen mit Anita planst und dich daher nicht verzetteln möchtest. Jetzt geschieht, womit du im schlimmsten Traum nicht gerechnet hast, ab sofort bist du bei dem größten europäischen Sender mit den meisten Showsendungen Deutschlands persona non grata. Die für dich konzipierte Show *Hätten Sie heute Zeit für mich?* übernimmt der noch nicht sehr bekannte Sänger Michael Schanze, dem damit der Durchbruch gelingt.

Mit dem schon länger bestehenden Boykott von Ö3, denen deine Lieder zu schnulzig sind, hast du jetzt das zweite große Standbein verloren, das ein Schlagersänger in Deutschland braucht. Du bist in keiner »Heckparade« mehr, nicht in Rainer Holbes *Schlagerparade* und auch nicht in Ilja Richters *Disco*. Nur Radio Luxemburg hält zu dir und läßt deinen voraussehbaren Sturzflug in ein Gleiten übergehen.

Steuersitz Schweiz. Frühjahr '72

Wir richten am Lago Maggiore in der italienischen Schweiz ein uraltes Landhaus am Hang ein, und du erwähnst überall in der Presse, daß du jetzt im Ausland lebst: »Mir gefallen alte Häuser am besten. Darin spüre ich die Persönlichkeiten aller Generationen, die vor mir dieses Haus bewohnt haben, die manchmal sogar in ihnen geboren wurden. Zu modernen Möbeln habe ich überhaupt kein Verhältnis. Sie vermitteln mir eine sterile Atmosphäre, körperliche Kälte in einer Kunststoffumgebung«, sagst du in dem Pressetext.

Doch mit der Präzision einer Schweizer Uhr trifft dich auch hier das Pech: Seit der Übersiedlung des Kaufhausmilliardärs Horten in dieses Steuerparadies sind die deutschen Behörden hellhörig geworden. Obwohl du dir jeden Monat Ein- und Ausreisestempel in deinen Paß eintragen läßt, ist das Finanzamt offenbar nicht gewillt zu glauben, daß du nicht mehr als drei Monate in München wohnst. Von unserer Hausmeisterin erfahren wir, daß mehrere Fahnder die Mieter im Haus und sogar in der Nachbarschaft der Dall'Armistraße befragt haben, ob sie dich im letzten Jahr beobachtet haben und wie oft.

Kurz nach diesem Schock erhältst du schriftlich die Nachricht über die Eröffnung eines Steuerstrafverfahrens gegen dich. Grundlage dieses Einschreibens ist die Tatsache, daß du angeblich laufend gesehen wurdest. Wir haben das Gefühl, daß die Nachbarn über ihre Wichtigkeit so erbaut waren, daß sie bereitwillig sehr großzügig mit deiner Anwesenheitszeit umgegangen sind. Vielleicht haben sie ja auch jeden Fernsehauftritt mitgezählt.

Damit beginnen für uns die Monate des schreckhaften Zusammenzuckens bei jedem Klingeln an der Wohnungstür. Ängstlich nehmen wir jedes dir gehörende Utensil aus der von mir offiziell gemieteten Wohnung. Ab jetzt lebst du mehr oder weniger aus dem Koffer im Flur.

Unser Hippiefest. August '72

Die Anfeindungen und Nachstellungen schweißen uns wieder stärker zusammen. Du verlierst manchmal den Mut und spürst, daß du in mir eine Vertraute hast. Es ist wieder so wie damals am Anfang im Schwabinger *Wendekreis*: Wir gegen den Rest der Welt.

Die Nymphenburger Wohnung ist jetzt kein »unschuldiger« Ort mehr, immer häufiger fliehen wir hinaus zur Hütte und erleben eine Wiedergeburt unserer Partnerschaft. Ich gewöhne mich an deine Ausfälle, und das Chaos wird für uns beide immer mehr zum Alltag.

Den gesamten Monat April '72 warst du mit Anita auf Deutschlandtournee. Schon wenn du nur in der Nähe einer Musikhalle oder eines anderen Konzertsaals bist, bekommst du Schweißausbrüche. Du interessierst dich so wenig für deine Lieder, daß es immer wieder geschieht, daß du nur noch »la, la, la« herausbringst. Leider war die Tournee nicht überall erfolgreich, so daß manchmal mit Freikarten versorgte Soldaten deine Säle füllen müssen, aber alles in allem wertest du diese drei Wochen als Erfolg. Ein Gutes hat dein allmählicher Abstieg in der Publikumsgunst: Du hast jetzt mehr Zeit für unser Privatleben und mehr Zeit zum Feiern. Die Welle der befreienden Studentenbewegung in Deutschland geht auch an uns nicht ganz spurlos vorüber. Einmal wollen auch wir Hippie spielen und einfach nur das Leben genießen. Gesagt, getan. Wir laden die neureichen Freunde deines Bruders aus Augsburg ein, Chris Roberts mit seiner unglücklichen Freundin Ilse, Ex-Kinderstar Elke Aberle mit Freund Otto Retzer, meine wildfrisierten Brüder Rainer und Wieland und etliche andere aus der Umgebung der Hütte. Auch den nächsten Nachbarbauern, der »aus Versehen« seine Schwester erschlagen hatte, als er die Mistgabel gegen seine Mutter erheben wollte. Dieser schüchterne, herzensgute Kerl ist für viele der langsam eintrudelnden Gäste der erste Mörder, den sie kennenlernen, und irgendwie eine Attraktion.

Es ist ein wunderschöner heißer Sommertag, und die zum Teil noch verlegen herumstehenden Gäste genießen das riesige Büffet, für das ich verantwortlich bin. Du kümmerst dich intensiv testend um die reichhaltigen Getränke. Vom Dach der Hütte dröhnt *Blood, Sweat and Tears* aus deinen Tourneeboxen, und du wirst von allen bewundert, wie »original« du mit deinem blauen Kosakenhemd, der schwarzen Jeans, den wilden Haaren, den um die Hüfte drapierten Stahlketten und deinen geschnürten Lederstiefeln aussiehst. Hinter vorgehaltener Hand amüsieren sich meine Brüder über die zwei hippiemäßigen Einschnitte unten an der gebügelten Jeans von Chris Roberts, die so ängstlich ausgeführt sind, daß sie gut zusammengehen mit seinen wirklich sorgsam gefönten Haaren.

Alle Eingeladenen kommen gerade in Stimmung, da liegst du bereits neben dem Bierfaß, kommst mit spöttischem Grinsen ein letztes Mal hoch und lallst: »Herzlich willkommen, Freunde. Amüsiert Ihr Euch auch schön, ja? Gut. Mir ist die Party leider entglitten.« Ich kann sehen, wie sich alle freuen, dich, den Saubermann des Schlagers, im wahrsten Sinne des Wortes so daneben zu erleben. Du hast ihnen wohl ein erzählenswertes Ereignis geboten. Ich blicke in dein verwüstetes Gesicht und mir sind nur noch deine traurigen Augen vertraut. Wie eine sterbende Katze kriechst du unter die schützenden Büsche und schläfst im feuchten Unterholz der Haselnußsträucher ein.

Besorgt folge ich dir nach kurzer Zeit, da kommst du hoch, umarmst mich mit einem breiten, zärtlichen Lächeln: »Meine Dicke, laß' sie doch denken. Hauptsache, ich liebe dich und wir werden alt miteinander, gell?«

Dann fällst du wieder mit einem seeligen Grinsen zurück ins Gras. Deine dahingeflüsterten Sätze haben mich beruhigt. Ich glaube an uns und an eine glücklichere gemeinsame Zukunft. Ja, ich will mit dir alt werden.

Fremdgehen und Trennung. September '72

Diesmal habe ich meine Termine nicht mehr absagen können. Um so mehr freue ich mich auf die zwei Tage, die ich bei dir in der Lüneburger Heide verbringen will. Du drehst dort mit Monika Lundi *Grün ist die Heide*.

Nachdem ich mich in deinem Hotelzimmer in Bendestorf einquartiert und geduscht habe, mache ich mich mit besonderer Sorgfalt schön für dich. Im Zimmer verstreut liegen Standfotos der Dreharbeiten. Erstaunt sehe ich, daß du mit deinen weiten Manchesterhosen, derben Bauernstiefeln und dem heideblütenfarbenen Pullover in diesem Liebesfilm genauso nachlässig gekleidet aussiehst wie in den ungepflegten Zeiten unserer Hüttenaufenthalte. Wenn das dein neues Image ist, mit Anita väterlich im Duett, wirres Haar, derbe Kleidung und uralte Volkslieder in altbackenen Filmen, dann gute Nacht Roy Black, denke ich. Schon in deinem letzten Film vom Frühsommer, in dem du der *Kinderarzt Dr. Fröhlich* warst, hat sich gezeigt, daß die Jugendlichen dich so nicht sehen wollen. Sie sind kaum noch ins Kino gegangen, während die Generation der Mütter, deine neuen Fans, eher vor der Stereotruhe sitzen geblieben sind.

Ich wollte dich eigentlich hier im Zimmer überraschen, setze mich aber jetzt etwas nachdenklich unten ins Hotelrestaurant.

Gegen Abend entsteht plötzlich lautes Getöse: Autotüren knallen, die Eingangstür wird aufgerissen und das bunte Filmvolk entert das Hotelrestaurant.

Mit gespanntem Erwartungslächeln entdecke ich dich endlich inmitten der aufgeregt tönenden Crew und erstarre:

Offensichtlich hast du mit allem gerechnet, nur nicht mit meinem ungeduldigen Auftauchen hier unten im Hotel.

Abrupt wie ein beim Naschen ertappter Junge löst du dich von der Lundi. Ich fühle alle Blicke auf mich gerichtet und stürme wutentbrannt die Treppe hoch aufs Zimmer – du hinterher.

Etwas atemlos und nicht nur deswegen leichenblaß stehst du mir wortlos gegenüber. »Ich denke, es ist wohl besser, ich fahre sofort wieder«, presse ich schließlich mit tränenerstickter Stimme heraus. Und hoffe.

»Ja«, sagst du ganz leise. In mir reißt irgendetwas.

»Das war's also mal wieder«, registriert mein Gehirn erstaunlich sachlich, als ich heulend im Auto Richtung München sitze.

Wochenlang höre ich überhaupt nichts von dir. Oft hocke ich in den quälenden Abendstunden allein vor einem Glas Wein und denke über mich und meine verdammte Hinnahmefähigkeit nach. Ich habe geglaubt, daß wir zwischen uns Nähe herstellen können, indem wir möglichst viel über unser gemeinsames Leben, unsere Hoffnungen und Ängste sprechen, indem wir die kindliche und manchmal etwas kindische Seite dem anderen offenbaren und möglichst viele gemeinsame Interessen entwickeln. Irgendwie haut das alles nicht hin.

In manchen Augenblicken, wie dem in Bendestorf, sind wir einander immer noch sehr fremd.

Ist es die Angst vor dem Abgetrenntsein? Fühlen wir uns in die Welt geworfen, unfähig, Hindernissen zu trotzen? Rastlos versuchst du durch vordergründige Intimität und oberflächliche Kontaktsuche Ängste und Befremdendes zu überwinden. Und ich fühle mich dann durch deinen Rückzug derart paralysiert wie durch eine Ur-Angst, daß ich immer wieder bereitwillig den Schmerz und die Verletzung annehme, anstatt einen Schritt nach vorne zu wagen, in das vielleicht befreiende Verlassensein.

Von deiner Maßlosigkeit völlig erschöpft, komme ich

in den letzten elendig einsamen Wochen, hier in diesem goldenen Käfig der Dall'Armistraße, zu dem Schluß, daß ich dir zu leicht zur Verfügung stehe und du dadurch meiner zu sicher bist. Ich muß raus aus dieser Falle, ich brauche meine Freiheit.

Ich kaufe nach kurzer, intensiver Suche eine kleine Zweizimmerwohnung mit Garten in München-Obermenzing. Da ich in den letzten Jahren als Fotomodell, zum Beispiel für BURDA-Moden, von den Gagen genügend Geld habe zurücklegen können, kann ich diese Fluchtburg von eigenem Geld bezahlen. Du sollst mir nie wieder weh tun dürfen.

Sechs Wochen ohne ein Lebenszeichen von dir. Wehmütig packe ich meine letzten Sachen in Nymphenburg zusammen, als ich das Türschloß höre und du plötzlich vor mir stehst.

Du suchst nach Erklärungen und entschuldigst dich damit, daß die Lundi dich sogar dann noch verführt hat, als ihr Freund, der Schauspieler Horst Janson, keine zwanzig Meter entfernt auf derselben Wiese stand.

»Soll ich dich dafür bewundern?« brülle ich dich das erste Mal in unserer Beziehung an, »bist du wieder einmal das Opfer dieser Frauen, oder wie soll ich das verstehen?« »Ach, Dicke, ich weiß nicht, was mit mir los ist«, meinst du daraufhin geknickt, »ich muß wohl aus dem Paradies vertrieben werden, damit ich begreife, daß ich ohne dich nicht leben kann. Ich spüre erst, wenn du ernst machst, daß ich ohne dich verloren bin. Ich habe eine ungeheure Unruhe und schlimmes Herzrasen. Erst bei dir läßt das immer wieder nach. Du bist doch mein einziger Halt in dieser verlogenen Welt.«

Das ist der Moment, in dem ich plötzlich spüre, daß mein Verhalten dem der Generation meiner Großmutter teuflisch ähnlich ist: Auch ich verzeihe zu leicht und meine Wut ebbt sehr rasch ab. Und wieder entscheide ich mich für den gewohnten Schmerz und gegen die Angst vor dem Ungewissen. Mit hängenden Ohren gelobst du, daß du mich nie wieder so bloßstellen wirst. Ich glaube dir. Du dir offenbar auch in diesem Moment. Wieder hast du es geschafft, die Wunde meines Vertrauens mit Riesenstichen zu nähen.

Es beruhigt meine verletzte Seele, in Zukunft ein Rückzugsrevier zu haben: meine eigene Wohnung.

Versöhnung und Freundeskreis. Frühjahr '73

Ich liebe diese Wochen oder manchmal auch Monate nach unseren Versöhnungen, in denen du mich tagelang auf Händen trägst, in denen ich spüre, welche Möglichkeiten unsere Partnerschaft haben könnte. Es sind diese Momente, von denen ich über Jahre hinweg zehre. Du wirkst auf mich wie ein Mensch, der beim Einschlafen kurz sein Bein unter der Decke in die Kälte herausschiebt und es dann doch wieder einzieht, um sich erneut über die vertraute Wärme freuen zu können. Wir haben uns vorgenommen, in der folgenden Zeit das aufzubauen, was bei anderen so selbstverständlich und für uns so mühselig scheint: Wir wollen einen Freundeskreis um uns scharen.

Der als Kartoffelquetscher berühmt gewordene Raimund Harmstorf und seine Freundin sollen unser erster, ernsthafter Versuch sein. Gespannt erwarten wir die beiden gegen neunzehn Uhr: Der Champagner steht gekühlt auf dem Tisch, die Luft ist räucherstäbchengeschwängert und die Kerzen brennen langsam herunter, als wir um kurz nach acht immer noch allein in unserer Bauernstube sitzen. Wir schauen uns fragend an, genießen diesen urigen holzgetäfelten Raum auch ohne Gäste und stoßen schon einmal erwartungsfroh miteinander an. Um zweiundzwanzig Uhr stellen wir die Snacks zurück in den Kühlschrank und trinken, immer noch allein, fröhlich weiter. Um elf sind wir sicher, daß wir vergeblich gewartet haben und erklären unsere Party zum Aufbau eines Freundeskreises für beendet.

Nachdem wir liebestrunken ins Bett gefallen sind, klingelt es dann doch noch und die beiden stehen ohne einen Hauch von schlechtem Gewissen vor der Wohnungstür.

Sie hatten eine größere Party vermutet und wollten nun einfach dazustoßen. Gequält lächelnd, schalten wir alle Lichter wieder ein. Du bemühst dich, Stimmung aufkommen zu lassen, erzählst dem starke Männer darstellenden Harmstorf lachend von der Rampe, die du immer langsam emporsteigen mußtest, um im Thailandfilm Lex Barker Auge in Auge gegenüberstehen zu können.

Das ist das Stichwort, das Raimund gebraucht hat, von seinen eigenen Geschichten zu erzählen. Es klingt vieles sehr eitel und er spricht merkwürdig schleppend, so daß wir nach zwei Worten das Ende des Satzes erkennen. Es wird immer peinlicher. Vielleicht hatte er schon so eine Party. Sind wir froh, als beide endlich wieder gehen.

Wir schauen uns an und prusten los, als wir unseren

ersten Versuch noch einmal vor unserem geistigen Auge ablaufen lassen. Das mit dem Freundeskreis läuft irgendwie nicht so, wie wir uns das ausgemalt haben. Aber wie dieser Versuch mißglückte, das macht uns keiner so leicht nach, echt gekonnt!

Ein anderes Mal sind der Produzent Carl Spiehs und die GLORIA-Film-Chefin Ilse Kubachewski unsere Gäste. Da du gewohnt bist, daß jedes Jahr zwei Filme mit dir heruntergedreht werden, wunderst du dich insgeheim, warum für 1974 noch keiner geplant ist.

In diesem Jahr sollen zwar *Alter Kahn und junge Liebe* mit Barbara Nielsen und im Herbst *Schwarzwaldfahrt aus Liebeskummer* mit Hans Jürgen Bäumler gedreht werden, aber trotzdem bist du verunsichert.

An diesem Abend trinkst du wie oft in letzter Zeit zu viel und gehst fließend von dem charmanten zum peinlichen Teil des Abends über. Es tut mir weh, dich so demütig um die *Kuba* herumscharwenzeln zu sehen. Dir entgeht mein verachtender Blick nicht. Nach dem Abschied der beiden Mächtigen wirfst du mir doch tatsächlich vor, daß ich es ja scheinbar nicht für nötig erachtete, mich um Aufträge zu kümmern, da ich ja gut von deinem Geld leben könnte. Du dagegen müßtest dich prostituieren, dich zum Affen machen. Ich entgegne dir, daß du das gerade wegen deines Geldes nicht mußt. Doch du wirst immer wütender – und das, weil ich mich nicht habe gehenlassen? Weil ich versucht habe, meine Würde zu behalten und du genau weißt, daß du deine vollkommen unnötig verloren hast? Du trinkst weiter und dein Blick bekommt jenen von mir gefürchteten diabolischen Ausdruck. Du gestikulierst wie wild, der Rotwein schwappt durch den Raum. Stillschweigend versuche ich, die Flecken vom Teppich zu wischen, als du genüßlich grinsend auch noch den Rest der Flasche auf den Perser fließen läßt. Beim Aufwischen fühle nun auch ich mich entehrt.

Polizei und Wut. Herbst '73

Wir haben seit kurzem neue Nachbarn. Die Ex-Freundin von Hans-Jürgen Bäumler ist mit ihrem Mann, dem Münchner Staranwalt Lutz Libbertz, über uns ins Haus gezogen. Da auch Uschi schon über Jahre Fotomodell ist, haben wir neben dem unendlichen Thema Männer auch viele andere Tratsch- und Leidensgeschichten auszutauschen. Da die beiden, genau wie wir, zu feiern verstehen, sitzen wir immer häufiger zusammen und nerven die gesamte Nachbarschaft abwechselnd mit Joe Cockers ohrenbetäubend lauten Gesängen oder deinen Heideliedern, die Lutz so liebt.

Nachdem wir die Geduld der Nachbarn wieder einmal überstrapaziert haben, klingelt es Sturm an der Wohnungstür. Uschi öffnet und bittet die beiden Polizisten vor der Tür fröhlich beschwipst herein.

In diesem Moment kommst du mit wild ins Gesicht fallenden Haaren aus dem Wohnzimmer gestürmt und kannst deine Wut über diesen Einschränkungsversuch durch die staatliche Gewalt kaum bändigen. Lutz, ganz Profi, stoppt dich und geleitet die Herren mit freundlichen Worten zur Tür, kann aber nicht mehr verhindern, daß du, kaum daß diese sich geschlossen hat, ein volles

Glas gegen die Stelle schmetterst, wo die beiden gerade noch gestanden haben. Mordgelüste blitzen aus deinen Augen.

Wir können dich kaum beruhigen. Du kommst nicht darüber weg, daß in dieser »Scheißwohnung, die dir gehört und die du dir mit deiner gemarterten Seele erkauft hast, noch nicht einmal laute Musik erlaubt sein soll.«

Absturz bei meiner Familie. November '73

Nach einem Auftritt in Norddeutschland besuchen wir ein zweites Mal meine wiederversöhnten Eltern, die inzwischen in Kiel, der Heimatstadt meines Vaters, wohnen.

Du hast Wieland, Rainer und meine Eltern zu einem großen Essen in ein erstklassiges Restaurant eingeladen.

Der Abend verläuft viel besser als beim ersten Mal. Meine Mutter wirft uns zwar das Tempo und die Menge des konsumierten Alkohols vor, freut sich aber wie ein Kind über den ersten Champagner ihres Lebens.

Später am Abend überschreitest du leider wieder die imaginäre Grenze, hinter der es dir Spaß zu machen scheint, zu provozieren, zu verletzen und immer zynischer zu werden. Du machst dich lustig über die Pickel von Wieland, lachst über Rainers Tolpatschigkeit und spielst mit mir dein Spiel vom armen südländischen Sünder, der eine zu edle und zu perfekte Frau an seiner unwürdigen Seite hat.

Aus Angst, daß jetzt unser privates Elend vor meiner

Familie bloßgelegt wird, versuche ich, ernst auf dich einzugehen. Das reizt dich aber erneut zu sarkastischen Anzüglichkeiten, bis meine Mutter dich stoppt, indem sie laut auflachend feststellt: »Also, Gerd, ich schau dir in die Augen und kann dich doch wirklich nicht ernstnehmen mit deinem bösen Blick. Das ist doch alles nur Show. Daß du das nicht merkst, kann ich nicht verstehen, Silke. Je mehr du auf ihn eingehst, desto mehr macht es ihm doch Spaß, auszuteilen.« Ich zucke zusammen und falle aus allen Wolken, als du ihr Recht gibst und wie ein schelmischer Schulbub anfängst, befreit aufzulachen.

Trotzdem trinkst du immer mehr und am Schluß muß auch meine Mutter erkennen, daß du nichts mehr aufnehmen kannst. Sie verläßt mit Rainer und meinem Vater das Restaurant. Wieland bleibt aus Solidarität sitzen. Als ihr mit der lächerlichen Ernsthaftigkeit von Betrunkenen versucht, den guten Rotwein aus den verschiedenen Gläsern und Flaschen in eine einzige umzufüllen, um sie für später zu retten, hole ich den Mercedes.

Wohl weil die Kellner wissen, wer da sitzt, machen sie freundliche Miene zum weinverpanschenden Spiel auf vormals weißer Tischdecke.

Als ich kurz darauf vorfahre, sehe ich, wie du mit rutschender Hose und verlorenem Schuh an der Hausmauer die Treppe hinabrutscht und immer wieder »Silke, Silke, hier sind wir!« brüllst. Wieland stützt dich, kann sich aber kaum selber auf den Beinen halten.

Vor dem Haus meiner Eltern weigerst du dich wie aus heiterem Himmel aggressiv, mit reinzukommen. Du willst unbedingt in ein Hotel. Ich will dich nicht fahren lassen. Du setzt dich ans Steuer und mir fällt nichts

Besseres ein, als mich vor den Wagen zu stellen. Du gibst Gas – glücklicherweise im Rückwärtsgang.

Du jagst durch die Nacht und landest unglaublicherweise direkt vor dem Atlantic-Hotel in Hamburg, von wo du mich am nächsten Tag kleinlaut anrufst. Amüsiert erzählst du, daß du dem Portier auf seine Frage nach deinem Gepäck weltmännisch etwas von »kommt morgen nach« hingemurmelt hast. Als wir kurz darauf mit meinem Bruder nach München fahren, dürfen wir auf der Autobahn nur hundert fahren und lediglich eine eingeschränkte Menge Benzin tanken. Sonntags ist in diesem Monat das Autofahren vollkommen verboten.

Die Araber zeigen ihre Macht und drosseln den Ölexport. Die Träume und Hoffnungen der Sechziger weichen einem desillusionierten Realismus.

Auch die Schlagerbranche ändert sich radikal. Der Geschmack und die Erwartungen des Publikums sind immer schwerer abzuschätzen. In den Hitparaden tauchen zunehmend Zufallstreffer von Newcomern auf und machen es den Etablierten schwer, ihre seit Jahren angestammten Positionen zu verteidigen. Auch dein selbstgefälliger Produzent Bertram weiß nicht, wie er die sich wandelnde Musik und den Einfluß der Angelsachsen in deine Lieder einfließen lassen kann. Er hat offenbar den Kontakt zum Geschmack der breiten Masse verloren.

Du gewinnst keine neuen Fans mehr, du lebst von der älteren Generation, die kaum mehr Platten kauft. Das ist zwar ein allgemeines Phänomen, das die gesamte Branche trifft. Keiner verkauft mehr eine Million Singles oder von einer LP zweihundertfünfzigtausend. Du aber scheinst diese Entwicklung persönlich zu nehmen: Jede nicht losgeschlagene Platte ist eine direkte Ablehnung, ein »nein« zu dir als Künstler und als Mensch. Du fühlst dich vernachlässigt und bekommst Angst, Angst vor der Zukunft – nackte Existenzangst.

In diese Zeit fällt eine Bemerkung von Lutz Libbertz, die dich endgültig in Panik versetzt. Bei einem gemütlichen Essen hatte Lutz mit seiner heiseren Stimme angefangen, von meiner Schönheit zu schwärmen. Er versuchte auch, dir klarzumachen, daß Frauen mit meiner Langmut in diesen Zeiten der radikaler werdenden Frauenbewegung immer seltener werden.

»Wenn du nicht aufpaßt, Roy«, warnte er dich, »dann heiratet sie dir noch einer vor der Nase weg.«

Du machst daraufhin zwar deine üblichen Witze, wie immer, wenn es um dieses Thema geht: »Wer die Einsamkeit fürchtet, sollte nicht heiraten.« oder »Man sollte die Dummheit *Ehe* nicht mit wichtiger Erfahrung verwechseln.« Aber hinter deiner locker gemeinten Fassade spüre ich, daß Lutz den Keim des Zweifels gesät hatte.

Wir sind beide im Zeichen des freiheitsliebenden Wassermannes geboren, und Heiraten gehört nicht zu unseren drängendsten Lebenszielen. Aber nach deinen in letzter Zeit immer häufiger an die Öffentlichkeit gebrachten Affären, wünsche ich mir neuerdings doch insgeheim eine eindeutige Geste deiner Zugehörigkeit zu mir.

Unsere Verlobung. November '73

Die lässig dahingesagte »Warnung« unseres Freundes Lutz Libbertz nagt seit Wochen an dir. Du fühlst dich offenbar herausgefordert zu entscheiden, ob du mit ganzem Herzen ja zu uns sagen willst, oder vielleicht doch die Gefahr auf dich nehmen sollst, sowohl die Zuneigung der Massen als auch mich zu verlieren. Und das irgendwann an irgendeinen, dem sein privates Glück wichtiger ist als ein öffentliches Verlangen.

Bei einer Flasche Wein in unserer gemütlichen Bauernstube reden wir über das Wesentliche im Leben, über Einsamkeit und Vertrauen, über Nähe und Angst. Wieland hat sich nach deiner anfänglichen, kleinlichen Weigerung dann doch den BMW genommen, um nach Obermenzing zu fahren und dort im Keller die Sauna zu benutzen. Wie so häufig sitzen wir zunächst still vertraut, von den vielen Schlachten müde, beieinander und versuchen, uns gegenseitig zu verstehen. Du erzählst mir von deiner Getriebenheit, von deiner Unfähigkeit, ganz in dir zu ruhen, ein Glücksgefühl ohne Hintergedanken auskosten zu können.

Wie immer genießen wir diese geradezu schwebenden Minuten, in denen wir ganz direkt unser gemeinsames Leben betrachten, bestrahlt von der Sonne der Zuneigung und des Vertrauens. Wir genießen das luxuriöse Gefühl, über unsere Zeit frei verfügen zu können, nicht an Bürozeiten gebunden zu sein. Wir sehen unser Glas halbvoll und nicht halbleer. Und wir wissen, daß wir den anderen, jeder auf seine Art, wirklich lieben.

Du flüsterst: »Ich will dich nicht verlieren.« Ich nehme

deine um das Glas gewickelte Hand und verspreche dir, daß du mich nie verlieren wirst.

Und plötzlich, ganz unvermittelt, kniest du vor mir nieder, um mich mit deiner oft so urkomischen, gestenreichen Art zu fragen: »Schatz, woll'n uns verloben?«

Lange erhofft und nun doch überrascht, ahne ich instinktiv, daß es unwiederholbare Augenblicke gibt und hauche ein »ja« durch meine Tränen. »Laß uns gleich Ringe kaufen«, hauchst du durch deinen Kuß in mein Ohr.

So schnell wie in diesem Augenblick habe ich mich wohl noch nie angezogen. Euphorisch rasen wir in die Stadt. Bei Cartier gefällt mir nichts, im zweiten Laden fehlt mir das Besondere, im dritten schaue ich zufällig in dein Gesicht und spüre, daß unsere Verlobung keine weitere Verzögerung übersteht. Die Wirkung des in den Himmel hebenden Weines entläßt dich offenbar langsam in das Grau des Alltags.

Jetzt oder nie, denke ich, und nehme den nächstbesten Ring. Zu Hause heben wir deine Stimmung mit einem Glas Wein. Wieland hält mit der Polaroidkamera diesen historischen Moment fest, in dem du mir den Ring über den Finger schiebst. Eine Stunde später feiern wir mit superteurem Wein beim Italiener am Nymphenburger Kanal und genießen die großzügig bemessene Portion Kalbsmedaillon in Sahnesoße.

Wie wohl in aller Welt üblich, kommt auch bei uns das Thema Figur beim Essen auf den Tisch.

Du neidest Wieland, daß er in deinen Augen immer noch wie ein Spargeltarzan aussieht, obwohl er, seit du ihn kennst, mindestens das doppelte von dem ißt, was du dir erlaubst. Angefeuert von diesem Neid, ißt der daraufhin auch noch mein zweites Medaillon und bestellt sich als Nachtisch nicht eine Kleinigkeit, nein, noch eine Portion Spaghetti Bolognese muß es sein.

Inzwischen trinken wir schon mal eine weitere Flasche Wein. Offensichtlich zu spät kommt dann der Berg Nudeln, und Wieland zwingt sich sichtlich, jetzt auch wirklich deine Erwartungshaltung zu erfüllen und alles zu verputzen. Trotzdem muß er kurz vor dem Ziel aufgeben und der Kellner einen Rest Spaghetti abräumen.

Entgeistert schaust du den Essensresten nach und läßt deinem Frust freien Lauf: »Ihr haltet mich wohl für einen Dukatenscheißer, ihr bestellt und bestellt und dann geht das Ganze zurück.« Ich verteidige mich mit der Frage, warum du »ihr« sagst. Jetzt ist mein Bruder sauer, weil er diese Vorwürfe zur Genüge kennt und weil er meinen Einwurf feige findet. Daraufhin springst du unvermittelt hoch, reißt noch ein Glas Wein um und stürmst ohne Mantel mit stierähnlicher Haltung an den erstaunten Gästen vorbei ins Freie.

Nachdem wir dich zu Hause nicht vorgefunden haben, starten wir unsere Suchaktion bei strömendem Regen und frostigen Temperaturen im nahegelegenen Park. Vergeblich.

Völlig durchnäßt und unterkühlt kehren wir in die Wohnung zurück. Immer noch besorgt, rufe ich deine Mutter in Augsburg an und umschreibe die peinliche Situation so gut es geht. »Ja, Mädle, der Bua ist hier und schläft scho«, höre ich etwas überrascht. Erschöpft, aber erleichtert, falle ich nach einem heißen Bad ins Bett.

Wieder hat ein Sturm unsere Sehnsüchte durcheinandergewirbelt. Wieder grüßen einander traurig die, die wir sind, die, die wir sein könnten.

Nach deiner Rückkehr fragst du schuldbewußt nach den Ereignissen der letzten Nacht, an die du dich nur noch vage erinnerst.

Es tut dir leid, meinem Bruder das Auto nicht gegönnt und ihn am Abend so kleinlichen Vorwürfen ausgesetzt zu haben. Du möchtest alles wieder gutmachen und wartest ungeduldig auf seine Rückkehr von Obermenzing, wo er den Alkohol der Nacht herausschwitzen wollte. Als er schließlich klingelt, läufst du ihm entgegen, nimmst ihn kumpelhaft in den Arm und führst ihn zum BMW, um ihm anzubieten, den Wagen für die Zeit seines Aufenthaltes uneingeschränkt zu benutzen.

Ich kann euch von der Tür aus nicht hören, sehe aber, wie ihr um den Wagen herumgeht und Wieland dir gestenreich etwas zu erklären versucht: Er lächelt verlegen, als du plötzlich lauthals loslachst: Die gesamte rechte Seite des Autos ist weggequetscht. Mein Bruder ist von einem Sattelschlepper von der Straße gedrängt worden, erfahre ich, als ihr in die Wohnung zurückkommt. Du nimmst das nicht so wichtig. »Wozu haben wir denn soviel Geld, wenn nicht dafür, uns Blödsinn erlauben zu können.« Der Spaghetti-Verschwender Wieland wundert sich über deine unterschiedlichen Gewichtungen und ich bin froh, daß du wieder so schnell zu dir zurückfindest.

Unsere Hochzeit. '74

Die letzten Wochen sind wie im Fluge vergangen. Ich schwebe auf einer Wolke, die einen Menschen wohl dann trägt, wenn sich jemand in Liebe ausschließlich zu dir bekennt – dieses erregende Gefühl, die Auserwählte zu sein.

Wir setzen unsere Hochzeit für den 30. April fest. Unser Disput ist inzwischen glücklicherweise beigelegt. Als deine Planungen immer uferloser, teurer und unpersönlicher wurden, gabst du schließlich meiner enttäuschten Miene nach, und wir konnten uns auf eine kleine private Feier einigen.

Seit Wochen schon warst du dabei, diesen Tag, der ja der schönste im Leben einer Frau sein soll, so zu inszenieren, daß er für die Medien und ihre zynischen Nörgler deine triumphale Rückkehr auf die ersten Seiten bedeuten mußte. Dieser Tag sollte offensichtlich auch der schönste für die Presse werden. Du wolltest, daß es beeindruckend für die Fotografen wird, daß alle erschlagen werden von dem Aufwand, den du betreibst. Noch einmal wolltest du Mittelpunkt sein, es allen zeigen.

Ich erkannte diese Absicht und war ein wenig ernüchtert. Trotzdem träumte ich meine eigenen Träume weiter. Einen davon hätte ich dir gegenüber niemals zugegeben und träumte ihn dennoch für uns zwei: Ich sehnte mich trotz allem nach einer Hochzeit »Ganz in Weiß«, obwohl wir beide im kirchlichen Sinne nicht gläubig sind und du über viele altbackene Relikte unserer Eltern lachst. Das gehört für dich alles zu einer Show, die im Grunde nicht in die desillusionierten Siebziger paßt.

Ich lasse mir also ein griechisch-folkloristisches Kleid nähen, da wir unsere Flitterwochen, irgendwie beschwörend, in Griechenland verleben wollen.

Als ich es abhole, entdecke ich im Fenster in der Boutique nebenan einen Traum von einem weißen Kleid. Die Romantikerin in mir verharrt und zweifelt kurz, jedoch stapft dann die sachliche Frau in mir bis zur nächsten Ampel weiter – nur gibt mir ihr Rot eine Sekunde zuviel Zeit zum Träumen. Fünf Minuten später bin ich stolze Besitzerin dieses Traumes in Weiß. Zu Hause tanze ich selbstverliebt vor dem Schlafzimmerspiegel, ganz allein und »ganz in Weiß« und ganz deine Frau.

Am Morgen des 30. April sitzt du schon mit unseren Trauzeugen, deinem Bruder Walter und seiner Freundin, gemütlich zusammen und ihr stoßt mit Champagner auf das große Ereignis an. Ich renne wie von einer Tarantel gestochen zwischen Badezimmerspiegel und Briefkasten hin und her. Noch immer sind deine notwendigen Unterlagen für die Hochzeit von deinem offiziellen Wohnort in der Schweiz nicht eingetroffen. So sehnsüchtig wie an diesem Morgen habe ich noch nie auf einen Postboten gewartet.

Endlich kommt er gegen elf mit dem rettenden Umschlag. Äußerst unfallgefährdet rase ich zum Nymphenburger Standesamt, um die für vierzehn Uhr angesetzte Trauung doch noch möglich zu machen.

Ich hetze zurück, komme gerade dazu, wie ihr euch gegenseitig mit der Super-8-Kamera filmt. Als auch ich aufgenommen werden möchte, ist der letzte Film voll.

Etwas gereizt chauffiere ich uns zum Standesamt, wo uns schon der obligate Pressefotograf erwartet. Du hast mir zuliebe darauf verzichtet, ihn bei der Originalzeremonie dabeisein zu lassen.

So lande ich leicht abgehetzt und eigentlich zu nüchtern vor der schon wartenden Standesbeamtin.

Wie immer, wenn es wirklich unpassend und »ungehörig« ist, muß ich das dringende Bedürfnis unterdrükken, albern zu kichern. Ich blicke auf dich, du siehst mir in die Augen, und wir schwören uns Treue, bis daß der Tod uns scheidet. Eigentlich müßte ich jetzt vor Glück weinen, ich stehe aber nur da und flüstere mein Ja, nachdem du es schon gesagt hast. Wir setzen uns und ich unterschreibe das erste Mal mit meinem neuen Namen *Höllerich*.

Ich spüre, daß ein Teil meiner Kindheit und Jugend mit diesem Schriftzug hinweggefegt wird. Aber auch diese Sentimentalität streift mich nur.

Alles geht viel zu schnell. Ich bin jetzt tatsächlich mit dir verheiratet und fühle mich doch nicht anders als heute morgen. Aber vielleicht kann man tiefen Schmerz oder große Freude überhaupt nur in Scheibchen erfassen. Einerseits schützt das wohl, aber es ist auch schade, irgendwie.

Jetzt müssen wir erst einmal die Zeremonie für den bestellten Fotografen wiederholen. Dieser begleitet uns dann den gesamten Abend. Das ist mein Tribut, daß die *Welt* unser Glück zur Kenntnis nehmen soll. Ohne hinter uns herklappernde Dosen, ohne geschmückte Begleitfahrzeuge fahren wir zur Feinschmeckerzentrale Münchens, in die Käfer-Schänke nach Bogenhausen. Man hat einen separaten, gemütlichen Raum für unser Hochzeitsessen vorbereitet. Hier in der holzgetäfelten Bauernstube, fernab von den anderen Gästen, löst sich bei uns beiden nach ein paar Flaschen Wein die Hektik des Tages. Wir besaufen uns alle regelrecht und lachen immer wieder über den langen, abenteuerlichen Weg zu den palastwürdigen Toilettenräumen dieser VIP-Zentrale.

Auf dem Nachhauseweg sind wir so fern jeglichen Ernstes, daß uns die Trunkenheit den Genuß des Augenblicks ermöglicht. Endlich stellt sich eine Ahnung davon ein, was dieser Tag für uns beide bedeutet: Wir denken von nun an immer als eine Einheit, wir gegen den Rest der Welt – mit Stempel und öffentlichem Bekenntnis. Gerhard Höllerich, habe ich dir eigentlich schon gesagt, wie sehr ich dich liebe?

Am Morgen des ersten Tages unserer Ehe fährst du mit Walter zur Hütte. Ich bleibe zurück, um das Chaos in unserer Wohnung zu beseitigen. Unsere Ehe beginnt genauso wie unsere Verlobung aufgehört hat und so wie es immer war.

Enttäuscht heule ich mich übers Telefon bei meiner Mutter aus.

Flitterwochen. Mai '74

Die Erinnerung an unseren ersten gemeinsamen Urlaub, die Unbeschwertheit dort und auch die Sehnsucht, vieles in unserer Erinnerung unter der heilenden Mittelmeersonne auszubrennen, hat uns schon vor Wochen in den Honeymoon-Planungen nach Griechenland getrieben.

Die azurblauen Buchten, die ungekünstelten Männerfreundschaften, das vom steten Wind gestreichelte Meer, das alles war in unseren Gefühlen wie Musik, wie ein Schluck klaren Wassers in der Wüste des ermüdenden Kampfes gegen Unwesentliches. Wir haben nichts fest gebucht, keinen Flug, keinen Zug, keine Fähre und auch kein Hotel. Wir wollen Freiheit empfinden, mit dem Schiff von Insel zu Insel *hüpfen* und ohne Terminplanung dort bleiben, wo es uns gefällt. Die Seele baumeln lassen im Rhythmus der unbeschwerten südlichen Heiterkeit, unser Recht auf Faulheit einklagen, bei wem auch immer – vielleicht nur bei unserem eigenen schlechten Gewissen, stets »unerledigte Schulaufgaben« mit herumzutragen.

Jetzt, achtundvierzig Stunden nach unserer Hochzeitsfeier, der Sturz ins Bodenlose. Übermüdet erreichen wir die Insel Tenos. In unseren Träumen war alles irgendwie schwerelos, vor allem unsere vier mitgeschleppten Koffer.

Nach einer Stunde Warten in brütender Hitze fährt uns ein Taxi in beängstigendem Tempo zum einzigen Hotel der Gegend. Deine Lust auf Abenteuer schwindet sichtlich, obwohl ich wider bessere Einsicht versuche, dir alles in hellsten Farben auszumalen.

In der ersten Nacht donnern jugendliche Mopedfahrer am Hotel vorbei, je lauter desto lieber und öfter. Du kannst nicht einschlafen und knallst völlig entnervt mit deinen Schuhen gegen die von vielen zerschlagenen Mücken übersäte Hotelzimmerwand. Es gibt kein heißes Wasser, und die Betten strapazieren das Rückgrat. Wir packen unsere vier Koffer und landen, nun endgültig urlaubsreif, auf Mykonos. Erschöpft bleiben wir im erstbesten, schlichten, ja geradezu erschreckend einfachen Hotel hängen. Schnellstmöglich ziehen wir uns um und fliehen in die nächstbeste Taverne, Alkohol soll der Fallschirm gegen den Absturz in die totale Verzweiflung sein.

Und richtig, der Wirt, der den Retsina bringt, lacht so herzhaft gegen die Trostlosigkeit unserer Seelen an, daß wir nach dem dritten Glas seine unglaubliche Ruhe in uns selbst fühlen. Wir finden plötzlich das für griechische Lokale typische Neonlicht, die blaugetünchten Wände und die überall herumliegenden Zigarettenkippen originell und urig. Langsam fühlen wir uns sauwohl.

Vom Nebentisch werden wir aufmerksam beobachtet. Sechs junge Mädchen stecken aufgeregt ihre Köpfe zusammen, tuschelnd und kichernd. Keine Frage, daß sie dich erkannt haben und ihre Aufregung dir gilt. Und so freust du dich auch hier: »Irre, nicht? Jetzt erkennt man mich sogar schon in Griechenland.« Zu deiner Freude handelt es sich um sehr hübsche Griechinnen. Jemand wirft Geld in die Musikbox und als kurz darauf überlaute Sirtakimusik ertönt, springen wie auf ein Kommando alle sechs vom Nachbartisch hoch und beginnen zu tanzen.

Als wir den Rhythmus dazu klatschen, strahlen die Mädchen und ziehen dich zum Mittanzen hoch.

Begeistert schlüpfst du in die Rolle des filmischen Lebenskünstlers Alexis Sorbas, tanzt wie ein hier geborener Grieche und flirtest wie ein Liebesverdurstender. Deine Bewegungen werden wilder und nach weiteren Schlucken aus der Flasche auch ungelenker. Bis dein

Fuß plötzlich umknickt und du mit schmerzverzerrtem Gesicht zu mir zurückhumpelst.

Meine Schadenfreude verberge ich hinter einem besorgten Gesichtsausdruck.

Wir winken die Mädchen an unseren Tisch und sind nun beide erstaunt, daß sie nicht dich kennen, sondern mich von den vielen BURDA-MODEN-Titelbildern, die auch hier in Griechenland erscheinen.

Wir verabreden beim Abschied, daß wir uns schreiben werden.

Die Nächte verbringen wir damit, Mücken zu jagen und fühlen uns eigentlich überhaupt nicht in der Laune, dem aus Deutschland nachgereisten Fotografen Modell zu stehen. Du bist so genervt von dem ungemütlichen Zimmer, den schlechten Betten und der nur tröpfelnden Dusche, daß es dir überhaupt nicht auffällt, wie ich plötzlich in dem von mir mitgeschmuggelten, dir aber unbekannten weißen Hochzeitskleid posiere. Am Schluß habe ich es mir also doch ertrotzt: Die Presse in Deutschland wird Fotos einer Braut »Ganz in Weiß« erhalten.

Der Fotograf ist nach einem Tag wieder abgereist und damit hat diese anstrengende Reise für dich ihren Sinn erfüllt und du hast keine Lust mehr, weiter von Insel zu Insel zu hüpfen. Sofort setzt meine Panik ein, mich für deine Stimmungen verantwortlich zu fühlen. Auf meinen mit künstlicher Begeisterung vorgebrachten Vorschlag hin radeln wir mit zwei geliehenen Fahrrädern in Richtung Süden.

Vorbei an riesigen Olivenhainen, wo wir immer wieder von den dort gemächlich arbeitenden Bauern mit einem freundlichen »Jassu, Jassu« angelacht werden.

Ohne diese Worte zu verstehen, empfinden wir in ihnen eine Gastfreundlichkeit, die uns aus deutschen Landen vollkommen unbekannt ist. Hier sind wir keine Eindringlinge, sondern willkommene Freunde.

Wir fahren an alten knorrigen Bäumen vorbei, unter denen riesige Tische mehreren Generationen Platz zum gemeinsamen Vespern geben, an alten Menschen, die friedlich vor ihren kleinen Häusern sitzen und uns freundlich und mit offenen Gesichtern anlächeln.

Alles ist sehr einfach, aber es wirkt niemals trostlos oder ärmlich, die Menschen blicken, nicht wie in München, getrieben, sondern vollkommen entspannt.

Nach drei Stunden sind wir immer noch nicht in der nächsten Ortschaft angelangt, die auf der Karte doch nur zwei Zentimeter entfernt war. Umdrehen hieße drei Stunden zurück, und das meist bergauf. Erschöpft fahren wir also weiter. Ohne Gepäck, ohne Zahnbürste und ohne die Umgebung als tröstend zu empfinden. Mit schmerzendem Po erreichen wir nach weiteren zwei Stunden endlich ein Dorf mit einer Pension.

Du bist beängstigend schweigsam und mir fallen auch keine beschwichtigenden Worte ein. Kurz darauf wird uns beiden bei einem öligen Abendessen bewußt, daß unsere Flitterwochen vorbei sind.

Zwei Tage später sitzen wir wieder auf der Veranda vor unserer Hütte in Heldenstein. Du blühst sichtlich auf, ich dagegen bin verzweifelt. Soll denn diese Ehe ein ewiges Erdulden deiner Launen werden? Soll ich für immer und ewig auf Knopfdruck funktionieren und alle Schlenker deiner Seele widerspruchslos hinnehmen? Ich kann nur noch hemmungslos heulen.

Verständnislos nimmst du mich in deine Arme und fragst warum.

Ich kann nicht mehr und flüchte zum x-ten Mal zu meiner Mutter nach Hamburg-Norderstedt. Ich brauche Abstand, ich kann nicht ständig unter der Anspannung stehen, irgendetwas könnte dir nicht genehm sein.

Herzklappenentzündung. Juni '74

Drei Wochen nach unserer überstürzten Rückkehr und meiner Abreise in den Norden ruft mich deine schwere Erkrankung zurück. Du hast hohes Fieber und Angst, allein zu sein. Ich eile zu dir und behandle dich nach unserem Familienrezept: den Körper in naßkalte Laken wickeln und dann zwei Stunden mit aufgelegten Wärmflaschen die Krankheit herausschwitzen. Das Ergebnis dieser Radikalkur sind beängstigende 41° C.

Du zitterst am ganzen Körper, als ich dich zum Arzt fahre. Der diagnostiziert eine Lungenentzündung auf den Röntgenbildern. Matt fragst du ihn: »Kann ich am Samstag nach Berlin und in der *Hitparade* auftreten? Es wäre sehr wichtig.«

»Natürlich«, beruhigt dich der Arzt, »da haben Sie das Gröbste überstanden.« Kaum bist du jedoch aus der Praxis heraus, sinkst du auf die Gartenmauer. »Ich kann nicht mehr«, stöhnst du, »wirklich nicht.«

In halsbrecherischem Tempo rase ich mit dir ins nahe Harlachinger Krankenhaus. Wir besprechen Ablenkendes. Alles ist seltsam zugespitzt in Augenblicken der akuten Gefahr. Wir sind ganz plötzlich sehr wesentlich im

Hier und Jetzt füreinander da. Der Chefarzt läßt sich per Kurier die Röntgenbilder kommen. Entgeistert hören wir, daß darauf keine Lungenentzündung zu erkennen ist. Wir blicken uns an. Kann man denn niemals darauf vertrauen, daß ein Fachmann seine Zweifel äußert, sofern er sie hat?

Müssen auch Berater, Rechtsanwälte und Ärzte immer wieder überprüft werden? Kontrolle der Kontrolle der Kontrolle? Du wirst aufgrund deiner Vorgeschichte am Herzen untersucht.

Wir haben Angst vor dem Ergebnis. Und richtig, wieder einmal haben sich deine beiden Herzklappen entzündet. Wieder wirst du mit Penicillin behandelt, das in hohen Dosen dreimal täglich durch einen Dauerkatheter in deine rechte Armbeuge tropft. Halten deine schon angegriffenen Klappen? Mußt du die lebensgefährliche und entscheidende Operation am offenen Herzen über dich ergehen lassen?

Wir haben beide Angst.

Ich besuche dich täglich stundenlang und bringe Berge von Obst, frischgepreßte Säfte und Mut spendende Bücher mit.

Du schmunzelst, als deine Mutter einmal kurz erscheint, dir eine Haarsträhne abschneidet, sie direkt zu einer Gesundbeterin bringt und danach unter dein Kopfkissen legt. Du atmest immer schwerer. Um gegen deinen akuten Sauerstoffmangel anzukämpfen, mußt du tief Luft holen, was dir große Schmerzen bereitet. Du bist tapfer und versuchst Witze zu machen. Trotzdem bekommst du zwischendurch immer wieder panische Angst zu ersticken.

Ich stehe hilflos neben deinem Bett. Ich möchte dir noch so vieles sagen, du sollst wissen, daß ich trotz allem sehr glücklich bin mit dir. »Wenn ich hier je wieder lebend 'rauskomme, Schatz«, schwörst du, »rühr' ich keinen Tropfen Alkohol mehr an. Nie mehr.«

Wir müssen beide lachen. Nicht über den Chefarzt, der rücksichtslos Pfeife qualmend vor dir steht, diagnostiziert und das bißchen Sauerstoff im klimatisierten Zimmer verpestet.

Drei Wochen dauert es, bis du es wieder einmal geschafft hast, dich selbst und uns alle zu überraschen.

Du mußt nicht operiert werden. Die Ärzte sagen, deine Klappen hätten alles gut überstanden.

»Das muß unbedingt gefeiert werden!« rufst du erleichtert auf dem Weg zur Hütte. Und trinkst an diesem Sommerabend fast bis zur Ohnmacht.

Die heiße Morgensonne des nächsten Tages brennt dir dein schlechtes Gewissen ins Bewußtsein.

Du bist noch kurzatmiger als im Krankenhaus. Wieder haben wir Angst. Mit Eimern hole ich kühlendes Wasser aus unserem Silbersee, und du stellst ein wenig erleichtert deine Füße hinein.

Deiner Agentin, Ruth Killer, hatten wir etwas von einer Viruserkrankung erzählt. Das Stille-Post-Spiel der Presse endet schließlich in einer akuten »Eselsstaupe«, egal ob es die gibt oder nicht. Es ist dir egal, Hauptsache, du wirst nicht als leidender schwerkranker Star behandelt.

Drei Wochen Todesangst haben uns beide geprägt. Ich habe mir in nächtelangen Albträumen Rechenschaft über unsere Beziehung abgelegt. Eines weiß ich seither sicher: Ich will dich nicht verlieren und so schon überhaupt nicht. Wir sitzen plötzlich wieder händchenhaltend zusammen vor dem Lagerfeuer und stimmen stumm überein.

Unvermittelt fängst du an zu reden: »Weißt du, eigentlich ist es doch ein Wunder, ohne Angst einschlafen, ohne Atemnot die Sonne genießen oder hier mit gesunden Knochen sitzen zu können. Daß ich hier mit dir reden kann, die Natur um mich herum ohne Einschränkung genieße, ist eigentlich schon alles, was wir fordern sollten. Gesundheit ist Alltag, wenn sie da ist und Sonntag, wenn wir sie wiedererlangen. Ich möchte nicht leben, wenn ich immer Angst um sie haben muß.«

Trennung vom Produzenten. Herbst '74

Vor gut einem Jahr hast du mit der Hilfe von deinem Anlageberater N. eine Luxusvilla und zwölf kleine Bungalows in Calpe an der Costa Blanca Spaniens bauen lassen. Jetzt sind wir hilflos erbost darüber, daß diese erste Vermietungssaison angeblich keinen Pfennig Gewinn erbracht haben soll. Hinzu kommt, daß dein langjähriger Produzent Bertram immer tiefer in die Kiste uralter Hits greift, die deine neuen Erfolge werden sollen.

In diesem Jahr gipfelt das in seinem peinlichen Versuch, das Instrumentalstück *Il Silenzio* mit deinem Timbre neu zu beleben. Die Platte bleibt schwer wie Blei auf den Regalen liegen. Wegen eines Fehlers deiner Plattenfirma wird dir großzügigerweise gleich ein »neuer, verbesserter Vertrag« angeboten: Du bekommst jetzt mehr Lizenzprozente von dem Großhandelspreis als vorher. Deine Freude über diese Verbesserung erlischt erst, als dir ein befreundeter Musikmanager, den du zufällig im gerade eröffneten LOGO-Live-Club triffst, erklärt, daß du diese höheren Prozente erst nach Abzug der immens gestiegenen Produktionskosten erhältst. *Dein Anwalt* wurde dir von deiner Plattenfirma empfohlen. Du kannst es einen Augenblick lang nicht fassen, als uns Wieland in seinem Laden begrüßt und sich für deine gestiftete Bühnenbeschallungsanlage bedankt. Dein Sarkasmus läßt dich tapfer durchhalten und sagen: »So wie es aussieht, brauch' ich die Boxen, Mikrofone und Verstärker eh nie mehr. Hier verstärken sie wenigstens mal gute Live-Musik.«

Zwei Tage danach fahren wir zusammen zurück nach München, mit Zwischenstation in Köln bei deinem Produzenten Bertram. Das erste Mal läßt du dir einige Titel, die du aufnehmen sollst, vorher vorspielen.

Bisher waren es alle gewohnt, daß du ohne vorherige Prüfung zu den Aufnahmeterminen angereist bist, drei Tage im Studio zum Playback gesungen hast, um dann wieder abzuziehen.

Viel Mitspracherecht hattest du dir nie erkämpft, und der Erfolg hat dieser Arbeitsweise ja auch lange Recht gegeben.

Wir sind beim ersten Anhören entgeistert und bitten, die Democassetten mitnehmen zu dürfen.

Widerwillig gibt der kleine dicke Allmächtige nach. Zu Hause wissen wir nicht, ob wir lachen oder verzweifeln sollen. Alles hat sich gewandelt: Udo Lindenberg hat deutsche Texte in der Rockmusik ermöglicht. Udo Jürgens gibt sich inhaltlich mehr Mühe. Juliane Werding singt die Sozialschnulze *Am Tag als Conny Kramer starb*, und sogar Peter Alexander stellt unwiderlegbar fest *Hier steht ein Mensch*. Und da sollst du Lieder singen, die selbst noch hinter denen aus den Sechzigern zurückfallen.

Endlich bist du soweit. Du willst selbst mitmachen und aktiv eine verbesserte Linie finden.

Schweren Herzens setzt du dich hin und schreibst das erste Mal im Leben einem »mächtigen Mann« mit sehr freundlichen Worten, daß du dich um einen aufgeschlosseneren Produzenten bemühen möchtest, um einen, der deine gleichbleibenden Inhalte in eine herbere Sprache und in andere Instrumentierungen übersetzt. Bertrams humorlose Reaktion sind Äußerungen in der Presse wie: »Der Roy Black, dieser musikalische Embryo ohne Stimme, ist in meinen Augen ein hinterhältiger orientalischer Teppichbeißer.«

Die Theatertournee. Frühjahr '75

Die Angebote für dich als Sänger werden immer spärlicher. Ich bin zwar immer noch häufig als Modell unterwegs, aber unsere gemeinsame Zeit hat sich vervielfacht. Du hast noch keinen neuen Produzenten gefunden und nur die treuesten der treuen Fans wählen dich nach wie vor in die Hitparaden, die nicht von Verkaufszahlen bestimmt werden. Resignierend stellst du fest, daß die Branche sich weltweit ändert. Hatten früher die Interpreten über Jahre unterschiedliche Hits, die ständig in den Radiostationen gespielt wurden, kommen heute junge Komponisten oder Sänger mit einem Hit hoch, um morgen schon wieder vergessen zu sein.

Deine Erfolglosigkeit ermöglicht uns ein Gefühl bisher nicht gekannter Nähe. Deine Identifikation mit dem *Produkt Roy Black* läßt nach. Du mußt dich nicht mehr so stark zur Wehr setzen, du wirst milder und lernst, manchmal sogar zuzuhören.

Ich liebe deinen Galgenhumor, wenn dich und auch mich die Melancholie übermannt. Du bist gnadenlos ehrlich mit dir selbst – solange du derjenige bist, der dich auseinandernimmt. Du steigst in dieser Zeit derart in meiner Achtung, daß ich einen Respekt aufbaue, den ich schon zu verlieren glaubte, als dich die Angst vor dem Untergang fast schon lächerlich machte.

Der Entzug des Applauses durch die Massen läßt dich dennoch übereilt einen Tourneevertrag mit dem Schweizer Veranstalter *Gebrüder Grabowsky* unterschreiben.

Ich begleite dich nach Zürich, wo die Proben zu dem Musical *Warum lügst Du, Chérie?* stattfinden sollen. Die Produktionskosten dürfen bei einem solchen Unternehmen nicht hoch sein, und so landen wir in einer armseligen Pension in einem ungemütlichen Zimmer mit dem Bad auf dem Flur. Deine Agentin hat dreißig Mark Spesen pro Tag für ausreichend gehalten.

Du mußt das erste Mal längere Textpassagen auswendig lernen. Selten haben wir so gelacht wie über deine Versuche, dich beim Abhören mit Phantasiesätzen aus den Dialogen zu retten. Nachdem du einigermaßen fit bist, schmeißt der Regisseur wegen der »zu dünnen« Story das Handtuch. Der neue schreibt das Buch um, trotzdem geht die Tournee pünktlich los, mit mir als Chauffeurin. Nach einigen Testaufführungen in der Provinz landen wir in Hamburg, wo wir während des mehrtägigen Gastspiels im Operettenhaus bei meinen Eltern in Norderstedt wohnen. Da dein sympathischer Kollege Nicolai Milanek sich noch weniger als du ein Hotelzimmer von seiner Gage leisten kann, lädt meine Mutter auch ihn ein, bei ihr im Haus zu übernachten.

Die Gage wird wöchentlich ausgezahlt, so steht es wenigstens in den Verträgen mit Grabowsky. Die Tournee läuft jetzt mehrere Wochen, und ihr habt immer noch kaum eine Mark Honorar gesehen.

Du spielst die Hauptrolle und fühlst dich verantwortlich für die anderen. Als am Premierenabend in Hamburg der Veranstalter immer noch nicht auftaucht, entsteht Unruhe unter den Kollegen. Viele reden von Pleite und wollen alles hinschmeißen, allen voran Milanek, der die Zahlungsmoral der Brüder Grabowsky schon von früher kennt.

Da gehst du mitten in der Vorstellung außerplanmäßig an die Bühnenrampe und verkündest dem verdutzten Publikum und den anwesenden Reportern, daß ihr nicht weiter auftretet, da der Veranstalter bis heute seiner Zahlungsverpflichtung nicht nachgekommen sei.

Der im Stück mitspielende Martin Jente tut allerdings am nächsten Tag in der Presse so, als ob du unter Verfolgungswahn leiden würdest und alles seine Ordnung hätte: »... da ist wohl etwas mit dem Roy durchgegangen, was nur ein Psychiater erklären kann ...«, wird er am nächsten Tag in der BILD zitiert, die dann die Schlagzeile formuliert: »Roy Black – reif für die Klapsmühle!«

Nicht nur meine resolute Mutter ist empört, und sie bestärkt dich, dagegen vorzugehen. Als erstes empfängt sie den eilig herbeigereisten Zahlmeister des Veranstalters und handelt mit ihm Forderungen aus, während wir auf der Kellertreppe lauschen und uns köstlich amüsieren. Der imitationsbegabte Milanek sollte später immer wieder die Art und Wortwahl meiner dänischen Mutter kopieren und liebevoll übertreiben.

Am nächsten Tag tretet ihr wieder auf, und meine gesamte Familie mischt sich unter das Publikum.

Nach den Proben, die für dich stimmlich schwierig waren, da du gegen die opernerfahrenen Kollegen ansingen mußtest, wirkt jetzt alles durch die sechs herabhängenden Mikrofone viel voller und sauberer.

Meine Mutter lobt dich nach der Vorstellung überschwenglich mit den Worten: »Also, Roy, das muß ich dir sagen, du kannst bestimmt oft ein trotziger kleiner Junge sein, aber deine Ausstrahlung auf der Bühne, die ist einfach toll. Du bist ein Phänomen, du hast ja wahrhaftig Charisma. Und überhaupt, irgendwie mag ich dich.« Du weißt, daß meine Mutter sehr selten lobt und dir tun diese Worte sichtlich gut. Du bist so euphorisch, daß du dich sogar traust, gerichtlich gegen die BILD vorzugehen. Wir ziehen noch ein paar Tage weiter durch die Provinz. Dann wird die Tournee wegen Erfolglosigkeit abgebrochen.

Ende deiner Karriere. April '75

Die volle Wucht der Erkenntnis trifft dich mit großer zeitlicher Verzögerung. Erst jetzt, nach der schiefgelaufenen Theatertournee, begreifst du offenbar mit lähmender Härte die Unwiederbringlichkeit der letzten zehn Jahre. Du erfährst an dir die Gnadenlosigkeit der deutschen Showbranche. Völlig überrascht stellst du fest: »Die lassen mich fallen wie eine heiße Kartoffel, die grüßen mich noch nicht einmal mehr.«

Ein Zurück in einen bürgerlichen Beruf siehst du für dich nicht: »Die würden mich doch nur fertigmachen, entweder liegen sie dir zu Füßen oder sie treten nach dir, wenn du unten liegst und um Hilfe schreist.«

Du kommst zu der Erkenntnis, daß ein Ex-Star im wahrsten Sinne des Wortes ein armer Hund ist: »Wenn dieser keine Fluchtmöglichkeit, kein Rückzugsgebiet hat, bellt er, dann beißt er, oder er geht unter den Bissen der anderen zugrunde. Die jüngeren Wölfe jagen den alten Leitwolf so lange, bis er aufgibt und eine Unterwerfungsgeste macht. Ehrlich, Dicke, ich habe das nicht so gewußt, als ich oben war. Ich konnte zum Beispiel zur *Schaubude* in Hamburg immer ein paar Stunden vor dem Sendetermin erscheinen, jetzt verlangen die meine Anwesenheit schon am Morgen des Tages davor. Es ist entwürdigend, von oben herabzusteigen und nur noch zu versuchen, daß keiner den freien Fall mitbekommt.«

Ich versuche, dich damit zu trösten, daß du immerhin genug Geld hast, um nie wieder arbeiten zu müssen.

Wenn Liebe auch immer Hoffnung bedeutet, bist du dabei, deine Liebe zum Leben zu verlieren.

Die Steuerfahndung zieht immer engere Kreise um uns. Wir bitten einen sehr effektiven Steuerfachmann aus Frankfurt um Hilfe. Er rät dir, deine immobilen Besitztümer, die Häuser in Spanien und die Wohnung in der Dall'Armistraße, auf mich zu überschreiben.

Ohne Zögern und irgendeine privatrechtliche Absicherung unterschreibst du die Schenkung. Du hast Vertrauen in meine Fairneß. Wir hoffen beide, daß die Steuer noch so lange forscht, daß die Zweijahresfrist ohne Pfändung überstanden wird.

Du trinkst jetzt immer häufiger und läßt dich auch körperlich gehen. Deine Eitelkeit, dich in der Öffentlichkeit fit präsentieren zu wollen, wird immer seltener gefordert.

Wie ein Verzweifelter investiert du über Berater dein Geld in Apartmenthäuser, die auf unsicherer rechtlicher Grundlage finanziert sind, in Skilifte, die irgendwann von irgendwem gebaut werden sollen oder in Kliniken, die keinen Gewinn machen.

Du kommst immer häufiger nach Hause und gehst direkt zum Radioapparat und stellst ihn, ohne mich zu fragen, ab.

Du erklärst das auf meine verärgerte Nachfrage damit, daß dich jeder Sangeskollege reizt, der gespielt wird und offenbar mit mehr Erfolg als du.

Du hörst da Jürgen Marcus, Bernd Clüver, Chris Roberts oder Peter Orloff und ärgerst dich über diese »blassen Jungs ohne Wiedererkennungswert«.

Immer häufiger bricht am Ende eines weinseligen Abends bei dir die von deiner Mutter geprägte katholische Sühnetheorie durch. Du fragst dich dann, wofür du eigentlich bestraft wirst, was du denn abbüßen mußt und wer dir für deine Fehlleistungen die Absolution erteilen kann.

Erstaunt höre ich, daß du jeden beneidest, der es nicht so »schwer hat wie du«. Und das sind fast alle. Deine Objektivität ist ins Trudeln geraten.

Unser zweites Ehejahr. 1. Mai '75

Ich sitze im Morgenmantel in unserer Bauernstube. Im Zimmer verteilt liegen noch die vielen Zeugen unserer gestrigen Feier: Glassplitter, Wachsflecken, halbvolle Wein- und Whiskygläser und die verschiedensten Essensreste begrüßen den Beginn unseres zweiten Hochzeitsjahres.

Du schläfst noch nebenan, und ich versuche, nicht zu verzweifeln. Mühselig unterdrücke ich den Zorn, daß es wieder so ausarten mußte, daß du wieder nur noch das Licht deines Bewußtseins ausschalten wolltest.

Ich fühle mich ausgeleert. Es mißlingt mir in letzter Zeit immer häufiger, fröhlich zu sein. Ich funktioniere nicht mehr so leicht.

Sollten wir nicht gegenseitig füreinander da sein? Warum drückst du mich dann auf meinen Schultern stehend bis unter die Wasserlinie? Ich bin fast ohnmächtig von deinen ständigen Verächtlichmachungen, Zynismen und selbstmitleidigen Nabelschauen. Du versuchst dich ins Philosophische zu retten und entfernst dich mit vielen Worten immer mehr von der Wirklichkeit.

Dein ganzes Leben lang hast du einen gewissen leichten Wahnsinn gespielt, um die wahre, tiefe Zerrissenheit deiner Seele zu verbergen. Ich habe das mitbekommen, und ich bin schrecklich müde.

Was tun? Juni '75

Du hast gerade die Endabrechnung deiner letzten Langspielplatte des Jahres '74 von einem befreundeten Journalisten am Telefon mitgeteilt bekommen. Für viele deiner Hitparaden-Kollegen wären die Zahlen noch ein Achtungserfolg, für dich bedeutet es schiere Verzweiflung.

Wir haben in den letzten Wochen immer häufiger über deinen abrupten Karrieresturz geredet und gerungen. Du wolltest dich gedanklich durch unsere Gespräche abhärten, wenn das denn überhaupt möglich war. Du hast es nicht geschafft. Der Verlust der Bewunderung der Massen trifft dich mit voller Wucht. Du hast, glaube ich, verlernt, ohne die Aufmerksamkeit vieler, ein Held des Alltags zu sein.

Jetzt erst triffst du dich wie in Panik mit Komponisten, Medienmenschen und Textern. Du willst den Zeitgeist erfühlen und möglichst in deine Texte einbringen. Du willst selber komponieren oder wenigstens im Studio mitarrangieren.

Immer häufiger besuchst du das LOGO von Wieland in Hamburg. Du fühlst dich unter den Musikern zu Hause.

Du gehst auf die Bühne und singst spontan mit dem *Schnuckenack Reinhardt Quintett.* Die Zigeuner lieben dich, sie sehen in dir einen der ihren.

Das wäre deine Welt, sagst du, so möchtest du Musik machen: direkt aus dem Bauch, wild aussehend und mit der Musik identisch. Du willst nicht mehr der Strahlemann des deutschen Schlagers sein. Du willst dir wie Mick Jagger und Joe Cocker öffentlich alles erlauben können und trotzdem geliebt werden.

Spät am Abend, deinen Freund Jack Daniels umklammernd, lachst du nur noch unfroh und stellst sarkastisch fest, daß kein Mensch inhaltlich echte Lieder von Roy Black hören will. Deine tägliche Fahrt zwischen euphorischer Hoffnung und tiefer Resignation ist wieder einmal zu Ende.

Die Fahrtzeit wird immer kürzer.

Hilflose Versuche. Juli '75

Wir sitzen allein vor dem Lagerfeuer an unserer Blockhütte am Silbersee. Wir haben immer noch oder schon wieder keine Freunde, nur Bekannte. Jahrelang hast du versucht, in jeder Runde, an jedem Tisch, die Menschen auf ihre Trinkfreudigkeit zu überprüfen. Du wolltest eine »bacchantisch orgiastische Stimmung« schaffen, und wer da zu sehr Zuschauer und nicht Beteiligter war, wurde vergrault. Kaum einer überstand diese Prozedur, kaum einer mochte das.

Jetzt sitzen wir, wie so oft, verlassen vor den Flammen und sind trotz vieler Worte sprachlos.

Wir trinken zuviel. Ich vermisse den Spaß am Weintrinken, das Vergnügen eines angeheiterten Zustandes, die Zeitlosigkeit, die uns den Augenblick genießen läßt.

Wir versuchen hier in unserer Wildnis, in unserer einzigen wirklichen Heimat, die schönen Tage und Stimmungen heraufzubeschwören, die uns das Leben lebenswert haben erscheinen lassen.

Mit tausenden quälerischen Worten willst du mir die offenbar so komplizierten Zusammenhänge des Weltgeschehens erläutern. Du machst keinen Unterschied zwischen dem gerade erfolgten Rücktritt Willy Brandts, dem schizoiden Dasein eines Stars und der Mückenplage dieses Sommers.

Ich kann deine Gefühle und Stimmungen nicht mehr gewichten. Alles wird ein ermüdender Einheitsbrei der Beschwerde und des Vorwurfs. Gegen wen, gegen was? Gegen mich? Gegen den Zeitgeschmack?

Du bist 32 Jahre und damit uralt für die neuen Käufer von Singles. Sie wollen Herz und Schmerz nicht mehr auf Deutsch hören, sondern in Englisch von Stevie Wonder oder den Eagles. Wie so vieles in den letzten Jahren kotzt dich das »Verkleiden für deine Auftritte« an. Bisher sah man dich bei Auftritten nur pikfein in Smoking oder Maßanzügen. Es paßte zu dir, und mir hat es immer sehr gut gefallen. Jetzt singst du bei den seltenen Auftritten deine Liebeslieder in verbeulten Jeans und Hemden, die häufig aussehen, als ob du darin wohnst.

Du möchtest dein Publikum zwingen, dich so anzunehmen, wie du dich sehen möchtest: wild und kriegerisch. Ich finde, du siehst eher so aus wie du dich fühlst: wie ein Verzweifelter.

Manchmal empfinde ich dich wie einen großen, traurigen Bären, der sich auf mich gesetzt hat und mich dabei fast erdrückt. Trotzdem lache ich.

Ich WILL dich und das Glück. Ich will dich als Freund, als Lover – und nicht nur als Problem.

Fröhlich versuche ich eine neue Flasche zu öffnen. Du stocherst in der sterbenden Glut des Feuers, während du mir vorwirfst, daß nur dumme Menschen in diesen Zeiten fröhlich sein können. Ich disqualifiziere mich in deinen Augen, wenn ich versuche, vieles einfacher und leichter zu sehen.

Wir reden über unsere Ehe und fragen uns, was Heiraten für einen Sinn macht, wenn man keine Kinder will.

Da nimmst du mich in die Arme, ein breites zärtliches Lächeln erscheint auf deinem Gesicht und eng umschlungen verschwinden wir für einen erneuten Versuch in unserer Hütte. Angefüllt mit der Hoffnung auf ein Aufflackern, auf eine neue Glut.

Nicht schwanger. Mitte September '75

Ich bin enttäuscht. Nichts ist bisher geschehen.

Nächtelang hatten wir uns ausgemalt, was aus dem Verschmelzen unserer Erbanlagen Tolles werden könnte. Doch bisher wollten die nicht zusammenkommen. Wir lassen uns untersuchen.

Du bekommst Zweifel, ob das Schicksal ein Kind zulassen will. Ich vermute, daß ich zu sehr will und wohl verkrampft bin.

Wir proben weiter. Mal mehr, mal weniger, denn organisch sind wir gesund, sagen die Ärzte.

Umzug auf den Hof. September '75

Der Sommer verliert seine Kraft. Wir versuchen, unsere Erfahrungen an der Hütte zu konservieren. Wir wollen das in dieser urwüchsigen Natur entstehende Glücksgefühl in ein neues Zuhause hinüberretten.

Auf einem Bauernhof zu leben, ganz weit weg von der städtischen Zivilisation, stellen wir uns himmlisch vor.

Während du unterwegs zu Auftritten in der Provinz bist, grase ich Münchens nähere und weitere Umgebung ab, obwohl uns noch nicht ganz klar ist, wie wir unser Paradies finanzieren sollen. Erst vor wenigen Wochen bist du nach Hause gekommen und hast mit hilfloser Wut auf die »Blutsauger« geflucht, die es immer wieder schaffen, scheinbar ohne Skrupel dein Geld an sich zu bringen. Du hast tagelang dagesessen, vor dich hingestiert und immer wieder nachgerechnet, wieviele Bierzeltauftritte und Firmenfeste du in den letzten Jahren über dich hast ergehen lassen müssen, um die Gier einiger deiner Berater und Geschäftspartner zu befriedigen. Du fragst dich verzweifelt, wieviele Beleidigungen du erneut einstecken mußt, um den Verlust von einer Million auszugleichen, den dir eine Klinikbeteiligung, ein nie gebauter Skilift und eine Appartmentsiedlung »gebracht« hat.

So erklärt sich die fast nicht faßbare Tatsache, daß trotz deiner zehnjährigen Karriere und meinen guten Gagen als Fotomodell, nur wenig Geld in bar zur Verfügung steht. Meine Eltern springen mit einem auszahlungsfähigen Bausparvertrag ein. Deine fühlen sich nicht zuständig, geschweige denn dein inzwischen wohlhabender Anlagebeter N.

Endlich finde ich in der Nähe von Altötting *unseren Hof.* Er liegt weit ab von jeder Durchgangsstraße, versteckt hinter einem Waldgebiet an einem Feldweg, uneinsehbar für Fans und wirklich am Ende der Welt. Hier können wir wohnen, Gäste aufnehmen und bewirten, und hier können wir endlich jeden Tag und jede Nacht so leben, wie wir es von der Hütte gewohnt sind – hoffen wir.

Als du das riesige, modern renovierte Haus siehst, brichst du auf und bist endlich einmal wieder begeistert. Der Hof liegt traumhaft schön auf einer Anhöhe und gibt den Blick frei auf das in hellen Farben leuchtende Inntal, mehr als 20 000 Quadratmeter Grundstück mit unzähligen alten, knorrigen Obstbäumen gehören dazu. Du steigst sofort in deine Landarbeitersachen und wanderst die Gegend ab. Ich plane von dem geistigen Auge das Einrichten mit unseren verschieden untergebrachten Möbeln.

Wir sind glücklich. Hier wollen wir gemeinsam alt werden. Du bist 32 und ich 30. Abgesehen von einem Kind fehlt uns jetzt nur noch ein Hund zu unserem Glück.

Nach langen Überlegungen, du hattest schließlich schon einmal einen Cockerspaniel, entscheiden wir uns für eine große, aber kinderliebe Rasse: einen Hovawart.

Aufgeregt fährst du los und suchst verschiedene Züchter auf. Keiner macht auf dich einen guten Eindruck, bis du bei einem Bauern in der Nähe von Stuttgart einen Wurf Welpen entdeckst, der offenbar artgerecht aufwächst.

Du erzählst, daß ein vorwitziger kleiner Kerl sofort schwanzwedelnd auf dich zugetappst ist. Mit deiner russischen Seele nennst du ihn *Tolkin* und liebst ihn auf den ersten Blick. Er ist gerade vier Wochen alt, wir müssen uns noch zwei Monate gedulden.

Endlich schwanger. Oktober '75

Es ist ein herrlicher Neuanfang zu Beginn dieses farbigen Herbstes. Ich bin hoffnungsfroh, und wir beide sehen eine erneute Chance. Ich packe Kisten, lasse untergestellte Möbel abholen und plane den Umzug in unsere neue Heimat. Viele Verkrampfungen lösen sich in mir, ich liebe das Leben wieder, und genau in diesem aufregenden Trubel gelingt uns unser Baby.

Ich merke es zum ersten Mal, als ich in einem Geschäft warte und meine Augen nicht mehr von den Rollmöpsen lösen kann. Ich kaufe augenblicklich fünf davon und verschlinge die ersten gleich vor dem Laden.

Es ist wie in einem Film mit Doris Day. Ich laufe in die Apotheke und besorge mir einen Schwangerschaftstest. Ich kann vor Aufregung nicht einfach nur warten. Nervös laufe ich zu Hause mindestens einhundertmal ins Bad, um den entscheidenden roten Punkt im Testglas zu erzwingen.

Endlich ist er da. Vollkommen erschöpft, aber überströmend vor Glück, kann ich nur mit Mühe die Stunden überstehen, um es dir mitzuteilen.

Ich versuche, zwischen all den Umzugskartons in unserer Wohnung es so festlich wie möglich zu machen, bevor du am Abend kommst. Ich stelle Getränke kalt, Sekt für dich, Malzbier ab jetzt für mich.

Als du endlich kommst, bist du nicht ganz so begeistert, wie ich es erträumt habe. Aber du freust dich doch über meine Ankündigung, daß wir endlich eine richtige Familie werden.

Die Schwangerschaft ab November '75

Der Alltag ist schnell wieder eingekehrt in unsere Beziehung. Du bist wieder unterwegs, die Gagen sind geringer, die Auftritte werden häufiger und wahlloser. Du tingelst, wie das die Presse abfällig nennt, während ich den Umzug bewältige.

Ich gipse und streiche die Wände selber in unserem neuen Zuhause. Ich hänge Hunderte von Bildern auf, meine selbstgemalten und viele alte Stiche. Ich installiere die Vorhangstangen, vermesse und nagle Regale zusammen. Abends weiß ich, was ich getan habe und falle erschöpft ins Bett.

Es ist jetzt Ende November, und du kannst endlich unseren kleinen Tolkin nach Hause holen.

Als ich erwartungsvoll in dein Auto blicke, entdecke ich ein vor Angst zitterndes kleines Bündel, das nicht aussteigen mag und sich an deinen Sitz drückt.

Wir beschnuppern uns gegenseitig, und mit einem saftigen Stück Fleisch gewinne ich sein Herz. Er sollte mein bester Freund werden.

Meine Hände sind spröde und die Nägel abgebrochen von dem Einsatz im Haus. Ich gebe nach sechs erfolgreichen Jahren mein Fotomodelldasein auf. Ich mußte immer mühsam mein Gewicht halten oder rechtzeitig wieder abnehmen, wenn die Termine der Modeaufnahmen näher rückten und ich die vorbereitete Konfektionsgröße 36 um die Hüften nicht gehalten hatte. Jetzt will ich das nicht mehr. Es wäre in meinen Augen unverantwortlich unserem Kind gegenüber. Außerdem genieße ich es, endlich einmal essen zu dürfen, was und wieviel ich will. Unser Nachwuchs soll es schließlich gut haben.

Im vierten Monat der Schwangerschaft sieht man bereits deutlich eine leichte Wölbung meines Bauches. Die Hosen bekomme ich schon lange nicht mehr zu. Ich fühle unser Baby heftig strampeln. Glücklicherweise ist das Haus inzwischen vollständig eingerichtet. Endlich entwickle ich die Muße, in mich hineinzuhorchen und dieses Wunder zu genießen: meine erste Schwangerschaft.

Ich streichle unser Baby durch die Bauchdecke, rede mit ihm und spiele ihm die Musik von Cat Stevens oder Anton Dvořák vor. Ich möchte, daß du gemeinsam mit mir an diesem Wunder teilnimmst, daß du dieses kleine Lebewesen durch die Haut spürst.

Irgendwie ist es dir jedoch nicht ganz geheuer, was da in meinem Körper geschieht, du bist nicht einmal zu bewegen, meinen Bauch anzufassen. Ich bin darüber traurig.

Ab sofort lese ich jedes mögliche und unmögliche Buch über Erziehung, Kinderkrankheiten und auch sonst alles, was mit Kleinkindern zu tun hat.

Du bist noch mehr unterwegs, und ich bin viel alleine hier draußen, einen Kilometer entfernt vom nächsten Hof, dennoch habe ich keine Angst. Ich genieße die lange Spaziergänge mit Tolkin, der vor Glück kaum schnell genug mit seinem Schwanz wedeln kann.

Einsames Warten. März '76

Ein Traumjahr, von Anfang März bis Ende Oktober, scheint ohne Unterbrechung die Sonne. In den Städten werden die Anwohner gebeten, die Straßenbäume zu gießen. Ein wenig sehnsüchtig denke ich an München und seine Abwechslungen. Ich bekomme nur sehr selten Besuch so weit weg von den alten Bekannten, hundert Kilometer entfernt von meiner alten Heimat. Ich komme mir auf den weitverzweigten 300 Quadratmetern Wohnfläche oft sehr verloren vor. Aus Kostengründen heize ich nur zwei Räume, und so sitze ich meist beim Tee in der warmen, niedrigen, kleinen Bauernstube und blättere in Zeitschriften oder lese Fachbücher.

Immer häufiger bleibst du in meiner kleinen Obermenzinger Wohnung. Aus Zeitgründen, wie du sagst.

Wenn du dann doch einmal den Weg zu mir hier heraus findest, leide ich an deiner Ruhelosigkeit. Du fragst mich: »Dicke, meinst du, daß es eine so gute Idee war, ans Ende der Welt zu ziehen?«

Zurück an der Hütte. April '76

So kommt es, daß wir in den ersten Frühlingswochen meiner Schwangerschaft paradoxerweise voll Sehnsucht wieder an die Hütte fahren. Die Sonne bahnt sich strahlend den Weg durch die blattlosen Bäume. Unser Silbersee glitzert im gleißenden Licht, du summst ein Lied vor dich hin. Ich freue mich und fühle mich gleich wieder wirklich zu Hause.

Ich bin ständig bemüht, es dir schön zu gestalten. Ich habe regelrechte Angst vor einem erneuten Stimmungsumbruch. Aber du sitzt da vor dem Blockhaus und bereitest stundenlang und mit zufriedener Ausdauer dein Angelzeug vor. Ich reiße inzwischen Türen und Fenster auf, um den typischen Hüttenmuff auszulüften. Nachdem ich das Bettzeug an die trocknende Sonne getragen habe, beginne ich den Frühjahrsputz. Ich streue Mäusegift im Dach aus, da sich diese Untermieter den Geräuschen nach in unsrer Abwesenheit ungestört vervielfacht haben. Du sammelst zwischendurch Holz für unsere Grillabende.

Es sind alles vielfach praktizierte, im Grunde banale Tätigkeiten, aber für uns beinhalten sie eine Zeremonie des Glücks, das hier am Fischwasser stets in den ersten Tagen aufkommt. Es ist wie ein unerläßliches Vorspiel für zärtliche Abende.

Ich habe Malzeug dabei und will nach langen, unkreativen Monaten wieder einmal malen.

Ich fühle, wie du mir neugierig über die Schulter schaust und dann kurzentschlossen selbst Malblock, Pinsel und Farben vor dir aufbaust.

Mit seltener Konzentration setzt du dich hin und malst den Silbersee, auf dem gerade zwei Enten schwimmen. Du gehst völlig unbefangen an diese Aufgabe heran. Und innerhalb kurzer Zeit gelingt dir ein tolles Stimmungsbild in saftigen Sommerfarben. »Sind das nicht ganz zarte Frühlingsfarben?« lobst du dich voller Begeisterung selber. Nun ja, was soll ich sagen: Es ist ein gelungenes Bild, obwohl deine Farbenblindheit dir wieder einmal einen Streich gespielt hat.

Du gehst sofort daran, ein Stilleben zu schaffen. Ich bin beruhigt, daß ich dich so zufrieden sehe. Aus Solidarität zu mir trinkst du heute ebenfalls keinen Tropfen Alkohol.

Am nächsten Tag widmest du dich deinem neuen Hobby: Du suchst dir stundenlang am Flußufer Gräser und Pflanzen zusammen, um dann zu versuchen, sie zu bestimmen. Du hast dir dafür das Buch *Welche Pflanze ist das?* besorgt. Ohne Ermüdung sitzt du an diesem Nachmittag zufrieden lächelnd vor dieser Vielfalt der Natur und saugst leidenschaftlich an deiner Pfeife.

Du liest mir aus dem Buch folgenden Satz vor: »Pflanzen sind Meister des Müßiggangs, sind Helden der Geduld. Sie bewältigen ihr gnadenloses Schicksal einfach dadurch, daß sie da sind. Nicht mit dem Bewußtsein wie der Mensch, aber das ist ja auch nicht immer das Beste an der Sache.«

Ich strahle. Es sind solche Momente in unserem gemeinsamen Leben, die es wirklich wert sind. Diese Gefühle der tiefen Verbundenheit sauge ich auf wie ein ausgetrockneter Schwamm. Sie sind es, die mich später immer wieder zurückkehren ließen.

Geburt unseres Sohnes. 31. Juli '76

Schon leicht einer Tonne gleichend liege ich am Hof unter einem der gütigen Apfelbäume. An der Hauswand hinter mir sitzen wie drei urwüchsige Bauern du, dein Bruder Walter und dein Vater, der heute Geburtstag hat, nebeneinander und süffeln zufrieden einen guten Wein.

In diesem Augenblick setzen die Wehen wieder einmal sehr heftig ein. Du schaust mich erschrocken an und fragst nicht zum ersten Mal: »Geht's los, Dicke?«

Ich glaube nach den etlichen Fehlstarts nicht mehr so recht daran. Unser Kind ist seit mindestens vierzehn Tagen überfällig, sagt die Berechnung unseres Arztes.

Wir wissen nicht, ob es Junge oder Mädchen wird. Aber daß ER *Torsten* heißen wird, hast du nach einem sehr kurzen Blick in das verwirrend dicke Lexikon der Vornamen schon vor Wochen entschieden.

Später erzählst du merkwürdigerweise überall, ich hätte diesen nordischen Namen einfach so bestimmt.

Ich fühle schmerzhaft, daß es jetzt tatsächlich ernst wird: Heute geht es los.

Aufgeregt fährst du mich in die Klinik ins nahe Burghausen. Mit dem Chef der Frauenabteilung sind wir befreundet. Er hat dir damals das Fischwasser und die Hütte schmackhaft gemacht, als ihm der Pachtvertrag angeboten worden war. Ich habe großes Vertrauen in diesen, für mich väterlichen Arzt.

Im Krankenzimmer vor dem Entbindungssaal verkrampfe ich mich immer häufiger bei den heftiger werdenden Wehenschüben. Wir verabschieden uns voneinander. Ich habe große Schmerzen, du bist sehr blaß und wirkst hilflos.

»Mach dir keine Sorgen«, versuche ich dich zu trösten, »wir schaffen das schon«.

Die Wehen kommen in immer kürzeren Abständen. Ich weiß nicht, ob ich das überstehe. Minuten werden zu Tagen, und kein Ende ist in Sicht. Die Krankenschwester ermahnt mich zum ruhigen Durchatmen. Ich vermisse dich. Stunde um Stunde liege ich da und stöhne. Dann geht es los.

Als unser Baby endlich da ist, falle ich erst einmal völlig erschöpft in einen kurzen, fast ohnmächtigen Schlaf. Ich lerne meinen Sohn erst eine halbe Stunde später kennen.

Als ich wieder vollständig bei mir bin, liegt dieses kleine Wesen in meinem Arm und nuckelt lautstark an beiden Daumen. Die Erinnerung an jeglichen Schmerz ist bei diesem Anblick wie weggeblasen. Ich empfinde diesen Moment als den erfülltesten in meinem Leben und muß weinen vor lauter Glück. Nie zuvor habe ich eine so tiefe Rührung empfunden, eine Demut vor diesem Wunder. Ich fühle mich so, als sei ich die allererste Frau der Welt, die ein solches vollbracht hat.

Alles in allem hat sich unser Sohn fast neun Stunden Zeit genommen, um das kalte Licht der Klinik zu erblikken.

Es ist jetzt schon der 31. Juli 1976, und nichts ist mehr wie vorher. Dieser kleine Mensch ist vollkommen abhängig von mir und verlangt fortan meine gesamte Kraft und Aufmerksamkeit.

Noch leicht wacklig kommst du am Vormittag nach dieser unendlich langen Nacht, um unsicher und fast ungelenk deinen Sohn in die Arme zu nehmen. Du weinst und murmelst etwas vom Sinn des Lebens. Als du mir Torsten zurückgibst, schilderst du mir ganz geknickt von den herrlichen Blumen, die du mir am Hof gepflückt und dann doch vergessen hast mitzubringen. Seit gestern nachmittag hast du die kommende Vaterschaft gefeiert. Ich bin gerührt. Du bist jetzt der Vater meines Kindes, gleichgültig, was sonst noch geschieht mit unserer Beziehung.

Torsten kann bei mir im Zimmer bleiben. Obwohl das »rooming in« hier auf dem Land noch nicht üblich ist, ermöglicht das unser Freund, der Chefarzt, trotz Murren der Oberschwester. Ich habe zu diesem Mann eine für mich ungewöhnliche Nähe entwickelt, während unseres gemeinsamen Kampfes um Torstens sicheren Schritt in diese Welt. Ich wünschte, daß ich dieses Gefühl mit dir teilen könnte.

Du kommst jeden Tag vorbei, um das Entschrumpeln von Torstens Gesicht zu bewundern. Wir machen Schwarzweißfotos mit Selbstauslöser. Mit Eifer und Begeisterung lernst du es, diese zu Hause selbst zu entwickeln. Wir wollen nicht, daß die Aufnahmen in die falschen Hände geraten.

Nach zwei Tagen wird bei unserem Baby eine schwere Gelbsucht festgestellt, und es muß deshalb zwei Tage in einen Lichtkasten. Ich bin todunglücklich, mein schutzbedürftiges Kind nicht mehr bei mir haben zu dürfen.

Du stehst hilflos vor mir, du verstehst meine Tränen nicht. Ich möchte nach Hause. Endlich nach acht Tagen ist es soweit: Wir werden entlassen.

Ich stelle mir das irgendwie erhebend vor: Du holst mich ab und wir kehren als Familie auf unseren Hof zurück. So rufe ich dich morgens an, um eine Zeit zu vereinbaren. Ich möchte so früh wie möglich hier raus. Du aber sitzt gerade mit deiner Familie und Freunden zusammen. Zehn Uhr ist dir zu früh: Ihr frühstückt doch so gemütlich.

Endlich gegen zwölf kommst du. Zusammen mit irgendeiner Bekannten. Wieder erstarrt eine Wunschvorstellung von mir zur ernüchternden Realität.

Kaum sitzen wir alle vier in dem kleinen Auto, greifst du dir schmerzverzerrt an die Brust, du bekommst kaum noch Luft. In Panik stürzen wir zurück in die Klinik. Du erhältst eine herzstärkende Spritze.

Du hast deine Vaterschaft wohl zu lange gefeiert. In den nächsten Tagen bist du nicht belastbar. Zurück auf dem Bauernhof erwartet uns am Zaun winselnd Tolkin. Ich reiche dir Torsten, um unseren Hund zur Begrüßung ungehindert knutschen zu können. Der aber schnuppert nur kurz an mir und trottet dann beleidigt davon.

Er begreift wohl instinktiv, daß er nicht mehr der Mittelpunkt unserer Familie ist. Irgendwie tut er mir leid. Du bist inzwischen mit dem Kind zu deinen Eltern und Bekannten hinübergegangen. Alle entdecken entzückt Ähnlichkeiten mit dir, deine Mutter zum Beispiel dein Grübchen am Kinn und deine dunklen Haare.

Und überhaupt sind alle erleichtert, daß dein Erstgeborener ein Bub ist, denn das gehört in Bayern wohl einfach zum Glück dazu.

Torsten scheint das alles auf die Nerven zu gehen. Er brüllt gegen die angestellten Vergleiche an.

Ich ziehe mich zurück und wechsle seine Windeln.

Schwerer Anfang. September '76

Angetrieben durch die Ratschläge meiner Mutter und durch neueste Erkenntnisse versuche ich, meinem Kind so nah wie möglich zu bleiben und es so oft es will zu stillen. Torsten gewöhnt sich an einen Rhythmus, der mit meinem Schlafbedürfnis in einem ständigen Widerstreit steht. Die Nächte sind alle drei Stunden unterbrochen, und sehr oft sitze ich morgens schon um fünf in der Bauernstube und warte, nachdem ich ihm die Brust gegeben haben, daß er wieder einschläft. Leider tut er mir den Gefallen nur sehr selten. Es sollte Jahre dauern, bis unser Sohn sich endlich entschließt, auf seine nächtlichen Rationen zu verzichten.

Wenn unser Kleiner gewickelt und versorgt ist, spielst du mit ihm. Du bist hin und her gerissen, wenn dich das Lächeln des Erkennens trifft. Das ist DEIN Sohn.

Sollte dieser jedoch wagen zu brüllen, weil er hungrig ist, die Windel voll hat oder sich irgendwie sonst unwohl fühlt, schiebst du ihn mir zu. Mit dieser Seite der Elternschaft kannst du dich nur sehr schwer anfreunden.

Vor allem nachts ist Torsten nur mein Kind, entnervt ziehst du dich immer häufiger ins Gästezimmer im anderen Wohntrakt zurück.

Frauen sind deiner Meinung nach aus naturgegebenen Gründen eher dafür geeignet, die Last der ersten Jahre zu ertragen. Ich fühle mich alleingelassen.

Ich weiß, außer mir erledigt die Arbeit keiner. Das läßt mich übernächtigt und überreizt durchhalten.

Völlig überfordert. Oktober '76

Ich sitze wieder einmal alleingelassen morgens in der Bauernstube und stiere vor mich hin. Hinter meinen

Augen drückt ein unendliches Schlafbedürfnis. Das große Haus bleibt oft tagelang ungeputzt.

Du nimmst immer mehr Termine an, ob sie sich lohnen oder nicht. Ich versuche, hier zu Hause alles alleine zu schaffen, angetrieben von einem Ehrgefühl, seitdem ich nicht mehr mein eigenes Geld verdiene. An diesem Morgen bekomme ich wie, in letzter Zeit häufig, Besuch von Peter Maffays Frau Petra.

Überrascht haben wir vor Wochen durch einen Zufall festgestellt, daß Peter mit seiner Frau und ihrem Schäferhund fast Nachbarn von uns sind. Peter bot dir an, eine neue Art Musik speziell für dich zu schreiben. In mir unverständlicher Schroffheit hast du dieses Anerbieten abgelehnt. Der damals langsam wieder hochkommende Maffay sollte nicht denken, ER könne dir helfen, erklärst du zynisch.

Als Petra an diesem Morgen mein schlaffes Gesicht wahrnimmt, macht sie spontan ein paar energische Handgriffe und stellt mir eine frische Tasse Tee vor die Nase. Sie kannte wohl dieses Gefühl, daß auf einmal jeder Krümel zuviel werden kann. Vermutlich besitzen Frauen und Männer eine unterschiedliche Wahrnehmungsfähigkeit.

Warum, frage ich mich müde, hast du mir bis heute nicht wenigstens ein Mal ermöglicht, nur ein einziges Mal, auszuschlafen. Ich hätte dir so vieles verzeihen können.

Aber Männer sind vielleicht so, denn auch Peter Maffay raunzt bei jeder Gelegenheit die um etwas bittende oder sich einmischende Petra mit einem »Shut up!« an.

Immer mehr gibst du mir das Gefühl, dir durch die Ehe

und das Kind Rechte über mich eingeräumt zu haben. Ich bin von dir abhängiger als noch als Fotomodell, und du läßt es mich spüren.

Ich bin zwischendurch zu müde und ausgelaugt, als daß ich mich richtig freuen könnte. Obwohl ich immer wieder ungläubig vor dem Wunder Kind stehe und nur noch staune. Ich sitze hier mit diesem hilflosen, immer wieder überraschenden Wesen und passe auf, daß ihm nichts geschieht. Ich rede selten vernünftige Sätze, ich muß meine Kindheitsspiele wiederentdecken, ohne aber den notwendigen Ausgleich von Gesprächen Erwachsener zu haben. Wenn man da zu Hause ist, wo man verstanden wird, so bin ich es im Augenblick hier nicht.

Tolkin leidet »wie ein Hund« unter dem Verdrängungswettbewerb durch den »Störenfried« Torsten. Er lehnt jegliche Nahrung ab und trinkt nur noch ganz wenig, nachdem er festgestellt hat, daß dieser Konkurrent bleibt.

Sein vorher glänzendes hellbraunes langes Fell wird immer struppiger. Ich bekomme Angst und suche einen Tierarzt auf. Erst dieser bringt mich auf den Gedanken, daß der Hund höchstwahrscheinlich eifersüchtig ist. Von diesem Augenblick an bekommt er jedes Mal, wenn ich Torsten stille, ein Stück vom feinsten Fleisch und ausgiebige Streicheleinheiten.

Ich stelle fest, daß ich mich immer häufiger mit dem Hund unterhalte. Er tut mir gut.

Langsam erholt er sich und versöhnt sich mit seinem *kleinen Bruder*. Als Torsten dann anfängt zu kriechen, darf er sogar Frolic aus dem Hundenapf klauen.

Beide werden dicke Freunde. Immer wieder fragen

mich die besorgten Besucher, ob das denn gutgehe mit den beiden, ob ich nicht Angst habe, daß Torsten gebissen werde.

Da kann ich nur immer wieder lachend betonen, daß eher Torsten seine Beißkunst an Tolkin erprobt und nicht umgekehrt.

Kirchensteuereintreibung. November '76

Wir erfahren von den immer aufdringlicher werdenden Steuerbeamten, daß dein Vater dich zu spät beim Finanzamt in Augsburg abgemeldet hat. Es sieht nicht gut aus. Es kommt kaum neues Geld herein und das, was noch übrig ist, soll vielleicht gepfändet werden. Wir fühlen uns ständig beobachtet, ob von Paparazzis oder von Beamten, wissen wir nicht.

So reagieren wir entsprechend gereizt, als sich in diesen Tagen ein Herr am Bauernhof als Finanzbeamter vorstellt und dir einfach so mitteilt, daß er deine Kirchensteuer eintreiben will. Gewohnt, Angst und ein schlechtes Gewissen zu erzeugen, setzt sich dieser Mensch ungebeten in unsere Bauernstube und läßt neugierig seine Blicke umherschweifen.

Wir sind hier im erzkatholischen Altötting, und die Kirche hat es offenbar noch eiliger als das Finanzamt Burghausen, das sich noch bis zu einem endgültigen Gerichtsentscheid gedulden muß, ehe es Geldforderungen eintreiben kann. Du bist außer dir vor Wut und fährst den Mann an, daß du immer dachtest, die Kirche sei zum Helfen und nicht zum Pfänden da. Außerdem hast du nach deiner Meinung schon so viel Kirchensteuer in deinem Leben gezahlt, daß du dir mindestens einen eigenen Pfarrer hättest leisten können.

Wir erklären dem Beamten, daß wir keine Barreserven haben, schon überhaupt nicht die geforderten 70000 Mark. Wir leben von dem, was du nach entwürdigenden Bierzeltauftritten als Gage mit nach Hause bringst und das reicht nach Abzug der Hypothekenschuld gerade so zum Leben. Etwas ungläubig, ja fast persönlich beleidigt, geht der Beamte unverrichteter Dinge von dannen.

Ich bin christlich erzogen worden, aber ohne die Institution der Kirche und deshalb auch nicht getauft. Ich verstehe den Automatismus der Steuereintreibung durch den Staat überhaupt nicht. Ich rate dir zum wiederholten Mal, endlich aus diesem Verein auszutreten. Eine Kirche, die gegen die Freiheit der Verhütung ist, die keine Frauen in der Hierarchie zuläßt und die das ungeborene Leben schützen will, aber die Mütter später allein läßt, hat unser Geld nicht verdient. Du siehst das ähnlich, hast dich aber bisher nicht zum Austritt durchringen können. Obwohl du die katholische Religion für infantil hältst, hast du Angst vor der öffentlichen Meinung und vor dem entnervenden Lamentieren deiner Mutter.

Ich habe das Gefühl, deine formelle Zugehörigkeit war bisher immer so eine Art Aberglaube, eine Angst, daß es vielleicht doch Zusammenhänge gibt zwischen Kirchenaustritt und der schwarzen Katze von rechts. Jetzt ringst du dich zu einer Entscheidung durch. Du meinst, es muß doch einen Sinn haben, ganz unten zu sein. Und wenn nur den, die Freiheit zu haben, auf die öffentliche Meinung nicht mehr angewiesen zu sein.

Heute hast du endlich die richtige Wut für diesen Schritt. Noch am selben Tag fahren wir nach Altötting. Alles geht sehr schnell. Du zahlst zwanzig Mark und bist schon wieder draußen. Du staunst wie ein Kind, dem wider Erwarten ein gefährlicher Streich gelungen ist, und keiner hat es gemerkt.

Doch schon am selben Abend setzt sich deine Lebensangst wieder durch. Du weißt, daß deine Mutter diesen Frevel erfahren wird, wenn wir Torsten nicht taufen lassen. Du ziehst schon jetzt seelisch den Kopf ein. Ich muß deinen Vater dafür bewundern, daß er zeit seines Lebens evangelisch geblieben ist.

Ich versuche, dich zu beruhigen. Ich frage dich, was denn die Kirche mit dem Wunder zu tun hat, das sich Leben nennt und in seiner ursprünglichsten Form vor uns da im Kinderwagen liegt.

Du nickst und hast trotzdem große Zweifel im Blick.

Zweifel am Hof. Oktober '76

Wir beide versuchen mit großer Ernsthaftigkeit und ein wenig humorlos, in unserem Leben am Hof doch noch den Traum zu entdecken, den wir vor einem Jahr geträumt haben.

Wir stapfen oft zusammen mit dem Hund und unserem Sohn durch die Wälder der Umgebung. Mit den meisten Nachbarn in der Umgebung sind wir befreundet. Es ist für dich ein leichtes, mit dem Bauern ins Gespräch zu kommen, der gerade auf dem Feld steht oder sich auf seinem Hof zu schaffen macht, auch wenn wir das erste Mal vorbeiwandern und noch unbekannt sind. Sehr oft landen wir durchfröstelt in einer urigen Bauernstube und genießen selbstgebackenen Kuchen und eine Tasse Kaffee.

Aber es scheint mir, daß du ein Mensch bist, der auf dem Weg durch die Wüste des Alltags immer wieder eine Fatamorgana sieht, die er unbedingt erreichen will. Nur ist diese natürlich immer wieder ein Trugbild, wenn du nach vielen Mühen anzukommen scheinst.

Jahrelang habe ich dir geglaubt, daß du weißt, was dir alles fehlt zu deinem Zufriedensein. Ich habe mit dir gekämpft, alles so zu verändern, wie es notwendig schien. Dich hat aber immer nur das gereizt, was du nicht hattest, gleichgültig wie du gerade gelebt hast. Es zog dich immer in die Einsamkeit, zum ursprünglichen Leben, du wolltest eine eigene Familie und viele Tiere um dich versammeln, heimkommen wie ein urzeitlicher Jäger oder Angler und die Deinigen versorgen. Das war dein Traum über viele Jahre.

Kaum bist du jetzt zu Hause, telefonierst du panisch in der Welt herum. Immer häufiger entfliehst du unserem Hof, um mit Kumpels an der Hütte zu angeln und zu feiern.

Keiner von unseren Bekannten hat ein Baby, fast immer stört euch dieses »kreischende Etwas«.

Keiner, auch du nicht, kann mit Torsten allzuviel anfangen. Du versuchst zwar immer wieder, zärtlich mit deinem Sohn umzugehen, fühlst dich aber sehr oft mißverstanden von dem dennoch schreienden Kind.

So bleibe ich aus Rücksicht allein am Hof. Jetzt bei diesem naßkalten Winterwetter fühle ich mich unendlich einsam. Hinzu kommt, daß ich auch für dich seit der Geburt eher Mutter als Partnerin bin.

Keine Party. Dezember '76

Silvester möchtest du mit einer Riesenparty am Hof feiern. Ich weiß noch von unseren Hüttenfesten, daß ich schon nach ganz kurzer Zeit allein mit der Verantwortung dastehe und sage nur: »Ich will keine Spielverderberin sein, obwohl ich völlig übermüdet bin. Aber du mußt alle Vorbereitungen selbst treffen: Einkäufe, Betten beziehen, Dekorieren und das nachträgliche Großreinemachen.«

Erst stimmst du lachend zu, dann hat sich dieses Fest erledigt.

Rauswurf deiner Mutter. Weihnachten '76

Ich fühle mich völlig überfordert, die Weihnachtseinkäufe zu erledigen, den Haushalt zu bewältigen und das Kind zu versorgen. So empfinde ich es als sehr hilfreich, daß deine Mutter ein paar Tage zu Besuch kommt, um ihr Enkele näher kennenzulernen und auch, um mir im Haushalt zu helfen.

Sie ist sehr fleißig, und ich empfinde ein warmes Gefühl für die kleine Frau, da es so selten ist, daß mir jemand etwas abnimmt. Ich überhöre deshalb auch ihre ständigen Ausrufe, wie schmutzig doch alles ist. Ich bin in einem Zustand der großmütigen Überforderung.

Doch eines Abends, ich ruhe mich gerade bei einer Tasse Tee aus, will sie Wäsche quer durch die Stube zum Trocknen aufhängen. Das sei unbedingt notwendig, weil sie heute abend noch eine Waschmaschine füllen wolle und »die Wäsch' ja nit so rumliegen könne, die ganze Nacht, gell!«

Ich möchte die Sachen in der Maschine lassen und heute abend ein paar Stunden die Gemütlichkeit unserer Bauernstube genießen und bin deshalb gegen diese Aufhängeaktion. Da explodiert deine Mutter und schreit mich völlig unerwartet an: »Was bischt du doch für ein schlechter Charakter. Jetzt hab' ich dich mal wirklich kennegelernt. Nie hast du dem Bua'm sei' Hemd gebügelt, nie!« Ich bin starr vor Schreck und ich begreife überhaupt nicht, was in deine Mutter gefahren ist.

Hat sie denn vergessen, wie das ist, in den ersten Monaten nach einer Entbindung? Weiß sie nicht, daß du im Monat an die vierzig perfekte Hemden brauchst für dein öffentliches Leben? Ich versuche noch, ihre Vorwürfe logisch zu erfassen, da platzt es aus ihr heraus: »Und überhaupt, hatte es der Bua nit schö' daheim bei mir, eine so schöne Wohnung hat er da! Und du hast nichts Eiligeres zu tun gehabt, als den Gerhardl von zu Hause wegzulocken.«

Da ist es also heraus aus den Tiefen ihrer Mutterseele. Ich habe ihr den Sohn genommen. Ich werde vor Wut und Entrüstung ganz ruhig und fordere sie auf, mein Haus zu verlassen.

Da zieht sie sich an und höhnt, als sie zur Tür geht:

»Dei' Haus? Daß ich nicht lache. Und denke daran, daß du dich versündigst an deinem Sohn, daß du ihm nit Gottes Segen geben lassen willst. Du wirst sehen, der Teufel wird sein Spiel treiben!«

Drei Stunden geht sie noch auf dem Grundstück auf und ab, bis dein Vater endlich da ist und sie abholt.

Ich fühle mich wie erschlagen. Zum Glück ergreifst du für mich Partei, als ich dir von diesem Schwiegermuttervorwurf noch am selben Abend unter Tränen erzähle.

Du hast eine gefühlsmäßig sehr gemischte Beziehung zu deiner Mutter. Du nennst es eine Wechselbeziehung zwischen Zuneigung und Haß, zwischen Pflichtgefühl und Überforderung. So versuchst du auch an diesem Abend, mir ihre verquere Sehweise nahezubringen: »Weißt du, Dicke«, sagst du nicht ganz ohne Stolz, »wenn ich nach einem Konzert jemanden erschießen und andere als Geisel nehmen würde, käme meine Mutter und würde fragen, was die denn Böses getan haben, daß ihr Bua so verwirrt ist.«

Ich frage mich, wie sie so gnadenlos gluckenhaft sein kann, von Frau zu Frau, von Mutter zu Mutter.

An diesem Abend blickst du mir mitfühlend in die Augen und vielleicht das erste Mal nach langer Zeit wieder einmal ins erschöpfte Gesicht: »Mein Gott, Schatz«, flüsterst du, »du bist ja vollkommen fertig. Am Ende mit deiner körperlichen und seelischen Kraft.« Ich fühle mich verstanden und lächle müde in deinen fürsorglichen Blick. Du gehst hinüber zum schreienden Torsten und dann gleich aus dem Zimmer.

Eine Viertelstunde später: »Dicke, ich bin total erschöpft vom Autofahren, ich lege mich schlafen. Wir essen nachher, ja?«

Schon wieder schwanger. Januar '77

Der Schnee liegt seit Tagen so hoch, daß ich mit dem Auto die abschüssigen Feldwege nicht mehr befahren kann. Du bist seit einer Woche unterwegs, und ich sitze hier in einer schweren Entscheidungskrise. Monatelang bin ich nicht schwanger geworden, trotz des Willens und der Versuche, und ausgerechnet jetzt, sechs Monate nach meiner Entbindung, werde ich es ungewollt sofort wieder.

Ich bin noch nicht wieder stark genug für eine zweite Schwangerschaft. Ich habe doch gerade erst abgestillt und versuche das erste Mal seit Monaten, mehr als drei Stunden an einem Stück zu schlafen. Ich spüre, daß ich überreizt bin, kraftlos, ungerecht werde gegen die ständigen Ansprüche von Torsten. Ich will ihm genügen, aber ich weiß mit Bestimmtheit, daß ich mit einem zweiten Kind jetzt keinem gerecht werden kann. Mir nicht, Torsten nicht, dem neuen Erdenbürger nicht und auch dir nicht.

Du hast schon jetzt große Schwierigkeiten damit, daß ich meine Kräfte auf unseren Sohn konzentriere. Du fühlst dich bei diesem ersten Kind bereits zu sehr zurückgesetzt. Vielleicht so sehr wie nach der Geburt deines Bruders Walter, als du selber erst sechs Jahre alt warst? Du weißt, daß ich wieder ein Kind erwarte und hast beim Wegfahren mir die Entscheidung überlassen.

Als ob ich das hier im tiefsten Bayern so einfach könnte. Ich bin körperlich gesund, ich bin nicht arm und habe dich zum Gatten. Damit ist für die bestimmenden Männer dieser Gesellschaft schon entschieden, daß ich die in mir keimende Idee eines Menschen austragen und dann mindestens zwanzig Jahre voll verantwortlich versorgen muß. Welche Arroganz dieser bornierten Männer, die sich nur sehr selten später für die lebenden Menschen zuständig fühlen.

Ich gehe wochenlang todtraurig durch mein Leben, weil ich nicht die Kraft habe – FÜR DICH, MEIN KIND.

Steuerfahndung. Anfang März '77

Ich habe immer noch keinen Arzt gefunden, der mir eine gesundheitliche Indikation auszustellen bereit ist.

Es wird immer schwieriger für mich, meine Entscheidung durchzuhalten. Meine Hormone stellen sich wieder um, der Körper hat seine eigenen Gesetze.

Hinzu kommt, daß Torsten ständig schreit. Er hat früh gelernt, sich durchzusetzen. Andere Kinder schlafen durch, Torsten nie. Ich bin hilflos, aber es beruhigt mich zu hören, daß auch andere Mütter schwierige Babys haben.

Und da offenbar immer alles auf einmal kommt, kündigt sich in diesen grauen Tagen auch noch ein Steuerprüfer an, der sich eine Woche in unserer Bauernstube einnistet, um deine früheren großen Einnahmen in diesen Zeiten kümmerlicher Gagen zu überprüfen. Von morgens bis abends, zwischen Babygeschrei und Windeln, zwischen Hausputz und Arztbesuchen, stellt dieser Mensch ständig Fragen über Vorgänge, an die ich mich kaum noch erinnere, so viel ist inzwischen geschehen.

Du bist sicherheitshalber in Deckung gegangen. Du bist »auf Tournee« und hast unverschiebbare Termine.

In Wahrheit bist du an der Hütte und baust einen Zaun rund um das Ufer. Denn ich habe deinen Vorschlag, Torstens Drang zum Wasser mit einer langen Laufleine abzusichern, nicht akzeptiert.

Schließlich verläßt der Steuerbeamte nach fünf Tagen mit triumphierendem Blick unser Haus.

Die Abtreibung. Ende März '77

Endlich hat ein mit dir befreundeter Arzt den Mut, mir ein unheilbares Lungenleiden zu bescheinigen. So finde ich im letzten Augenblick doch noch eine Klinik, in der ich unseren Embryo abtreiben lassen kann.

Am Morgen des entscheidenden Tages bitte ich dich, mir für diesen Tag Torsten abzunehmen. Ich gehe, nachdem ich die Flasche und die Windeln vorbereitet habe, ins Bad, um mich für den schweren Gang fertig zu machen.

Schon etwa fünfzehn Minuten später höre ich dich das Kind anschreien: »Halt endlich die Fresse!« Ich springe aus dem Badezimmer und sehe Torsten in seinem Wagen im Flur liegen, laut brüllend. Du sitzt völlig entnervt in der Bauernstube vor einer Tasse Tee. »Ich kann nicht mehr«, beschwerst du dich, »was ich auch anstelle, es nützt nichts, der Kerl ist einfach nicht zum Schweigen zu bringen.« Ich wiege unseren Sohn hin und her lege ihn erneut trocken und endlich gibt er Ruhe.

Als ich bereit bin, mit dem Auto zur Klinik zu fahren, rufe ich die Treppe hoch: »Gerd, ich fahre dann ...«, und warte hoffend, »ja, tschau bis später«, grüßt du zurück. »Kommst du nicht kurz runter, um mich zu verabschieden?« bitte ich, meinen Stolz unterdrückend, »Ach, Schatz, ich nehme doch gerade Rotlicht für meine Bronchien ...«

Still weine ich in mich hinein und fahre los.

Mich von der Welt abwendend, schlafe ich nach dem traurigen Eingriff erst einmal sieben Stunden durch.

Erste Begegnung mit deinem neuen Berater. Juli '77

Torsten brüllt immer noch zermürbend viel. Meine Mutter bestätigt mir, daß Kinder so weitermachen, wie sie kurz nach der Geburt sind, eine erschreckende Aussicht. Unser Schreihals wird in diesem Monat ein Jahr alt, und der Sommer lenkt von unseren Problemen ein wenig ab.

Manchmal fängst du mit zunächst großem Anfangseifer an, bayerische Motive um unsere Bauernhausfenster zu malen, oder du mähst einen Teil der wild wuchernden Wiese mit der Sense und pflegst unseren Gemüsegarten. An solchen Tagen der inneren Ruhe ist der Bauer in dir glücklich – ohne Selbstzweifel.

Aber der Stimmungswechsel kommt mit der Präzision einer deiner vielen Schweizer Uhren. Immer öfter sind wir wieder an der Hütte. Sie bietet mit dem kleinen See und dem langen Fluß rund herum einfach größere Beschäftigungsmöglichkeiten. Außerdem erinnert sie uns an glücklichere Zeiten.

Unsere Steuerprobleme nehmen seit der Prüfung zu. Durch die Empfehlung unseres alten Bekannten Lutz Libbertz lernen wir den Rechtsanwalt Dr. Peter S. kennen, der ein Fachmann in Steuerfragen sein soll.

Als er uns hin und wieder mit Frau und Kind am Hof besucht, freunden wir uns langsam miteinander an. Er wundert sich darüber, wie naiv wir die gesamte Zeit gewesen sind, wie blind wir deinen Beratern vertraut haben. Du unterbrichst ihn unwirsch: Du kannst und willst davon nichts hören. Ich finde das falsch.

Zwar war ich bisher der Meinung, daß mich dein Geld nichts angeht, fühle mich aber mitschuldig an deinen Anlageverlusten und nehme mir vor, fortan mehr auf die Finanzen zu achten.

Das jedoch scheint deinem neuen Berater überhaupt nicht zu passen. Empört fragt er mich, ob ich ihm etwa mißtraue, als ich um Kopien aller seiner Transaktionen bitte.

Mit einer Vollmacht, die er sich als erstes ausstellen läßt, kann er ab sofort deiner Meinung nach tun und lassen, was er für richtig erachtet.

Wie immer imponiert dir dieser väterliche Freund, und du läßt ihn gewähren. Schon allein deshalb, weil er ein Mann ist. So erfahre ich noch weniger als vorher.

In den folgenden Wochen wird dir von gemeinsamen Freunden zugetragen, daß es offenbar der größte Traum des Dr. S. ist, ein bekannter Staranwalt zu werden.

ER möchte das, was dich und mich fürchterlich nervt:

Er möchte auf der Straße erkannt werden und überall wie ein Star begrüßt werden. Er möchte in jedem Lokal den besten Tisch bekommen und in den Klatschspalten regelmäßig erwähnt werden.

Wir finden dieses »Lebensziel« beide etwas kindisch. Aber du hoffst, daß er dir hilft, dein verlorenes Vermögen wiederzubeschafffen, wenn du ihn in seiner Sehnsucht unterstützt.

Dein Comeback. Herbst '77

In deinen Bemühungen um ein neues Image, um besser arrangierte Lieder mit glaubhaften Texten, lernst du den Liedermacher Robert Frank kennen, mit dem du in euphorischen Sessions anfängst, sogar selber zu komponieren.

Ihr sitzt stunden-, ja tagelang an der Hütte zusammen und arbeitet Harmonien und Reime aus.

Du schöpfst Hoffnung und bekommst das zweite Mal seit deiner Studentenzeit das Gefühl, kurz davor zu sein, dich und deine tiefsten Empfindungen in Liedern wiederzufinden.

Durch Robert Franks Empfehlung gerätst du an den etwa gleichaltrigen Ralph Siegel, der dich begeistert in »seinen Stall« holen will, um dich im Sound von Neil Diamond zu produzieren. Eine Aussicht, die uns beide aufgeregt werden läßt, da uns die Musik des amerikanischen Superstars an viele Feste am Silbersee erinnert.

Die erste Siegel-Produktion *Liebe, wie sie Dir gefällt* ist in deinen Augen zwar derselbe Schmus wie immer, aber der Achtungserfolg und die sehr erfolgreiche Testtournee im Februar '77 lassen dich hoffen.

In diesem Sommer landest du dann mit dem Hit *Sand in Deinen Augen* wieder auf Platz 1 der ZDF-Hitparade, in der du seit dem Tod von Unterhaltungschef Viehhöver endlich wieder auftreten darfst. Es sind Erfolge, aber vom Verkauf her keine großen Hits.

Demütigungen. Dezember '77

»Da kommt dieser feiste Schlachtermeister auf mich zu und bittet mich, nach *Ganz in Weiß* sein dralle Tochter zum Traualtar zu begleiten, und ich kastrierte Schlagerhure lächle auch noch, als der Mistkerl hinterher anbietet: ›Sie können selbstverständlich auch noch zum Essen bleiben, Herr Black, wenn Sie wollen.‹ Ich schwöre dir, Schatz, ich werden es ihnen allen eines Tages zeigen, ich will, daß sie mir wieder hinterherhecheln, oder ich...? Ach, ich weiß nicht, was dann!«

Ich liebe dein ungebremstes südländisches Temperament und versuche dich lachend mit der Frage aufzumuntern, was es denn den Mond berührt, wenn ein Hund ihn anbellt.

Gleichzeitig weiß ich, wie erniedrigend die Häme derjenigen sein kann, die denken, durch Niederdrücken eines anderen sich selbst erheben zu können. »Und dann dieser Mist vom Siegel. Dafür bin ich doch nicht weg von Bertram, oder? Neil Diamond! Daß ich nicht lache. Wiederbelebungsversuche eines schon Totgesagten durch Valiuminfusionen sind diese neuen Lieder für mich. Und überhaupt, laß uns wieder in die Stadt ziehen und die Hütte aktivieren. Der Hof hier ist doch ein völliger Fehlschlag, oder etwa nicht?« Wir lachen beide befreit auf. Wer wollte da widersprechen.

Zurück in München. Januar '78

Endlich wieder unter Menschen! Vier Wochen danach haben wir es uns einigermaßen gemütlich eingerichtet in meiner Wohnung in München-Obermenzing. Nach den unendlich vielen Räumen am Hof kommt es mir hier so vor, als seien die Zimmer mit drei Handgriffen aufgeräumt. Ich fühle mich wieder geborgen.

Torsten kommt zum ersten Mal mit gleichaltrigen Kindern auf dem Spielplatz zusammen. Er sitzt im Sand und staunt, daß es offenbar noch ein paar andere kleine Wesen wie ihn gibt. Als Zeichen des Beginns seiner »Beziehungen« haut er einem Knaben neben ihm als eine Art Freundschaftsangebot mit seiner Plastikschaufel auf den Kopf und zuckt erschrocken zusammen. »Der kann ja genauso brüllen wie ich«, scheint sein erstauntes Gesicht auszudrücken.

Von da an geht er eher vorsichtig an die neuen Freunde heran.

Du bekommst plötzlich Hilfe aus einer völlig unerwarteten Richtung: Als erster westdeutscher Sänger trittst du mehrere Male im Dresdner Kulturpalast auf und bist seitdem ein viel umjubelter Star in der DDR. Deine Ost-Gagen, die du nur in Form von Antiquitäten und Teppichen ausführen darfst, reichen bald aus, um mehrere

Wohnungen übervoll einrichten zu können. Der überraschend große Erfolg »drüben« ist Wundsalbe auf deine aufgescheuerte Seele.

Überzeugt davon, an der nächsten Ecke bessere Leute zu finden, trennst du dich mit ein paar kurzen Worten von deinem Produzenten, nachdem euer dritter Titel *Die Liebe kommt oft über Nacht* für dich einem Schlag ins Gesicht gleichkam. Ralph Siegel nimmt die Trennung kommentarlos hin und sollte dir das später niemals verzeihen.

Ich fühle mich zunächst pudelwohl in der kleinen, kuscheligen Wohnung in der Peter-Görgl-Straße. Im Keller sind Waschmaschinen, Trockner und eine Sauna. Hinten heraus gehören zu diesen fünfundsechzig Quadratmetern, ein kleiner, uneinsehbarer Südgarten mit großer Terrasse. Solange du unterwegs bist, reicht der Platz für Torsten, mich und Tolkin vollkommen aus. Wenn du aber wie meistens mitten in der Nacht oder erst gegen Morgen von deinen Terminen zurückkommst und verständlicherweise ausschlafen willst, ist sie zu klein.

Wir beide teilen uns die Schlafcouch im Wohnzimmer, und unser Sohn liegt im einzigen anderen Raum.

Wenn Torsten spätestens um sechs Uhr morgens seinen ersten Schrei durch die Gänge jagt, hole ich ihn in die Stube, und du wechselst schlaftrunken und entnervt ins Schlafzimmer. Im Flur begegnest du deinem quietschvergnügten Sohn, der fröhlich: »Hallo, Papa!« ruft und ein »Kann man denn hier nie ausschlafen?« erntet. Dennoch lehnst du es ab, dich nach Auftritten erstmal im Hotel auszuschlafen. Trotz allem willst du aus der großen Welt zurück ins familiäre Nest, selbst wenn dein Auftritt siebenhundert Kilometer entfernt von München stattgefunden hat.

Kein Wunder, daß die Stimmung auf diesem begrenzten Raum immer gereizter wird. Unser Nerven liegen bloß. Tolkin sieht uns mit fragenden Augen an, Torsten schreit immer häufiger und wird krank. Er bekommt eine schwere Mittelohrentzündung. Wir versuchen in Panik sein hohes Fieber mit kalten Wadenwickeln zu dämpfen, als er wie am Spieß anfängt zu schreien. Völlig entsetzt schaust du ihm ins Gesicht: Es ist merkwürdig schief und entstellt. Starr vor Angst fahre ich mit ihm sofort in die Klinik. »Gesichtslähmung! Wir müssen ihrem Sohn sofort intravenös eine starke Dosis Penicillin verabreichen. Ob die Lähmung dadurch zurückgehen wird, wissen wir nicht. Normalerweise platzt das Trommelfell bei einer solchen Mittelohrentzündung und der angestaute Eiter kann abfließen. Ihr Junge hatte Pech. Bei ihm drückte die Flüssigkeit auf den Gesichtsnerv und hat diesen so gelähmt.«

»Kein Wunder, daß du immer so geschrien hast, mein Kind«, denke ich, während ich die ganze Nacht am Bett sitze, hoffe und bange. Immer wieder brüllt Torsten, gemartert von unsäglichen Schmerzen. Das ist für mich wie wohl für jede Mutter viel entsetzlicher, als wenn man selber leiden müßte.

Endlich, am nächsten Nachmittag nach zwanzig langen Stunden löst sich die Lähmung. Torsten stöhnt noch, aber es scheint ihm doch besser zu gehen.

Am Abend besuchst du uns und stehst völlig hilflos herum. Du wirkst wie ein wirr zusammengeballtes

Knäuel von Schuldgefühlen, Panik, Ohnmacht und Fluchtbedürfnissen.

Mit dem Versprechen, daß wir bald wieder in ein Haus mit mehreren Zimmern ziehen, verabschiedest du dich recht überstürzt.

Da wir den Hof in Altötting mit Gewinn verkauft haben, könnten wir uns eigentlich ein kleines Haus in München leisten und leicht von den Zinserträgen leben. Weiterhin aufzutreten lohnte sich für dich sowieso nicht, denn durch deine unserer Meinung nach unberechtigt eingeforderten Steuerschulden in Millionenhöhe werden deine Einnahmen schon jetzt auf ein Minimum gepfändet. Ich bestärke dich also darin, die entwürdigenden Comebackversuche zu lassen und aus dem Schlagerbusiness auszusteigen.

Da greift unser neuer Steuerberater ein. Er überzeugt dich, daß es besser ist, deinen Besitz zu Geld zu machen, damit das Finanzamt zu befriedigen und mir nicht die offiziellen Eigentumsrechte zu lassen. Er ist wohl sehr überzeugend, und er ist ein Mann. Und Männern hast du schon immer mehr vertraut als Frauen.

Der Wahnsinn nimmt seinen Lauf. Ich habe das Gefühl, er überläßt lieber dem Finanzamt alles kampflos, als zu riskieren, mir zu vertrauen.

Weitere zehn Jahre auf Jubiläen, Schlachterinnungstreffen und Schützenfesten? Dein Berater stellt sich anscheinend jede Form des öffentlichen Auftritts göttlich vor.

Du vertraust ihm trotzdem, und wir suchen in München ein Haus nur zur Miete.

Der 25. Januar naht. Dein 35. Geburtstag. Du sollst

diese runde Jahreszahl ganz groß feiern, und zwar in der Villa unseres neuen Beraters. Er brennt anscheinend darauf, endlich einmal in den Klatschspalten erwähnt zu werden. Alle Planungen laufen an. Natürlich wird auch Michael Graeter, der Klatschreporter der AZ, eingeladen.

Ich wäre gerne dabeigewesen, vielleicht hätte ja irgendeiner bemerkt, daß auch ich vor ein paar Tagen 33 geworden bin. Aber ich muß noch bei unserem kleinen Sohn im Krankenhaus bleiben. Auf die Idee, für mich die Party zu verschieben, kommst du nicht. Du denkst dir nicht einmal etwas dabei, glaube ich.

Die Party findet statt. Wie du zugibst, ist sie überhaupt nicht nach deinem Geschmack. Der gesamte Aufwand hat sich für deinen Anwalt offenbar nicht gelohnt. Graeter findet es viel interessanter, in seiner Kolumne die Frage zu stellen, ob unsere Ehe womöglich kriselt. Denn wo war dein dir angetrautes Weib an deinem Ehrentag?

In den folgenden Wochen suchen wir immer dringender ein Haus. Die Situation in der Wohnung wird unerträglich: Ich versuche, dich aufzuheitern, Torsten möglichst pflegeleicht darzustellen und Tolkin täglich zweimal seinen Auslauf zu ermöglichen. Es gelingt mir nicht. Ich will nur noch weg.

Trennung im Frühjahr '78.

»Also es ist doch immer wieder ein Wunder«, ruft meine Mutter aus, »daß dieser kleine Kerl von anderthalb genauso geht und sich bewegt wie sein Vater. Sogar sein

Blick hat etwas von Roy, wenn er sich ertappt fühlt!« Wir sitzen bei der ersten Frühlingssonne auf der Terrasse meiner Eltern in Pinneberg. Ich hatte in den vergangenen Wochen das erste Mal seit zwei Jahren die Möglichkeit auszugehen, da meine Mutter sich um Torsten kümmert. Langsam kehrt in mir das Gefühl zurück für das Wunder der Schöpfung, das vor uns herumwatschelt.

Nachdem ich mich bei meiner Mutter erst einmal ausgiebigst über dich beschwert hatte, habe ich vor vier Wochen vorläufig eine Neubauwohnung bei Wieland um die Ecke bezogen, um dir meine Trennungsabsicht schockartig deutlich zu machen.

Zusammen mit seiner Freundin Doris versucht mein Bruder, mich überall hinzuschleppen, wo ich mindestens seit tausend Jahren nicht mehr war: Bars, Discotheken, Kinos oder Frühstückscafés. Seit meinem Einsiedlerleben am Hof bin ich so weit weg von allem, daß ich überhaupt nicht mehr weiß, wie es ist zu flirten oder auch nur ohne Kleinkind im Arm herumzulaufen. Alles ist fremd, macht mir wiederum auch angst. Mittags landen wir sehr oft in Wielands LOGO-Live-Club im Univiertel, das tagsüber als Chinalokal fungiert.

Während wir uns die aufregendsten Essenskombinationen zusammenstellen lassen, liegt Torsten begeistert mitten im Hauptgang auf dem Fußboden und nuckelt an seinem besten Freund, der Babyflasche, während alle über ihn hinwegsteigen müssen. Hier und nirgendwo sonst will er liegen.

Trotz dieser neuen verwirrenden Erfahrungen bin ich im Grunde meines Herzens tieftraurig. Beim Abschied von meinem geliebten Tolkin hatte ich ihm mit Tränen in den Augen einen riesigen Knochen hingelegt. Ich konnte ihn nicht mitnehmen in die Zweizimmerwohnung im dritten Stock mitten in Hamburg.

Torsten kann noch nicht sehr viel sagen, aber immer wieder fragt er die ersten drei Wochen: »Papa, Papa?«

Doch langsam begreift er, daß du nicht mehr kommst. In der vierten Woche fragt er nicht mehr.

Das Vergessen schützt die Seele eines Kindes. Dennoch: Als du einmal vor Tagen im Fernsehen aufgetreten bist, hat er sein Auto stehen lassen und ist mit ausgebreiteten Armen auf den Apparat zugegangen: »Papa!« strahlt er kurz, dann merkt er erst, daß er dich nicht richtig anfassen kann. »Papa?« er blickt mich fragend an und weint.

Er kann meine Erklärung nicht verstehen, daß du ganz woanders bist.

Aber wo bist du? Irgendwie habe ich wohl nach meinem abrupten Weggang insgeheim gehofft, daß du mich reumütig zurückholst. Diesmal jedoch geschieht wochenlang nichts.

Eifersucht steigt in mir hoch. Du fehlst mir, trotz allem. Das *Elend* in unserer Liebe ist mir zwar noch vertraut, aber immer weniger gegenwärtig.

Am Anfang meines Exils genieße ich die *Kampfpause* und das Wegfallen von der erdrückenden Verpflichtung, immer so perfekt wie möglich zu sein, immer so zu sein, wie du mich haben willst.

Die vielen ausgiebigen Gespräche mit meiner intuitiv intelligenten Mutter über dich helfen mir: das Fluchen, die mitgeteilte Verzweiflung bringen mich dir wieder näher. Ich kippe den *Unrat* unserer Beziehung in die aufgebrachte Seele meiner Mutter und zurück bleibt nur noch Sehnsucht nach dem Ideal unserer Liebe.

Meine Mutter fragt sich, ob du überhaupt liebesfähig bist. Ich weiß nur, daß du in einer uferlosen Einsamkeit schwimmst. Ständig fühlst du dich alleingelassen, bist auf der Suche nach einem Vertrauen, das deine Mutter in dir nie hat wachsen lassen (können?). Du willst ständig in der Öffentlichkeit ein Idealbild des *Roy Black* abgeben, ein Bild, das die Menschen erwarten, das du aber immer weniger aufrechtzuerhalten in der Lage bist. Es ist wird eine immer größere Leistung, der *echte* Traum so vieler zu sein. Für diese Leistung willst du von Millionen verehrt und geliebt werden.

Du weinst jedem *davonlaufenden* Fan nach, so wie du früher deiner Wohlverhalten fordernden Mutter nachgelaufen bist. Alle sollen dich so lieben, wie sie es nie getan oder gezeigt hat.

Wir kommen durch meine Schilderungen zu dem Schluß, daß du eine ehrliche Sehnsucht nach einer Partnerin, gleichzeitig aber Angst hast, verlassen zu werden. Dieser Angst greifst du freiwillig immer wieder selber vor durch deine Affären.

Auch jetzt wieder. Deine Arroganz, sechs Wochen nicht einmal den geringsten Versuch zu machen, mich zu erreichen, ist nur mit einer anderen Frau zu erklären.

Bis ins tiefste Innere verletzt, verabrede ich ein Klingelzeichen mit meiner Familie und meinen neuen Bekannten. Ich will für dich nicht erreichbar sein.

Ich zwinge mich, die von dir getrennte Zeit zu genießen. Ich kleide mich wieder schicker, pflege mich ausgiebiger und empfange anerkennende Blicke der Männer in Hamburg. Die schon fast vergessene Erkenntnis gräbt sich wieder in mein Bewußtsein: Ich bin jung, und auch ohne dich ist da irgendwo ein Leben. – Glück kann auch bedeuten, Alltag ohne Streit zu erleben.

Spanienurlaub. Dr. S. April '78

Nachdem im letzten Jahr wieder kaum Geld von N. aus der Sommervermietung in Spanien überwiesen worden war, übernimmt Wieland die Vermarktung der Häuser mit der Absicht, sie später vielleicht selbst zu kaufen – falls du wirklich auf die Empfehlung von deinem Berater hören solltest, sie zu Bargeld machst, um damit das Finanzamt zu bedienen.

Um vor Ort den Verwalter zu überprüfen und gleichzeitig Fotos für einen Prospekt zu machen, reist er mit seiner Doris und meinem anderen Bruder Eike nach Calpe an die Costa Blanca. Ich verspüre wenig Lust, allein in Hamburg zurückzubleiben und fliege mit Torsten hinterher, obwohl dein jetzt nach zwei Monaten einsetzender Telefonterror und die unzähligen Rosensträuße langsam den Eisberg meines verletzten Stolzes zum Schmelzen bringen.

So sehe ich zum ersten Mal nach der Rohbauphase vor drei Jahren die zwölf kleinen Häuser, die riesige Villa gegenüber dem Peñon d'Ifach und deine Motoryacht im Hafen. Die Anlage mit den zwei Swimmingpools ist inzwischen wildromantisch eingewachsen, und der Gedanke tut mir weh, daß du das alles weggeben willst.

Überrascht stellen wir fest, daß sich Herr N. neben deiner Villa eine noch größere, besser gelegene, für sich erbaut hat.

Seltsamerweise hatte sich der vorher veranschlagte Erstellungspreis für deine Villa fast verdoppelt. Und das in einem Jahr. Zum ersten Mal kontrolliert Wieland die angeblich ausgeführten Reparaturarbeiten und Instandsetzungen, die den Gewinn aus den Vermietungseinnahmen aufgefressen haben sollen. Er stellt fest, daß nichts an deinen ziemlich heruntergekommenen Häusern gemacht worden ist, im Gegensatz zu den nebenan gelegenen, die vermutlich Herrn N. gehören.

Zwei Tage nach unserer Ankunft in Calpe erscheint völlig unerwartet dein neuer Finanzverwalter und *Freund* Dr. S.

Angeblich will er für einen eventuellen Verkauf den Wert deiner Anlage ermitteln. Doch scheint er eher an mir interessiert zu sein.

Noch am Abend seiner Ankunft versucht er unter den verwunderten Blicken meiner Brüder und deren Frauen mich sehr forsch zu erobern.

Dieser Mann genießt dein volles Vertrauen und hat nichts Eiligeres zu tun, als unsere erste von ihm erlebte Krise auszunutzen, um sich an mich heranzumachen. Ich bin enttäuscht von ihm.

Vielleicht habe ich damit den Grundstein für seine später extrem feindliche Haltung mir gegenüber gelegt.

Du willst mich zurück. Sommer '78

Plötzlich stehst du vor der Tür meiner Wohnung in der Ifflandstraße in Hamburg.

Todunglücklich, blaß und den Tränen nah setzt du dich ins Wohnzimmer. Du hast dich von deinem immer gleichbleibenden Ebenbild *Roy Black* enthäutet. Der smarte Schmusesänger, der für jeden Fremden ein offenes Ohr oder wenigstens ein Lächeln bereithält, sitzt da nicht vor mir.

Es hockt Gerd Höllerich auf meiner Sofakante mit leerem Blick, hochgezogenen Schultern und achtlos zusammengestellter Kleidung.

Du sitzt da ohne Tränen und weinst über deine Versäumnisse und Fehler, über deise Schüchternheit und Einsamkeit: »Ich will nicht länger im Wettbewerb stehen, um ein unmögliches, mich erdrückendes Image aufrechtzuerhalten: locker, charmant, reich, amüsant und die Frauen beherrschend. Ich möchte mich eigentlich nur gut fühlen. Nicht ständig wie von einem ›Berufsverbot‹ bedroht sein, wenn ich es nicht schaffe, *Roy Black* zu sein.

Und ich will dich, Silke. Kein Erfolg, kein Geld dieser Welt ist es wert, dich zu verlieren. Wie soll ich irgendwo verwurzeln, ich brauche dich wie eine Pflanze den Boden.«

Ich spüre innerlich schon jegliche Abwehr zusammenbrechen, lasse dich aber reden und dabei verschorfen die Wunden, die du mir zugefügt hast.

Doris kommt mit Torsten vom Spielplatz herein. Sie wohnt seit ihrer Krise mit Wieland bei mir.

»Papa, Papa!« juchzt dein Sohn und läuft begeistert auf dich zu. Er hat dich sofort wiedererkannt.

Du bist unfähig, etwas zu sagen – ich verspreche zurückzukommen.

Der Neuanfang im September '78

Wir haben ein schmuckes, kleines Häuschen in München-Solln bezogen. Endlich nach vier endlosen Monaten kann ich Tolkin wieder knuddeln, aber erst, nachdem er sich drei Tage wie eine gekränkte Diva geziert hatte.

Du bist aufmerksamer und zärtlicher, wie jedes Mal in den ersten Monaten der Rückeroberung. Wir alle genießen unser wiedergewonnenes Familienleben.

Während meiner Abwesenheit hast du für dich ein neues Hobby entdeckt: das Kajakfahren.

Fred, ein durchtrainiertes urbayerisches Mannsbild, hat dich darauf gebracht. Als du ihn kennenlernst, hast du schnell begriffen, daß er offenbar so lebt, wie du es dir schon immer erträumt, aber nie geschafft hast.

Mehrmals im Jahr fährt dieser einfach lebende Mann auf große Tour, sammelt ein paar Kumpel um sich, und ab geht es mit Fahrrad und Zelt auf Entdeckungsreise in die unterschiedlichsten Regionen dieses Erdballs, oder aber er läßt sich einfach mit dem Kajak die großen Flußläufe Kanadas hinabtreiben.

Du machst diesen neuen, vielleicht ersten richtigen Freund zu deinem »Guru«, wie du es nennst.

»Jeder braucht einen Menschen im Leben, der einem

vorleben kann, was dabei herauskommt, wenn man wirklich so lebte, wie man es gerne möchte. Weißt du, Schatz, der Fred sieht in mir das, was ich schon gar nicht mehr bereit war, als zu mir gehörig zu betrachten. Er lobt mich für Fähigkeiten, die ich entwickeln kann und nicht für das, was offensichtlich da ist. Ich kann endlich meine zweite Hälfte freischaufeln.«

In dieser für uns so glücklichen Zeit ruft Petra Maffay an, um völlig aufgelöst und erschüttert davon zu erzählen, was sie damals in Altötting nie für möglich gehalten hatte: Auch ihr Mann Peter ist losgezogen und hat jetzt eine andere, »irgendwie so völlig übergangslos«. Petra flüchtet kurz nach diesem Gespräch nach Jamaika, um nichts von seinem »Neuen Glück« in der Presse mitzubekommen. Ich bin wohl nicht das einzige Opfer.

Vorerst beschränken sich deine Anstrengungen, ein echter Abenteurer zu werden, darauf, immer neue Zelte samt Ausrüstung zu kaufen und darin in unserem uneinsehbaren Garten immer wieder probezuliegen und -zuschlafen.

Dein Bruder Walter sieht dich eines Tages inmitten deiner zehn aufgebauten Zelte und bemerkt in seiner trockenen Art: »Was du alles anstellst, Alter, nur um nicht bei deiner Frau schlafen zu müssen...«

Du fühlst dich wohl ertappt und schlägst vor, zusammen mit Torsten und mir im neuen VW-Westfalia-Bus eine Tour zu machen.

Du besorgst ein Schlafnetz extra für deinen Sohn und schläfst eine Nacht mit ihm im Auto zur Probe.

Dein übernächtigter Blick am frühen Morgen macht mir klar, daß sich dein gut gemeinter Touren-Traum mit

Familie durch Torstens Schreien sehr schnell erledigt hat. Für diese Art von Belastung reicht deine Abenteuerbereitschaft nicht aus.

Statt dessen fährst du mit Walter nach Jugoslawien und erzählst bei der Rückkehr nach einer Woche stolz von einem starken Sturm, der euch in eurem kleinen Schlauchboot nur knapp hat überleben lassen. Ich wäre dabei mit Torsten nur hinderlich gewesen. Überhaupt sei das alles eher Männersache, und manchmal würdest du dich zurücksehnen in die Ungebundenheit von früher. Mit der Familie sei alles gleich so spießig.

Der Alltag ist also wieder eingekehrt in unserer Beziehung. Immerhin hat der Schock meines Auszuges fast ein Jahr angehalten und unser Zusammenleben harmonisiert.

Unsere gemeinsamen Abenteuer beschränken sich auf das Gassigehen mit Tolkin.

Wir gründen mit Sitz in der Obermenzinger Wohnung die Managementgesellschaft Roy-Walter-Silke, RWS, und versuchen, deine Auftritte und Verträge selber zu organisieren, nicht zuletzt, um deine Gagen vor dem Zugriff des allgegenwärtigen Finanzamtes zu sichern.

In dieser Zeit macht dein Anwalt alles zu Geld, was noch an Werten aus deiner erfolgreichen Zeit vorhanden ist.

Wieland will mit Freunden deine Häuser in Spanien kaufen. Dein Anwalt ist anscheinend entschieden dagegen, für ihn scheint es günstiger zu sein, mit einem Käufer abzuschließen, den ich nicht kenne.

Den Zuschlag bekommt irgendwer zu irgendeinem Preis. Wegen der Vollmacht?

Jetzt fragst du, anstatt wie früher deinen Vater, deinen *Freund*, wenn du Geld brauchst. Alle Einnahmen und Ausgaben laufen über von Dr. S. kontrollierte Konten.

Wenn ich gelegentlich Unterlagen einfordere, sind es meist maschinegeschriebene Angaben, ohne dokumentarische Beweiskraft.

Dich stört das alles offenbar nicht.

Auch in München hat es nicht an Versuchen gefehlt, sich mir zu nähern.

Notlandung September '79

Da Torsten immer wieder an Mittelohrentzündungen leidet, will ich mit ihm in die heilende Sonne des Südens.

Für dich ist es eine Gelegenheit, endlich einmal alleine, ohne schlechtes Gewissen, mit einem Freund eine Tour machen zu können. Ich beschließe, zusammen mit einem befreundeten Ehepaar und deren zwei Töchtern in Torstens Alter eine Villa in Portugal an der Algarve zu mieten.

Drei Tage vor unserem Abflug stellst du überrascht fest, daß du keinen Freund hast. Schon gar keinen, der Zeit und Lust auf eine Tour hat. Wie in Panik entschließt du dich, mit unserem VW-Passat-Variant nachzukommen, ganz gemächlich und abenteuermäßig, mit Übernachtungen natürlich im Auto.

Der Flug von München nach Faro ist gerade eine Viertelstunde alt, als uns die sachliche Stimme des Kapitäns brutal aus unserer Vorfreude auf den Urlaub herausreißt: »Meine Damen und Herren, wegen eines technischen Defekts müssen wir augenblicklich nach München zurückkehren.«

Schon brausen die Triebwerke auf und das Flugzeug legt sich in eine unsanfte, eng geflogene Kehrtwendung. Hektisch wird uns von den Stewardessen das Frühstück entrissen, die Maschine sackt immer heftiger durch.

Ich habe Angst. Alle um mich herum wirken wie erstarrt. Die Ruhe vor dem Sturm. Ich versuche meinen Arm ganz ruhig um Torsten zu legen und sage so etwas wie: »Gleich sehen wir Papa wieder. Haben etwas vergessen.«

Mir ist kalt. Jeden Moment erwarte ich den Absturz. Immer wieder schaue ich aus dem Fenster und überlege, ob wir aus dieser Höhe überleben könnten.

Ich drücke Torsten noch fester an mich. Wenn nicht, dann soll es wenigstens schnell und schmerzlos geschehen.

Fünfzehn unendlich langsam verrinnende Minuten Warten auf den Absturz, in nie gekannter Todesangst.

Plötzlich, am Horizont, ich kann den Flugplatz von Riem erkennen. Mein Herz macht einen Hupfer, vielleicht haben wir doch noch eine Chance? Mit einem Knall setzt die Maschine hart auf. Aufheulende Triebwerke lassen das Flugzeug vibrieren und bringen es abrupt zum Halten.

Ich lasse alles stehen und liegen, auch die vorher ausgezogenen Stöckelschuhe, packe Torsten und dränge durch einen Notausgang hinaus auf eine Tragfläche, wo ein Mann uns hilft, hinunterzuspringen. Barfuß renne ich weiter. Bloß weg von diesem Todesvogel.

Ich kann die gemächlich vom Flugzeug weggehenden

Passagiere nicht begreifen: Befürchten die denn nicht auch jeden Augenblick eine entsetzliche Explosion?

Im Flughafen erfahren wir, daß ein Mitreisender eine Bombendrohung in seinem Frühstück gefunden hatte.

Es ist die hypernervöse Zeit der amerikanischen Geiselnahmen in Teheran und Khomeinis islamischer Revolution.

Ich bin fertig und möchte den Urlaub abbrechen. Am ganzen Körper immer noch zitternd, versuche ich vergeblich, dich zu Hause anzurufen. Du bist anscheinend schon unterwegs, und ich habe keine Hausschlüssel mitgenommen. Ich bin unfähig, darüber nachzudenken, anders ins Haus zu kommen.

Also gleich wieder zurück in dieselbe Maschine?

Torsten ist da vollkommen anderer Ansicht: »Mama, ich hab' Angst. Ich will nie wieder fliegen.«

Ich eigentlich auch nicht, beruhige ihn jedoch und schaffe durch meine mir abverlangte Vorbildhaltung, daß wir auf das bockige Pferd gleich wieder aufsteigen.

Spätnachts, mit fünf Stunden Verspätung und völlig ausgelaugt, kommen wir endlich in Faro an. Eine innere Hysterie, die der stundenlangen Überanspannung folgt, verlangt eigentlich, daß ich hemmungslos heule. Ich lächle jedoch für Torsten und sein zukünftiges Vertrauen in Flugzeuge.

Drei Tage später erreichst du ziemlich übermüdet unsere Villa. Du bist fast ohne Unterbrechung durchgefahren. Ich bin überglücklich, dich wiederzusehen und fange aufgeregt an, dir von meinen Todesängsten zu erzählen, als aus einem Nebenraum meine Freundin deinen Namen ruft und du dich abrupt umdrehst, zu ihr hinübergehst und mich mitten im Satz stehen läßt. Sie ist dir noch relativ unbekannt und hat wohl das Recht auf sofortige Aufmerksamkeit.

Trotz allem wird dieser Urlaub überraschend harmonisch, und ich genieße, daß Torsten mit seinen drei Jahren endlich durchschläft. Er ist nun groß genug, daß du ihn zu Wandertouren mitnehmen kannst. Kleine Strekken läuft er schon, die meiste Zeit hockt er aber auf deinen Schultern, festgekrallt in deine dichten Haare. Seine sind, zum Leidwesen deiner Mutter, kurz nach der Geburt flachsblond geworden.

Torsten ist sichtlich überglücklich, wenn du deine Zeit ausschließlich ihm widmest. »Mama, du nicht!« fordert er dann, um deutlich zu machen, daß er dich für sich alleine will.

Einmal kommst du leicht verstört mit ihm zurück in die Villa und erzählst, daß ihr unterwegs in den bewaldeten Hügeln der Umgebung eine Rast eingelegt habt, wo Torsten aus seiner mit Malzbier gefüllten Feldflasche getrunken hat. »Spatzl, krieg ich auch einen Schluck?« hast du ihn gefragt. »Nö«, warf Torsten dir nur kurz entgegen. »Aber wieso denn nicht?« kam von dir daraufhin in enttäuschtem Tonfall. »Weil da Alko-kohl drin ist, darum«, erklärte dein Sohn mit logischer Konsequenz.

Du bist irritiert und gleichzeitig fasziniert über die genaue Beobachtungsfähigkeit dieses kleinen Kerls. Ich spüre, daß du jetzt, wo Torsten mehr und mehr spricht, ein neues, oder überhaupt erst ein Verhältnis zu ihm aufbaust. Wir sind beide so begeistert von unserem Sohn, daß wir uns ein zweites Kind wünschen.

Dieses Mal fühle ich mich stark genug für eine zweite

Schwangerschaft, die Stillzeit und das Rund-um-die-Uhr-Kümmern. Unser zweites Kind entsteht hier unter Portugals Sonne und wird bestimmt ein Kind der Liebe, denn wir schmusen und turteln den ganzen Tag. Ich fühle mich in deiner Nähe wohl, und du läßt zu, daß ich ständig körperlichen Kontakt zu dir suche, mich ankuschle.

Das zweite Kind. Frühjahr '80

Zurück in München spüre ich schon in den ersten Wochen, daß irgend etwas nicht stimmen kann mit meiner Schwangerschaft. Ich habe den Vergleich mit den zwei vorangegangenen, weiß aber noch nicht, was es genau sein kann.

Erst im vierten Monat stellt mein Gynäkologe fest, daß der Embryo verkehrt liegt. Ich frage, was das für uns beide bedeutet. »Sie müssen ab sofort konsequent den Rest der Zeit bis zur Niederkunft liegen, und zwar hier in der Klinik unter ständiger Aufsicht. Bei der geringsten falschen Bewegung könnten Sie sonst innerhalb von Minuten verbluten.«

»Auf mich wartet aber doch ein kleines Kind zu Hause«, wehre ich mich hilflos, den Tränen nahe, »wie stehen denn die Chancen für mein ungeborenes Kind, gesund auf die Welt zu kommen?« »Fifty-fifty«, entgegnet der in diesem Moment eiskalt wirkende Arzt. »Es ist wahrscheinlich, daß es zu früh kommt, und durch die ungünstigen Umstände ist es möglich, daß es behindert sein wird. Auch ist nicht auszuschließen, daß Sie selber bei der Geburt verbluten.« Wie durch einen Nebel frage ich: »Wieso das?« »Weil wir als Ärzte uns verpflichtet fühlen, im Zweifel für das neue Leben und gegen Sie zu entscheiden.«

Ich drehe mich um und verlasse diesen Idioten grußlos. Die Mutter eines Dreijährigen wollen die sterben lassen, um ein vielleicht todkrankes Baby zu retten, das dann ebenso wie der Bruder ohne mütterliche Liebe aufwachsen muß, möglicherweise an Maschinen angeschlossen, ewig angewiesen auf das Krankenhauspersonal.

Ich entziehe mich der Kontrolle dieser Menschen und versuche die Schwangerschaft mit Hilfe einer Krankenpflegerin zu Hause zu einem guten Ende zu führen. Der Druck wird immer stärker, es fühlt sich alles unnatürlich an. Ich bekomme Todesangst.

Du bist in diesen Wochen rührend um mich besorgt und hilfst mir, wo du kannst. Aber ich spüre gleichzeitig, daß du dich innerlich entfernst. Du weißt nicht, was du mit einer bettlägerigen Frau anfangen sollst.

Meine Angst wird unerträglich, ich suche Trost und Zuspruch bei meiner nervenstarken Mutter, die sofort reagiert und dich auffordert, einen Rotkreuz-Jet zu chartern, um uns aus »diesem frauenfeindlichen Land Bayern« sofort nach Hamburg fliegen zu lassen, zu einem Chefarzt, »der seine Menschlichkeit nicht mit der katholischen Taufe weggespült hat«, wie sie es als überzeugte Atheistin formuliert.

In dem kleinen Flugzeug legt der mitfliegende Arzt einen Katheter an meinem Arm an und sagt gnadenlos ehrlich: »Ich muß Sie leider darauf aufmerksam machen, daß ich nichts machen kann, wenn wir in heftige Turbulenzen kommen und Sie innerhalb von Minuten verbluten sollten.«

Ich unterdrücke meine aufsteigenden Tränen und rufe dich beim Start zu mir an die Trage. Ich denke an den vorne sitzenden Torsten. Wie wird er ohne mich vertrauensvoll aufwachsen können? Wer wird ihn in bitteren Stunden trösten?

Wir sind schon über den Wolken, als ich dich bitte, nur Torsten abzulenken, sollte ich hier und jetzt sterben müssen. Du nickst stumm. Und gehst mit zusammengefallenen Schultern mühsam lächelnd zu unserem Sohn zurück.

Mit Blaulicht werde ich ins Eppendorfer Universitätskrankenhaus gefahren, wo schon meine Mutter mit einem väterlich wirkenden Oberarzt auf mich wartet.

Torsten, der die Situation (zum Glück) noch nicht begreift, wird immer übellauniger und du immer hilfloser. Erst als Doris und Wieland Torsten an die Hand nehmen und ihm ein großes grünes Spielzeugauto versprechen, hört er auf, dich zu kratzen und läßt sich weglocken.

Noch am selben Tag stellt der Doktor die Aussichtslosigkeit meiner Schwangerschaft fest. »Wir müssen gleich morgen früh operieren«, bestimmt er, und ich vertraue seiner Beurteilung.

Ich muß pausenlos weinen. Meine Mutter sitzt am Bett und trauert mit mir, auch um ihre ungeborenen Kinder.

Ich nehme Abschied von dem in meinem Körper kämpfenden fast sechs Monate alten Kind, das keine Chance auf ein menschenwürdiges Leben hat.

Auf jeden Fall müßte ich mit an Sicherheit grenzender

Wahrscheinlichkeit in den nächsten Wochen sterben, sollten wir es trotz allem versuchen.

Du fährst am Abend zurück nach München. Meine Mutter nimmt Torsten mit nach Sylt, wo meine Eltern inzwischen leben. Ich verliere nicht nur morgen mein Baby, sondern bin auch noch das erste Mal von unserem Sohn wirklich getrennt.

Ich kann nicht mehr. Die Schwestern geben mir eine starke Beruhigungsspritze, von der mir auch noch übel wird.

Am nächsten Mittag ist die schwere Operation überstanden. Während ich tief deprimiert in den schwarz verhangenen Winterhimmel von Hamburg starre, bekomme ich nacheinander zwei Bluttransfusionen. Hinterher sagt mir der Professor, daß ich bei der Operation gerade noch am Tod vorbeigesegelt bin.

Ich rufe auf Sylt an, und Torsten fragt mich weinend: »Mama, wann kommst du?« Er ist verwirrt und versteht das alles nicht. Er ist allein mit seiner »Oma-Iris«, denn du bist trotz allem schon in Kanada, um dort in deutschen Ansiedlungen aufzutreten.

Alle Welt und jeder schon fast vergessene Freund ruft an, meine Familie kümmert sich rührend um mich. Nur du meldest dich erst nach fünf Tagen. »Wie geht's?« fragst du beiläufig, als sei nichts Besonderes geschehen.

»Alles okay«, antworte ich unter Schluchzen, »ich werde mich von dir trennen! Ich habe so gehofft, daß du in den wenigen, aber wichtigen Augenblicken, die unser gemeinsames Leben prägen, einmal Größe zeigst und Beruf, Roy-Black-Sein und alles andere vergißt und einfach zu mir stehst.

Ich könnte noch viele Jahre die kleinen Schwächen und großen Versäumnisse unserer Partnerschaft übersehen, wenn ich wüßte, daß du, wenn es wirklich darauf ankommt, mit mir durch die Hölle gehst.«

Du legst schweigend auf. Trotz allem hoffe ich, daß du deinen Rückflug umbuchst und direkt zu mir nach Hamburg kommst. Es wären erbetene Blumen, aber es wären Blumen. Du kommst jedoch nicht. Auch nicht nach zwei Wochen. Ich fahre hoch nach Sylt und spiele für Torsten, der seltsam gehorsam drei Tage nicht von meiner Seite weicht, die fröhliche Mutter.

Körperlich regeneriere ich mich erstaunlich schnell, die Krankheit meiner Seele jedoch bricht jetzt erst richtig aus. Ich sehe um mich herum nur Düsternis und eine unendliche Sinnlosigkeit. Wozu das alles, frage ich meine um mich bemühte Mutter. Sie empfiehlt mir zum hundertsten Mal, das Übel an der Wurzel auszureißen und mich endgültig ohne Hintertür von dir zu trennen.

Und zum hundertsten Mal glaube ich daran, daß ich es schaffe, mein Vorhaben durchzuhalten.

Du bombardierst mich mit Anrufen. Ich lasse mich von meiner Mutter verleugnen. Fast täglich schickst du einen riesigen Strauß roter Rosen. Ich fühle überhaupt nichts mehr. Ich bin wie ein erloschener Vulkan.

Da stehst du nach zwei Wochen vor der Haustür. Mein Herz setzt für einen erschreckend langen Augenblick aus. Trotz allem scheint in mir immer noch etwas zu sein, das von dir aus der Bahn geworfen werden kann.

Oder ist die Trauerzeit nach einer lichterloh brennenden Liebe so erloschen und kalt, daß einem das eheliche Chaos, das man kennt, immer noch erträglicher vorkommt? Es ist ja vertrauter als das Unbekannte, Angst erzeugende, auf das man zusegelt.

Auch du scheinst nicht mit dem Zustand fertig zu werden, wenn ich nicht mehr der Halt deines Lebens bin. Deine Augen drücken eine Art Katastrophenstimmung aus, als ob sie sagen wollten: »Ich habe nicht die Kraft, ohne dich die feindliche Welt da draußen zu meistern.«

Du hast wohl die Angst erlebt, wie es sich anfühlt, wenn man den Anker über den Korbrand des Heißluftballons wirft, aufsteigt und plötzlich feststellt, daß die morsche Leine reißt und der Ballon immer höher und höher steigt und herumgetrieben wird, ohne irgendwo eine Bodenhaftung zu haben, ohne einen Halt.

Du beschwörst wieder einmal unsere gemeinsame Zukunft. So einsichtig, daß mein Widerstand wieder einmal bröckelt. Meine Mutter droht damit, mich nie wieder im Leben aufzunehmen. Sie fühlt sich ausgebeutet. Sie hat in ihren Augen nur die Funktion, mich stets so weit aufzurichten, daß ich mich erneut so belastbar fühle, mit dir leben zu können. Aus schlechtem Gewissen ihr gegenüber verspreche ich dir nichts, aber ich lasse Torsten mit nach München fahren.

Unruhig, unzufrieden und mit hormonell bedingten Muttergefühlen bleibe ich noch ein paar Tage in depressiver Stimmung auf Sylt. Dann fahre ich eines Morgens los, trotz der Drohung meiner Mutter. Oder wegen dieser?

In München angekommen, schaue ich sehnsüchtig jedem Babywagen und jeder Schwangeren neidisch hinterher. Alles in mir schreit nach dem Kind, das ja eigentlich erst in diesen Wochen von mir geboren werden sollte.

Ich bin bei dem Eingriff in Hamburg vorsorglich sterilisiert worden und weiß, daß ich selbst kein Kind mehr austragen kann. Was mich offenbar in den Zwang treibt, nun erst recht eines zu wollen.

Nur noch auf dieses Ziel fixiert, bitte ich dich, mit mir ein Baby zu adoptieren. Tag und Nacht bedränge ich dich und zerrede deine Zweifel. Bis du mit zum Jugendamt kommst, wo uns die kalte Dusche erwartet, daß ich mit meinen 35 Jahren im Jahr der Altersgrenze für Adoptivmütter stehe, und daher keine große Hoffnung auf eine Zuteilung besteht. Trotzdem nehmen wir die Antragsformulare mit nach Hause, und ich träume von einem süßen, kleinen Kind, auf das ich meine hormonell angestauten Liebesenergien projizieren kann.

Tief drinnen weiß ich, daß du nie wirklich ein Adoptivbaby wolltest. Ich bin dir deswegen dankbar, daß ich in diesen Wochen, durch deine Zustimmung wider besserer Einsicht, die Möglichkeit hatte, mich selbst zu belügen.

Langsam komme ich über den Verlust hinweg und erhole mich von den Depressionen nach dem so abrupt abgebrochenen Glücksgefühl der Schwangerschaft. Ich habe die Antragsformulare nie abgeschickt.

Bockhorn und Uschi Obermaier. Mai '80

Dieses Jahr soll wohl nicht mein Jahr sein. Schon wieder liege ich im Krankenhaus. Diesmal wegen einer akut notwendigen Blinddarmoperation. Zum ersten Mal versorgst du über eine längere Zeit Torsten alleine.

Wieland und Doris sind inzwischen sehr eng mit dem Fotomodell Uschi Obermaier und ihrem Freund, dem Abenteurer Dieter Bockhorn, befreundet. Im vergangenen Jahr haben sie zwei riesige Wohnmobile in Hamburg ausgebaut, um damit ein paar Jahre quer durch Nordamerika zu reisen. Sie wollen dort alle zusammen ein Leben führen, das Uschi und Bockhorn schon zwei Jahre zuvor in Asien genossen haben.

Während meines Krankenhausaufenthaltes, so erzählt Wieland bei seinem Besuch, stehen die beiden Busse vor unserem Haus in München-Solln. Der weitgereiste und welterfahrene Dieter Bockhorn lacht, als er deinen VW-Westfalia-Bus in der Auffahrt stehen sieht und fragt dich, ob du allen Ernstes, »eine Königin wie mich, zusammen mit einem Kind in so einer Zigarettenschachtel durch die Welt chauffieren willst. Warum du bloß so kleinkariert denkst, warum du nicht einmal die ganze Scheißangst vergißt und einfach losziehst mit deiner Familie.« Du mißverstehst ihn völlig und entschuldigst dich fast schon, daß du ja Frau UND Kind hast und daß das alles viel komplizierter machen würde.

Da hast du dich nun völlig in dem vermeintlichen Macho, diesem Männermann, getäuscht: Bockhorn wünscht sich viele kleine »Bockhorns« und träumt davon, im Bus richtige Freigeister zusammen mit Uschi aufzuziehen. »Mit Wieland als Lehrer«, lacht er, »weil der jeden Quatsch erklären kann.« Er findet, daß du auf einer Distel sitzt und heulst, anstatt aufzustehen und dein Leben zu ändern.

Du erkennst, daß mein Bruder einen »Guru« gefunden hat, der auch dir Vorbild sein könnte. Dieser angstfreie Mann hat Erfolg, Geld, eine tolle Frau und führt ein Leben, von dem andere nur träumen. Mit wehmütigem Gesicht läßt du die vier mit den Bussen zur Hütte fahren, wo sie »probestehen« wollen, »weil das ja dort mindestens so schön ist wie die Flüsse und Wälder in Kanada oder Colorado«, wie Uschi schwärmt. Du spürst das erste Mal, daß die vielen Behinderungen, die du in deinem Leben siehst, nur Ausreden sind. Wenn du wirklich wolltest, wäre es ganz leicht, Abschied zu nehmen von »Roy Black«. Ich wäre sofort dabei, aber wie Uschis Partner gesagt hat, nicht in einem so beengten VW-Bus.

Als ich aus dem Krankenhaus heimkomme, wirkst du erschöpft. Torsten hat immer noch oft Ohrenschmerzen und schreit häufig in der Nacht. Er ist von Anbeginn an kein großer Schmuser gewesen, und jetzt hast du die Erfahrung gemacht, daß dein Sohn dich sogar wegstößt, wenn ihm nicht nach Knuddeln ist. Du fühlst dich zurückgewiesen und probierst es immer seltener, dich väterlich schmusend deinem Sohn zu nähern. Du weichst auf kumpelhaftes Raufen und Knuffen aus. Deine Familie entspricht so überhaupt nicht deiner Idealvorstellung. Und jetzt mußtest du durch den Besuch der vier Busreisenden auch noch erkennen, daß du selbst deiner eigenen Selbsteinschätzung nicht nahekommst: ein Abenteurer zu sein, der in freier Wildbahn seine Familie nährt und schützt.

Da mußt du wohl Bestätigung auf einer anderen Ebene suchen. Am zweiten Tag nach meiner Heimkehr ruft eine Andrea an. Du nimmst von mir den Hörer und flüsterst: »Ich kann jetzt nicht, ich ruf' später zurück.«

Ich frage mit gebremster Explosionskraft, wer das denn war. »Ach, nichts, das war eine alte Bekannte.«

Ein paar Tage später ruft mich eine *gute Freundin* an, um mir wie *zufällig* davon zu erzählen, daß sie dich mit einer Blondine in einer Disco gesehen hat.

Du spielst gerade mit Torsten und vertiefst dich sofort noch mehr darin, als ich dich zur Rede stelle.

»Ich werde dir das alles gleich erklären, Schatz«, versprichst du, Zeit gewinnend.

»Also weißt du«, beginnt deine Ausrede, »die Andrea hat mir leid getan. Die war nämlich noch nie in einer Diskothek, ihr Freund mag das nicht.«

Ich weiß nicht, ob du allen Ernstes wegen deines Großmutes ein Lob von mir erwartest, oder ob du mich für vollkommen naiv hältst. Ich weiß nur eins: Mit mir warst du noch nie in einer Disco. Du haßt das Gestarre und tanzt nur ungern. Ich habe das akzeptiert und nie wieder um einen Abend gebeten.

Aber für diese Andrea hast du dich sogar *geopfert*. Das muß einen so großen Eindruck gemacht haben, daß sie ohne dich zu erblinden droht, wie mir ihre besorgte Mutter am Telefon mitteilt. Trick oder Wahrheit? Ich werde es wohl nie erfahren. Auch nicht, ob du sie getröstet hast, »damit sie nicht geblendet wird.«

Ich erkläre dir zum hundertsten Mal, daß ich deine besondere Situation unterwegs verstehe und nicht nach Affären fragen will, die mich nicht berühren, die mir nichts nehmen. Aber wenn du so weit gehst, mit anderen Frauen Anstrengungen zu unternehmen, die du dir nie für mich abverlangt hast, stellt das eine andere Art Seitensprung dar.

Ich habe nicht das Gefühl, daß du mich wirklich verstehst. Ich glaube, du siehst dich eher als Spielball, als Opfer dieser Frauen.

Es ist wohl auch leichter mit hundert Frauen einmal zu schlafen als mit einer Frau hundertmal.

Umzug nach Deisenhofen '81

Am Ende dieses so schweren Jahres 1980 entlädt sich deine Unzufriedenheit an unserem kleinen gemieteten Haus in Solln. Plötzlich ist es nicht mehr standesgemäß, nicht repräsentativ und überhaupt, wir könnten seinetwegen nie »echt gute Typen« einladen.

Ich bin nicht ganz sicher, welche »echt guten Typen« noch zu deinem Wetttrinken kommen sollen. Selbst dein ›Guru‹ Fred hat schnell wieder Abstand genommen von diesen Räuschen, in denen du stundenlang davon schwadronierst hast, was die Menschen noch alles von dir zu erwarten hätten und was du von der Welt noch alles erkunden wolltest.

Trotz meiner Zweifel entspreche ich deinem Wunsch und suche ein neues, ein eigenes Zuhause für uns.

»Ihr Haus in der Sonne«, verspricht nach wochenlanger Suche eine Anzeige. Das muß es sein, denke ich spontan, und verabrede einen Termin mit dem Besitzer für den nächsten Mittag.

Das Haus entpuppt sich als ein wirklicher Traum: Alle vier Zimmer liegen zum Süden. Der Baustil erinnert ein wenig an ein Bauernhaus, und die Nähe zum Nobelvorort Grünwald gibt ihm eine standesgemäße Adresse. Durch die nahe Autobahn sind wir trotz der ländlichen Gegend in einer halben Stunde in Münchens Zentrum. Vieles in der Villa ist zwar noch renovierungsbedürftig, aber ich erkenne, durch viele Umzüge geschult, daß wir in diesem Haus all unsere Träume vom Landhaus in der Stadt verwirklichen können.

In den folgenden Wochen sind wir eifrig damit beschäftigt, alle möglichen Zeitschriften rund ums Wohnen und Einrichten zu wälzen. Wir träumen von urwüchsigen, dicken Balken, Sprossenfenstern, Holzvertäfelungen, von einem Kamin und natürlich einem Kachelofen. Wir wollen endlich unsere geliebte Hütte und den Hof mit einem Stadthaus versöhnen.

Beschwingt gehst du wieder mit deiner eigenen Band auf Tour. Von unterwegs rufst du hin und wieder an und erzählst mit deinem so typischen Galgenhumor, wie du vor Auftrittsbeginn so manches Mal am Guckloch des Bühnenvorhanges stehst und deinen Kumpels zurufst: »Jungs, wir sind wieder in der Überzahl.«

Unsere Umbauvorstellungen entpuppen sich als sehr schwer umsetzbar. Und ich habe als Frau zusätzlich noch Probleme, mich gegenüber den Handwerkern durchzusetzen.

Monat um Monat ziehen sich die Arbeiten dahin.

Im Juni '81 ist es endlich soweit: Wir ziehen um. In der Doppelgarage stapelt sich unser auf einhundert Kisten angewachsener Besitz. Drei endlos lange Wochen packe ich Hunderte von Büchern aus, ordne Kleidung und Dekogegenstände ein, hänge wieder einmal unsere an die einhundert Bilder auf, bis es schließlich noch großzügiger und herrschaftlicher aussieht, als wir es uns jemals erträumt haben. Sogar eine Geschirrspülmaschine nenne ich nun mein eigen.

Neugierig kommst du von einer kleinen Auftrittstour zurück und erkundest nach genüßlichem Probesitzen in unserer Bauernstube dein Partyreich im Keller. Dort haben wir dir auf Wunsch eine vollständige Wohnung für die Nächte eingerichtet, in denen du allein oder mit Freunden von Auftritten nach Hause kommst, noch trinken und auf deiner Super-HiFi-Anlage laut Musik hören kannst, ohne Rücksicht auf Torsten oder mich nehmen zu müssen.

Unser jetzt fünfjähriger Sohn war erst nicht begeistert, seinen vertrauten Kindergarten verlassen zu müssen, genießt aber dann schnell sein neues Reich, da es viele Nachbarkinder in seinem Alter gibt, und es ihm schnell gelingt, zu deren Anführer aufzusteigen.

Im nahen Wald unternehmen wir zusammen mit Torsten und Tolkin Touren. Oft genießen wir nach einem langen Spaziergang durch die Wildnis die Einkehr in einer der umliegenden, urigen Bauernwirtschaften. Und abends machen wir es uns vor dem Kamin unseres Luxusbesitzes gemütlich.

Rein äußerlich gesehen, stimmt jetzt alles.

Bierzeltauftritte. Frühjahr '82

Die Demütigungen, die du bei deinen Bierzeltauftritten ertragen mußt, lassen eine grenzenlose Wut in dir wachsen. Verzweifelt erzählst du mir, wie betrunkene Pöbler mitten in deine Liebeslieder: »Schnulzenheini«, »Versoffener Penner« oder Schlimmeres brüllen. Jetzt hält sich die Presse auch nicht mehr zurück. Sie fällt bei jedem öffentlichen Ausfall genüßlich, ja fast hämisch über dich her. Einmal läßt du dich sogar dazu hinreißen, dich mit einem der betrunkenen Zuschauer zu prügeln.

Du fühlst dich entsetzlich erniedrigt, bist zu Hause völlig überreizt und wirst immer häufiger aggressiv.

Ich kann gut nachempfinden, daß solche Demütigungen Haß und Zerstörungslust an die Oberfläche bringen. Du fühlst dich bei jeder Kleinigkeit mißachtet.

Was ich aber überhaupt nicht verstehen kann, ist, daß du dein Leid überall *herausschreist* und jeden geduldigen Interviewer als seelischen Abfalleimer benutzt.

In den Augen der anderen hast du eine tolle Familie, ein herrschaftliches Haus, einen großen Namen, Erfolg bei Tausenden von Frauen und siehst im wahrsten Sinne des Wortes blendend aus. Trotzdem erwartest du Mitgefühl und Verständnis von der Öffentlichkeit für dein Verlieren. Vergeblich, du bekommst es nicht.

Und jetzt plötzlich bin ich schuld daran, daß du ständig unterwegs sein mußt. Plötzlich bin ich es, die dieses luxuriöse Anwesen unbedingt gegen das kleine Haus in Solln tauschen wollte.

Wie schon seit Jahren äußerst du auch jetzt wieder deinen Unmut darüber, daß ich Torsten nicht fotografieren lassen will. Er soll nirgends als Sohn von dir behandelt werden und das Recht auf seine Anonymität behalten.

Das reizt dich bis aufs Blut: »Verdammt noch mal, wir

sind eine Familie, und jeder muß seinen Teil dazu beitragen, daß Geld hereinkommt, vor allem in dieser Zeit, wo ich nicht mehr so gut verdiene. Ich bin nun mal Schlagersänger, und Fotos gehören dazu.« Aber nicht die von unserem Sohn, finde ich.

Daraufhin stürmst du wie wild in Torstens Zimmer, kommst mit beiden Händen voller Spielzeug zurück und brüllst: »Und wovon meint ihr, können wir dies alles kaufen? Der Kerl hat Sachen für mindestens zehntausend Mark dort herumliegen, und ich prostituiere mich vor besoffenen Vereinsmeiern für zweitausend und weniger.«

Deine allmählich an Verfolgungswahn grenzende Existenzangst führt dazu, daß du mir auch immer häufiger meine Ausgaben vorwirfst, egal, ob es ein Paar Stiefel oder für Torsten im Reformhaus gekaufte Lebensmittel sind. »Du machst mich wahnsinnig mit deinen teuren Kisten aus diesen Gesundheitsapotheken«, fluchst du. »Aber Dicker«, versuche ich dich zu besänftigen, »du weißt doch, daß Torsten diese Dinge braucht. Du gönnst dir ja auch die teuersten Weine, und willst du das nicht auch für die Ernährung deines Sohnes ...?« »Nein!«

Ich lache nur noch bitter. Meine Mutter hatte mir geraten: »Nimm doch nicht alles so furchtbar ernst, was Roy so von sich gibt, Silke.«

Ich bin es leid, mich auf stundenlange, verletzende Diskussionen einzulassen, ich will nicht mehr Blitzableiter deiner Wutausbrüche sein.

Aus Frustration wirst du immer liebloser und läßt dich gehen. Zu Hause läufst du nachlässig herum. In den wenigen Tagen deiner Anwesenheit erwartest du, daß sich jeder auf dich einstellt, sobald du durch die Tür kommst. Torsten ist gewohnt, mit Tempo 100 und lautem Indianergebrüll durchs Haus in den Garten zu toben. Immer wieder schreist du ihn an, daß du in Ruhe telefonieren mußt, kannst dich aber nicht aufraffen, deine Gespräche generell vom abgeschirmten Gästezimmer aus zu erledigen.

Du sagst, du fühlst dich langsam als Fremder im eigenen Haus.

In dieser Zeit der Verzweiflung über deine Musik ziehst du dich oft in den kleinen schallisolierten Kellerraum zurück und versuchst tagelang, eigene Melodien zu komponieren. Du sitzt dann mit deiner Gitarre aus alten Zeiten vor deiner Stereoanlage und kombinierst verschiedene Griffe miteinander. Manches gelingt dir so gut, daß du dir sogar euphorisch einen Text dazu einfallen läßt. Doch immer wieder landet das Ergebnis deiner Bemühungen in der Schublade. Du hast nicht genügend Selbstvertrauen und weißt auch nicht, wem du die Lieder vorspielen könntest.

Du schreibst Gedanken über die Sinnlosigkeit des Lebens in dein Tagebuch. Du willst später einmal eine Art Biographie daraus machen, eine Mischung aus Bukowski, Schopenhauer und Henry Miller. Du fändest es ein großes Geschenk, selbst Schriftsteller sein zu können: dein Elend und deine tiefsten Sehnsüchte in echten Worten und ohne »Tralala« den Menschen nahezubringen – und nicht das gesamte Leben einfach so wegrutschen zu lassen.

Morgens beim Frühstück

In Phasen der zusehends seltener werdenden Verständigung frage ich dich, warum du immer häufiger und endloser trinken mußt. »Weil ich den Kämpfen in mir zu entkommen versuche. Ich kann die schöpferische Wut des Suffs nicht ins Nüchterne übertragen. Lange bevor ich anfange zu trinken, bin ich schon im Kopf vorbereitet auf den Absturz. Ein paar Tage schwelt dieses Gefühl in mir, dann bricht es aus. Nichts ist dann kontrollierbar, ich will dann jedes Gestern, jedes Morgen, jegliche Angst und alle Sentimentalitäten beiseite fegen. Ich will dann nur noch sein. Das Aufwachen aus diesem Gefühlslabyrinth, aus diesem Chaos, läßt mich die Schönheit der Ordnung, die Schönheit des Alltages wieder genießen. Ein paar Tage überlebe ich dann ohne das Gefühl, alles erlebt und doch alles verpaßt zu haben.«

In diesen Augenblicken des Versuchs der Ehrlichkeit frage ich dich manchmal, ob du denn nicht etwas gegen den Alkoholismus unternehmen willst, vielleicht die Pille nehmen, von der wir gehört haben – die dich beim ersten Schluck Wein hundeelend fühlen ließe.

Immer wieder reden wir über diese Möglichkeit.

Am Ende entscheidest du dich dagegen: »Dicke, ich bin zwar alkoholabhängig, aber auch tief depressiv. Der letzte Spaß, den ich wirklich habe, wäre mir doch mit dieser Pille genommen.«

Alkohol. Mai '82

Etwas in mir läßt es zu, daß ich lieber jede Vernachlässigung und Erniedrigung erdulde, als dich zu verlieren.

Unsere schönen und kriegerischen Jahre, das ganze kreative Chaos, können doch nicht einfach so im Nichts auslaufen.

Oft finde ich jetzt beim Aufräumen Weingläser oder Weinflaschen hinter Blumenvasen oder Büchern versteckt. Du hast angefangen, schon mittags Alkohol zu trinken. Schamhaft versuchst du, den Eindruck zu erwecken, es wäre »ja immer nur ein kleiner Schluck für den müden Kreislauf«. Vielleicht glaubst du ja selbst an diese Lüge. Ich kann es nicht. Trotzdem habe ich bisher dazu geschwiegen. Denn ich leide mit dir, wenn du ungewollt eine Spannung verspürst, zwischen deiner Sehnsucht, es allen zeigen zu wollen, und deiner ständigen Angst, es nie wieder zu schaffen.

Man spürt in deiner Gegenwart dein Schamgefühl, daß du dich mit dem Abstieg der Kunstfigur Roy Black persönlich als Mensch zutiefst gescheitert siehst.

Du hast im Laufe der Jahre zuviel von Gerd Höllerich in diese Figur gepackt, als daß du in dem Mißerfolg dieser Rolle nur einen »verlorenen Job« sehen kannst.

All die Jahre, in denen du die übergroße Aufmerksamkeit bekommen hast, hast du sie nicht gebraucht, sie war eher lästig. Jetzt, wo du danach dürstest, bekommst du sie nicht mehr. Oder nur sehr vereinzelt. Das Publikum vergibt seine Liebe dann, wenn es ihm paßt und nicht, wenn du sie wirklich brauchst, erkennst du nun.

Wieder wirst du in deinen Augen enttäuscht von den

Menschen, die dich genau »dann im Stich« lassen, wenn du ihre Liebe einforderst.
Eines Morgens verabschiedest du dich, um im nahegelegenen Bodybuilding-Club deinen untrainierten Körper wieder in Form zu bringen. »Dicke, ich quäl' mich schnell eine Stunde, und dann gehen wir vorm Essen noch mit Tolkin Gassi.« Es ist zehn Uhr vormittags.

Ich flitze durch unser herrschaftliches Haus, erledige die notwendigsten Handgriffe, gehe kurz einkaufen und bereite das Mittagessen vor.

In »Räuberzivil« und froher Erwartung setze ich mich gegen zwölf in die Bauernstube und lese einen sonnendurchfluteten leichtlebigen Brief von Wieland, der inzwischen mit seinem Bus in Sonne, Sand und Meer von Ibiza gelandet ist, und träume von einem unbeschwerteren Leben im Süden.

Es wird später und später. Gegen vier wird mir klar, daß du wieder beim Weinhändler direkt neben dem Fitnessclub hängengeblieben sein mußt.

Torsten stürmt gegen fünf vom Spielen ins Haus, und meine Angst wächst, daß er dich wieder einmal betrunken erleben könnte. Bisher habe ich solche Begegnungen mehr oder weniger verhindern können, da unser Sohn sehr früh schlafen ging und du erst danach angefangen hast, richtig zuzuschlagen. Doch diese stillschweigende Grundvoraussetzung unseres elterlichen Arrangements verletzt du in letzter Zeit immer häufiger.

Ich habe vor meiner Schwangerschaft sehr oft mitgetrunken und unsere Exzesse trotz allem auch genossen.

In den letzten sieben Jahren haben mich jedoch die berechtigten Ansprüche von Torsten stark diszipliniert.

Die erschrockenen Augen eines Kindes, das die Eltern betrunken, verwirrt und irgendwie irre erlebt, geben einen sehr engen Lebensraum ab.

Torsten ist jetzt sechs und fragt immer häufiger, warum du so blöde guckst und ihm keine Antworten gibst. Ich finde immer weniger Überzeugungskraft, dein Verhalten zu erklären. Nur den berüchtigten *nächsten Tag nach einer schlimmen Nacht* kann ich noch mit späten Terminen und Überarbeitung glaubhaft darstellen.

In letzter Zeit traue ich mich kaum noch aus dem Haus, wenn du angefangen hast zu trinken.

Gegen sechs wankst du heute zur Tür herein, ausgelassen und ohne jegliches Schuldbewußtsein.

Ich bin wütend. Du weißt überhaupt nichts mehr von unserer Verabredung: »Ja, Kruzifix, darf man hier denn überhaupt nicht mehr tun, wozu man Lust hat? Ist es denn jetzt schon verboten, seinen Körper zu stählen und ein paar gute Tropfen zu testen?« beschwerst du dich lautstark und rutschst beim Ellenbogenaufstützen unglücklich ab.

Du landest auf dem Fußboden, ein aus dem Kühlschrank ergattertes Kotelett fest in der Hand haltend. In diesem Moment siehst du Torsten ins Zimmer kommen, wechselst automatisch deinen Tonfall und spielst Hund. Du kriechst über unseren Stubenteppich, nagst und frißt den Knochen ohne Hände, so wie Torsten es von Tolkin kennt – mit dem Ergebnis, daß dein Vorderzahn abbricht. Wir alle lachen. Du siehst echt komisch aus, und ich bin erleichtert, daß Torsten die Zusammenhänge für dein Verhalten nicht durchschaut hat.

Gepfändet. August '82

Du, der nie so recht einsehen wollte, daß er seine Filmdialoge oder Schlagertexte auswendig lernen sollte, hast vor Monaten mit erstaunlicher Disziplin die Verkehrsregeln gepaukt und dann die Motorradführerscheinprüfung bestanden. Seit du stolzer Besitzer einer schweren Honda bist, sehe ich dich noch seltener.

So bin ich allein, als in diesem Sommer ein Herr an unserer Gartentür klingelt und sich als Finanzbeamter vorstellt: Er will im Hause pfänden. Mein Protest, daß das Haus mir gehört, verhallt, ohne merklichen Eindruck zu hinterlassen. Ungerührt will dieser Mensch seinen »Kuckuck« auf einige Wertgegenstände kleben. In wütender Panik versuche ich deinen Anwalt zu erreichen, was mir nicht gelingt. Verzweifelt schleppe ich den Beamten mit zur Bank und hebe von unserem Hypothekenkonto, von dem wir seit Monaten leben, 25 000 Mark ab und händige sie dem Beamten vor der Bank mitten auf der Straße mit ungutem Gefühl aus.

Ein Nachbar kommt in diesem Augenblick vorbei und grüßt grinsend. Ich werde verlegen: Weiß der, was hier gerade vor sich gegangen ist? Kennt der den Beamten vielleicht? Steht es morgen in der Zeitung?

Weiß es bald der ganze Umkreis, daß wir gepfändet wurden? Ich fühle jeden Blick auf mir ruhen.

Ich habe entsetzliche Angst, daß uns nun der Schutz des Vermögendseins auch noch genommen werden könnte. Torsten kommt bald zur Schule, und ich möchte ihn davor bewahren, gehänselt zu werden.

Du bist endgültig in den Keller gezogen. Seitdem ich dich mit deinen weltumfassenden Vorwürfen nicht mehr ganz so ernst nehme, redest du immer seltener mit mir und jetzt seit Tagen überhaupt nicht mehr.

Ich flehe dich an, wegen Torsten und Weihnachten, dein kindisches Verhalten aufzugeben. Vergeblich.

An Heiligabend kommen deine Eltern und deine Oma zu Besuch. Trost suchend beichte ich deiner Mutter, daß ich es wahrscheinlich nicht mehr lange aushalte. Das erste Mal denke ich ernsthaft an Scheidung. »Mädle, du mußt als Frau in guten wie in schlechten Zeiten zu deinem Mann halten«, sagt die Frau, die selbst die heftigste Angst vor deinen ungezügelten Ausbrüchen im Suff hat.

Torsten zuliebe essen wir alle zusammen. Du redest, für alle erkennbar, ausschließlich mit deiner Familie. Ich bin Luft für dich.

Nach der Bescherung verschwindest du grußlos im Keller, und wir sehen dich nur etwa alle zwei Stunden, wenn du deinen Wodkanachschub organisierst.

Torsten schaut jedesmal unglücklich zu mir rüber, wenn du um die Ecken schwankst. Wir zünden die Kerzen an dem riesigen Tannenbaum an und versuchen mit lauter Weihnachtsmusik die Melancholie deiner überlauten russischen Chöre im Keller zu übertönen.

Mir wird schwindlig, ich habe schwere Kreislaufstörungen, etwas, das ich bis dato nicht gekannt habe.

Ich weiß, daß ich handeln muß: Ich kann unseren Sohn nicht länger belügen und damit schützen.

Er sieht dich in letzter Zeit so häufig betrunken, daß er

dich schon aus dem Stehgreif imitieren kann. Sein schauspielerisches Talent amüsiert mich und gleichzeitig stimmt es mich ungeheuer traurig.

Auch noch am zweiten Weihnachtsfeiertag hockst du mit Joe Cockers Musik im Keller und schweigst.

Meine Kreislaufschwäche wird immer stärker, alles dreht sich um mich herum. Ich bekomme Angst, umzufallen und ohnmächtig liegenzubleiben. Ein herbeigerufener Notarzt kann kein körperliches Gebrechen erkennen und bringt mich zur Beobachtung in die nächste Klinik. Mir ist sterbenselend. Gäbe es nicht Torsten, wäre da nur noch der Wunsch, endlich für immer einzuschlafen. Die Idee einer schweren Krankheit, die ich in mir entstehen fühle, ist nicht meßbar. Ich werde auch aus der Klinik als körperlich gesund entlassen.

In meiner Verzweiflung telefoniere ich mit meiner Mutter, die meine Gefährdung (wie vielleicht viele Frauen) sehr gut zu kennen scheint: »Kind, spürst du denn nicht, daß dieser Mann dein sicherer Tod ist? Du mußt dich seiner Zerstörungswut entziehen. Sofort!« Auf ihr Verlangen gebe ich dir den Hörer. »Roy, willst du Silke töten, oder was ist deine Absicht?« schreit sie dich so laut verzweifelt durch den Hörer an, daß ich es mitbekomme. »Ich erwarte, daß du auf der Stelle das Haus verläßt. Hörst du?« Du sagst nichts, leichenblaß nimmst du ein paar Sachen und gehst.

Erschöpft, aber nicht mehr ganz so schwindelig, lege ich mich ins Bett. Ich weiß, ich muß weg hier. Ich will in die Nähe meiner Familie. Ich beschließe, in die Stadt bei Hamburg zu ziehen, wo drei meiner vier Brüder leben. Schon am nächsten Tag kommt Wieland eingeflogen, um mich mit Kind, Hund und ein paar Kleidern in meinem Golf nach Hamburg zu fahren. Er ist so damit beschäftigt, mich seelisch aufzupäppeln und mich von trüben Gedanken abzulenken, daß wir mindestens zwei oder drei Abfahrten verpassen und auf einem riesigen Umweg über das Ruhrgebiet nach Hamburg gelangen.

»Ich wollte dir nur mal so nebenbei unser schönes Deutschland zeigen«, lacht er.

Wie durch ein Wunder geht es mir wieder gut.

Trotzdem fühle ich tief in mir mit unendlicher Wehmut, daß ich den Kampf um unsere Liebe Schritt für Schritt verliere.

Dr. Peter S. und die Buchführung. Frühjahr '83

Während der Suche nach einem Domizil, erhole ich mich bei meiner Mutter auf Sylt. Sie wollte zwar nie wieder von mir dafür benutzt werden, mich zu stärken fürs Weitermachen, aber die Vorbereitungen zum Umzug nach Uetersen geben ihr die Sicherheit, daß ich offenbar diesmal endgültig durchhalten will.

Ich bin wie befreit. Endlich jemand, der MICH und MEINE Ansprüche wahrnimmt und MIR zuhört.

Sie wirkt auf mich lebenslustig und stark. Bei ihr schöpfe ich wie schon so oft langsam wieder Kraft.

Ich spüre deine Hilflosigkeit deinem Anwalt gegenüber und beschließe als letzte Liebesgeste, deinen ›Freund‹ dazu zu bringen, endlich detailliert offenzulegen, wohin die Gelder und Zinsen aus dem Verkauf deiner Immobilien und deinen anderen Einnahmen geflossen sind.

Ich möchte für dich in Erfahrung bringen, was nun wirklich noch da ist und was wir inzwischen verbraucht haben. Seit jetzt schon fünf Jahren habe ich nur ganz selten einen Beleg und noch nie einen Kontoauszug oder gar eine Abrechnung erhalten.

Nach drei Wochen schickt sein Büro die von mir für dich geforderte Aufstellung sämtlicher Einnahmen und Ausgaben. Wieder sieht für mich alles heruntergetippt und nachträglich konstruiert aus. Dein Berater Dr. Peter S. hat so viele Transaktionen und die verschiedensten Geschäfte mit den Käufen, Verkäufen, Zinsen und Einnahmen getätigt, daß ihm dabei selbst der Überblick abhanden gekommen sein muß, denn scheinbar hat er deine bei ihm auf inzwischen fast 500 000 D-Mark angelaufenen Schulden bis jetzt überhaupt nicht bemerkt.

Mein extra aus Hamburg eingeflogener Anwalt meldet sich für einen Freitagnachmittag an, um Akteneinsicht zu nehmen, muß aber unverrichteter Dinge wieder abziehen, da plötzlich ›Büroschluß‹ ist und das Wochenende beginnt.

Es folgen lange Briefwechsel, bis meine Rechtsberater und auch ich immer verwirrter werden.

Hinzu kommt, daß ich den Eindruck gewinne, daß die verschachtelten Aktionen unseres Finanzverwalters meinem Hamburger Anwalt irgendwie imponieren: »Ich habe da sehr viel gelernt«, betont er noch Jahre später.

Dr. S. will sich anscheinend nicht endgültig in die ›Karten schauen lassen‹. Mit diesem Eindruck und großer Hilflosigkeit akzeptiere ich einen Vergleich. Du bist wütend. Jetzt endlich auch auf S. Wir verkehren nur noch über meinen Anwalt mit ihm. Du hast noch deine Wertpapiere, aber trotz laufender Einnahmen von dir, Zinserträgen und Mieteinnahmen, hat dein Berater dich nach fünfjähriger Arbeit offenbar nicht wie von dir erhofft reicher werden lassen, sondern du stehst meiner Meinung nach auch nicht besser da als vor dem Beginn seiner Tätigkeit.

Denn nahezu alles, was wir noch haben, ist das Haus in Deisenhofen, das meine Absicherung im Falle einer Trennung sein sollte.

Und du hast immer noch eine Million Steuerschulden?

Oder hat Dr. S. diese inzwischen getilgt? Wir beide jedenfalls verstehen das alles nicht mehr.

Mein älterer Bruder Eike, der inzwischen ein riesiges Veranstaltungszentrum in Uetersen betreibt, findet im nahen Moorrege schon bald eine Unterkunft für mich und Torsten. Doch vorerst bleiben wir auf Sylt.

Einsamkeit. April '83

Es ist April, und die Wolken hängen schwarz und schwer unter dem Nordseehimmel. Draußen und in meiner Seele tobt ein Sturm. Gerade bin ich aus Hamburg zurückgekehrt.

Du wolltest Torsten zu dir an die Hütte holen, und wir hatten uns darüber verständigt, uns am Flughafen Fuhlsbüttel zu treffen, um unseren Sohn, der noch Angst hat wegen der Notlandung damals in Portugal, nicht alleine fliegen zu lassen.

In alter Gewohnheit mache ich mich mit besonderer

Sorgfalt schön: Ich will dir klarmachen, wen du verloren hast. Es soll dir wenigstens leid tun.

Am Flughafen bekomme ich, völlig gegen meinen Willen, bei dem Gedanken, dich gleich wiederzutreffen, weiche Knie. Mein Herz klopft bis zum Hals. Du kommst mir entgegen, sehr ernst... aber auch sehr gestylt. Obwohl wir unsere Gefühle im Beisein von Torsten sehr kurz und sachlich zu überspielen versuchen, spüren wir beide, daß da noch Glut unter der Asche ist.

Später sollte mir die Freundin deines Bruders erzählen, daß du nach diesem Treffen gesagt hast: »Da sieht man eine wunderschöne Frau auf sich zukommen, merkt plötzlich, daß es die eigene ist und begreift, daß man sie verloren hat.« Dabei hättest du geweint.

Mehr hastend als elegant gehend, erreiche ich, wie auf der Flucht vor meinen Gefühlen, den Schnellzug zurück nach Westerland – zurück zu meiner Mutter, die erschüttert ist, als sie intuitiv erfaßt, wie stark das Treffen mich berührt hat. Sie ahnt, was sie immer befürchtet hat: Daß ich auch »dieses allerletzte Mal« mit ihrer Unterstützung so stark geworden bin, daß ich dir gegenüber wieder schwach zu werden beginne. »Oh Gerd, mein *geliebtes Scheusal*, warum kann unsere Liebe nicht einfach den Berg versetzen, der dich vom Leben abschneidet?«

Der letzte Versuch. Ende April '83

Meine Mutter bedrängt mich immer heftiger: Ich soll so reagieren, wie sie es für richtig hält.

Sie kann meinen »todessehnsüchtigen Masochismus« nicht verstehen. (Kann ich es?)

Sie will es auch nicht mehr, nie wieder.

»Mach, was Du willst, aber in Zukunft ohne mich!«

Ich schlafe seit zwei Tagen im gegenüberliegenden Haus meines jüngeren Bruders. Ohne meinen Sohn und von meiner Mutter unter Druck gesetzt, kann selbst Wieland, der auf der Insel seine Bilder ausstellt, mich nicht aufheitern. Und der immer trauriger dreinblickende Tolkin erinnert mich auch nur ständig an ein teilweise glückliches Familienleben.

Frühmorgens rufe ich meine Freundin in München an und frage sie, ob ich ein paar Tage bei ihr wohnen kann.

Ich will nur weg von der Insel. Raus aus diesem tiefen Loch der Verlassenheit.

Nach einer Abstand bringenden Autofahrt lande ich am Abend mit Tolkin in München und ertränke zusammen mit Karin meinen Kummer in ein paar Bierchen.

Aus alter Gewohnheit möchte ich spät am Abend *nach Hause* in unsere Villa in Deisenhofen.

»Aber da kannst du doch nicht hin, da ist doch der Gerd«, versucht Karin mich zu stoppen. »Keine Gefahr! Der wohnt mit Torsten bei Oma Else in Augsburg«, antworte ich und bestelle mir ein Taxi.

Erschöpft falle ich kurz darauf in unserem Haus ins Bett. Übernächtigt und vom Alkohol leicht entstellt, gieße ich spät am nächsten Morgen einen Tee auf.

Ich schlurfe gerade mit völlig zerrissenen Gefühlen ins Wohnzimmer, da stehst du vor mir wie aus dem Nichts auftauchend.

Ich sehe mich vor meinem geistigen Auge so *geschlampert* herumstehen, daß ich nach langer Zeit wieder einmal rot werde. »Was machst du denn hier?« stottere ich in die peinliche Stille. »Ich mußte was für Torsten holen, der noch bei meinen Eltern ist. Aber die Frage könnte ich ja wohl eher dir stellen, oder?« lächelst du mich unsicher an.

Das ist nun alles wirklich zuviel für mich: Ich werde regelrecht geschüttelt von den hervorbrechenden Tränen, die sich so lange angestaut hatten. Da nimmst du mich sanft in deine Arme, führst mich in unsere Bauernstube und sagst fürsorglich: »Setz dich erst einmal hin. Ich gieße inzwischen den Tee um.« Danach nimmst du neben mir Platz und wir reden.

Stunde um Stunde. Du hörst mir zu und schaust mich so warm an wie schon lange nicht mehr: »Schatz, ich liebe dich. Du bist die einzige, die ich je geliebt habe und die ich unbedingt zur Frau haben wollte. Komm bitte zurück zu mir, ja?«

Mein Blick öffnet sich wieder stärker für deine Sichtweise unserer Problematik.

»Versteh mich doch! Wir alle haben eine private Persönlichkeit und einen Job. Wenn irgendjemand seine Arbeit verliert, sitzt er plötzlich zu Hause herum und stört die eingespielten Kreise seiner Familie. Er ist ein Gast und fühlt sich minderwertig ohne Arbeit und zusätzlich als Fremdkörper. Silke, ich habe nicht nur meine Arbeit, sondern mit ihr auch meine Identität verloren.

Ein Otto Normalverbraucher kann wieder eine neue Arbeit finden, ich kann nie wieder Roy Black sein, weil das gleichbedeutend ist mit Erfolg, Sorglosigkeit und blendendem Dasein.

Ich verdiene immer noch viel mehr beim Tingeln als die meisten anderen, aber in Deutschland bedeutet weniger gewinnen schon verlieren.

Ich fahre anstatt eines Mercedes jetzt einen Volvo, und schon bin ich für einen von Golf auf Passat Gewechselten ein Verlierer.

Ich sitze immer häufiger hier zu Hause herum und muß mich plötzlich mit dem Alltag herumquälen.

Ich erwarte von dir und unserem Sohn die Bewunderung, die ich sonst von Tausenden bekommen habe. Das klappt nicht. Ich bin wohl kein Mann für jeden Tag. Ich finde keinen Mittelweg zwischen meiner Freiheit und Anpassung an meine Familie, zwischen Vereinigung und Abgrenzung.

Ich konnte all die Jahre abstürzen, fremdgehen und alles herumliegen lassen, wenn ich Monate unterwegs war. Jetzt wird alles von euch beobachtet. Es gibt keinen Rückzug mehr. Jede Nacht gemeinsam einschlafen, jeden Morgen zu zweit aufwachen, auch in verkaterten und depressiven Zeiten? Genervtsein statt Lust, Alltag anstelle von Sonntag? Ich kann das nicht. Ich versuche durch mein Trinken das Leben zu einem Fest zu machen und spüre nur immer stärker das Nichts, aus dem ich jedesmal auftauche: jedes Mal ein Stück kleiner. Aber ich möchte für uns versuchen, ohne Alkohol auszukommen, Schatz. Vielleicht ist das ja die Lösung.«

Ich verstehe dich. Ich bin gerührt durch deine Erklärungen und deinen Vorschlag und fühle eine große Kraft in mir. Ein leises Mißtrauen bleibt, denn ich mußte bisher nicht deine Absichten, sondern deine Handlungen erdulden.

Wir wollen spazierengehen, frische Luft tanken, miteinander durchatmen. So wie früher. Euphorisch schminke ich mein entgleistes Gesicht auf »Mensch«, und los geht's.

Wir schlendern Hand in Hand über bekannte Wege, freuen uns über Tolkins Glückssprünge und kehren nach Stunden in *unserer* Bauernwirtschaft ein. Ich brauche jetzt ein Bier, du bleibst bei Tee.

Mein Gott, wie habe ich unsere Touren vermißt. Trotz allem! Wieder zu Hause, gehen wir irgendwie schüchtern aufeinander zu. Es gibt nach dem anfänglichen Sturm in unserer Beziehung und der darauffolgenden Zeit der Vernachlässigung etwas Neues zwischen uns: Eine Wärme und Zärtlichkeit, die wichtiger ist und mich stärker berührt als der wildeste Sex.

Am nächsten Tag bringt dein überglücklicher Vater Torsten, der sofort ängstlich fragt: »Mama, bleiben wir jetzt auch wirklich für immer zusammen? Müssen wir beide nicht mehr weg von Papa?« »Nein, nie mehr, mein Schatz«, spreche ich ihm gegenüber meine innigste Hoffnung aus.

Kaum ist der Satz heraus, tobt unser Sohn jubelnd auf die Straße, um die Rückkehr des »Straßenkönigs« zu verkünden.

Du bist in diesen Tagen und Wochen ganz nah bei mir. Über dich selber verzweifelt, versuchst du ernsthaft, daran zu denken, einen Entzug zu machen.

Ich rufe meinen väterlichen Freund Professor Hackethal an, der mir mit Torstens entzündlichen Krankheiten sehr geholfen hat und erreiche seine Zustimmung, dir zu helfen. Du willst unbedingt, daß ich mitkomme und dabei bin. Doch als alles arrangiert ist, entscheidest du dich im letzten Augenblick dagegen.

»Ich schaffe das auch so. Ich lasse mich nicht entmündigen«, erklärst du deine Angst vor der vermeintlichen Leere nach dem *Immer-voll-Sein*.

Du hältst die Abstinenz erstaunlich gut durch. Von deinen Spaziergängen mit Tolkin, der die entspannte Situation sichtlich genießt, bringst du regelmäßig Feldblumensträuße mit nach Hause. Fast täglich höre ich, wie sehr du mich liebst und wie sehr du mich begehrst.

Ich fühle mich nach langer Zeit wieder als Frau und nicht als Nur-Mutter.

Ich habe durch diese letzte von vielen Trennungen gelernt, daß es vielleicht notwendig ist, in getrennten Wohnungen zu leben, um so die Neugierde aufeinander wachzuhalten. Wir haben durch mein Fotomodelldasein und deine vielen Termine eigentlich immer Ausweichmöglichkeiten gehabt, und erst in den letzten Jahren hocken wir viel zu oft Stunden und Tage zusammen. Das kann nicht gut sein für das Sich-aufeinander-Freuen, das in früheren Jahren immer wieder vieles überdeckt hat.

Ich will zum Beispiel nie mehr Anrufe von Frauen wie dieser aufdringlichen Lydia entgegennehmen müssen, wie kurz nach meiner Rückkehr aus Hamburg. Du hattest diese attraktive Gattin eines Neureichen in einer Disco kennengelernt, als sie dir *ganz zufällig* auf den

Schoß gefallen war. Wir waren vor unserer letzten Trennung bei ihnen eingeladen, und ich habe wohl dein intensives Interesse unbewußt so stark wahrgenommen, daß mir schon nach einem Glas Wein hundeelend wurde und ich nur noch nach Hause zurückwollte.

Ich will nicht mitbekommen, in welchem Zustand du manchmal von deinen Männerabenden zurückkehrst.

Instinktiv weiß ich seit unserem letzten Auseinandergehen, daß die räumliche Trennungsmöglichkeit die einzige Chance ist, die wir noch haben, unsere so brüchige Beziehung dauerhaft überleben zu lassen.

Du dagegen willst das nicht einmal gedanklich durchspielen. Verliebt nimmst du mich in die Arme und flüsterst: »Nie wieder, nie wieder lasse ich Euch gehen.«

Drei Monate schweben wir alle im Siebten Himmel der Hoffnung. Hinzu kommt, daß du beim Training im Vitatop-Club den Prominenten-Masseur Günter kennenlernst, mit dessen Freundin Angie ich mich beim ersten gemeinsamen Essen sofort glänzend verstehe. Wir sind trotz des Altersunterschiedes Seelenverwandte.

Inzwischen hat deine *Männerfreundschaft* zu Dr. S. einen deutlichen Riß erlitten.

Dr. S. ist nicht zuletzt durch dich zum Berater vieler großer Namen geworden. Zu seinem Bekanntenkreis gehören jetzt Hans Dietrich Genscher und später auch Thomas Gottschalk, den wir auf einer Party bei Otto Retzer am Wörthersee kennenlernen. Du weißt, daß er sich einmal abfällig über dich geäußert hat. Mit höhnischem Grinsen gehst du daher auf ihn mit den Worten zu: »Ja, ja, ich bin's: der Schnulzenarsch.« Darauf gibt Thomas mit seiner unnachahmlichen Spontaneität lächelnd zurück: »Das mag ja dein Problem sein, meines ist es nicht. Ich habe ein viel gewichtigeres Problem: Ich esse zuviel«, sagt er und streicht sich dabei mit beiden Händen über den Bauch, »außerdem hat meine Frau in meiner Anfangszeit für dich geschwärmt. Das rechtfertigt doch jede Gegenwehr, oder?«

Nicht nur Geschichten über Gottschalk und Genscher, nein, auch jede noch so kurze Trennung von uns steht sofort im Klatschteil der BILD.

Ein paar Zeilen hinter diesen *Geschichten aus gutunterrichteten Kreisen* steht immer häufiger irgend etwas von einem Staranwalt Dr. Peter S. Ob das Zufall ist?

Torstens Einschulung. Spätsommer '83

Ein großer Tag im Leben unseres Sohnes: Er kommt zur Schule. Die meisten Kinder werden von ihren Eltern begleitet. Er nur von mir. Du bist so oft in deinem Leben nicht zuständig gewesen, daß es Torsten überhaupt nicht auffällt.

In seiner gesamten Kindheit hat er sich mit seinen Wünschen immer an mich gewandt, auch wenn ich oben krank im Bett lag und du in der Stube bei ihm warst. Er hat nicht gelernt, daß auch Väter zuständig für Kinder sein können – es sei denn für einen schlechten Ruf.

In letzter Zeit kommt es schon einmal vor, daß er gehänselt wird, weil er der Sohn dieses »Trinkers Roy Black« ist. Er kommt dann weinend zur Tür herein und fragt: »Mama, warum lassen die Leute mich nicht in Ruhe?«

Journalisten schießen sehr oft schreibend mit Kanonen auf Prominente, treffen aber kollektiv die gesamte Familie, vor allem die Kinder.

Ich begreife nicht, warum sie das tun. Man kann nicht erklären, Verständnis wecken oder sich ganz allgemein zur Wehr setzen, es sei denn, man breitet sein Leben vor der Öffentlichkeit aus und schreibt ein Buch.

Todesgedanken. Frühjahr '84

Der Lebenspartner von Uschi Obermaier stirbt in der Silvesternacht bei einem Motorradunfall in Mexiko. Wieland vermutet, daß der Freund seinen Tod heraufbeschworen und bei der ersten sich ergebenden Möglichkeit losgelassen hatte. Uschi stellt traurig fest: »Mit seinen fünfundvierzig Jahren war da nichts mehr, was ihn zum Tanzen bringen konnte: keine Drogen, keine Makkerspielchen, keine Suche nach dem Sinn und selbst ich nicht, seine *Alte.*«

Seit deiner Herzklappenentzündung ist das Thema Tod für uns kein Tabu mehr. Uns ist schlagartig bewußt geworden, wie schnell ein Leben zu Ende sein kann. Du wärst ohne Penicillin gestorben, ich ohne aufgeklärte Ärzte vielleicht auch.

Immer häufiger bekommst du in letzter Zeit vor Auftritten Herzbeklemmungen und Atembeschwerden. Du fühlst an deinem ausbrechenden Angstschweiß, ob du in der Nähe eines Auftrittsortes bist. Jede Konfrontation mit Zuschauern macht dich krank. Jetzt suchst du auch wieder häufiger deinen kleinen Tod durch Alkohol, der dich schamverwundet und zerbrechlich wiederauferstehen läßt.

Die Vorstellung, mitten auf der Fahrt mit dem Motorrad einfach loszulassen und sofort tot zu sein, übt eine Faszination auf dich aus.

Du kannst verstehen, daß Dieter Bockhorn nicht mehr konnte, nicht die schmerzlichen Niederlagen, die Kämpfe und Krämpfe erleben wollte, die auf jeden warten, der älter wird und das Gewinnen im Verweilen sieht und nicht im Hetzen.

Bei jedem schlimmen Alkoholexzeß schreist du zwischendurch »Er oder ich, nur einer kann siegen.« Und meinst mit »Er« deinen Körper. Du hast Angst, gebrechlich zu werden, nicht mehr belastbar zu sein. Immer schon, wenn ich über unsere Zukunft jenseits der fünfzig sprechen wollte, hast du abgeblockt: »Schatz, so alt werde ich doch nie.« »Wie kommst du darauf?« frage ich dich dann erschrocken. »Ich weiß nicht, ich fühle das. Außerdem möchte ich auch überhaupt nicht älter werden.«

Ich verdränge diesen Gedanken an deinen Tod. Ich will auch nicht an deinem Grab stehen, du auch nicht an meinem. Der Tote hat es doch hinter sich. Soll der überlebende Teil seine innerste Trauer zu einer Schau für Fotografen machen?

Die Dämmerung. Frühsommer '84

In diesem Jahr komme ich das erste Mal seit sechzehn Jahren nicht mit an die Hütte. Ich habe dich in den vergangenen Wochen angefleht, dir doch eine kleine Extrawohnung zu nehmen. Du hast nur gelacht und meine Sorgen um unsere Beziehung mit »So'n Schmarrn!« abgetan.

Bist du dir meiner schon wieder so sicher?

Unsere Beziehung wird wieder liebloser. Du nimmst mich nicht mehr wahr. Ich fühle immer deutlicher, daß wir es nicht schaffen. Ich komme dir abhanden, und du merkst es nicht einmal.

Du hast mir erzählt, daß du mit dieser Lydia während unserer Trennung ihren Ehevertrag angesehen hast. Ihr habt festgestellt, daß sie bei einer Scheidung nichts bekommen würde. Sie wollte zwar trotzdem zu dir ziehen und sogar den dreijährigen Sohn ihrem Mann überlassen, aber als du ihr erklärtest, daß du ihr nichts Großes bieten könntest, ist sie wieder abgeschwirrt und von ihrem Mann erneut schwanger geworden.

Ich habe dann ein wenig tiefer gebohrt und erfahren, daß du dich sogar schon vor unserer letzten Trennung mit ihr an der Hütte getroffen hast. Dich hat noch nicht einmal gestört, daß Torsten sie und ihr Kind bei seinen Besuchen kennengelernt hat.

Ich fühle in mir etwas zerbrechen. Endgültig.

Du verlebst mit anderen Frauen Tage und Nächte an *unserer* Hütte und bist in diesen Zeiten nicht gut zu mir. Das nehme ich dir übel. Mehr als alles andere.

Aber seltsamerweise bin ich es leid, kaputtzugehen. Ich bin nur noch traurig und müde.

Am nächsten Tag buche ich den ersten Urlaub seit Jahren. Ich werde mit Torsten und meiner neuen Freundin Angie in einen spanischen Club Med fahren und

Links: »*Früh übt sich*«,
nkt Torsten. Wie immer
ßt du ihn alles zuerst an
dir ausprobieren, so
ch das Rasieren. Unsere
glücklichste Zeit.
Sommer 1978

ge vor der Trennung in
senhofen, unser letzter
einsamer Versuch, un-
Ehe zu retten. Picknick
›Probefahren‹ im Kanu
auf unserer Wiese.
Sommer 1984

Eines der wenigen Fotos mit uns allen vieren.
Ich bin gerade zurückgekehrt
und habe wieder Hoffnung.
Torsten, ernst und noch sehr blaß,
ist nicht mehr der ›unbekümmerte‹ Junge.
Deisenhofen 1983

en wird 13.

rechts: *Bei*
einen Besu-
übernach-
t du immer
Torsten im
Zimmer.
nburg 1987

nser erstes
reffen nach
Operation
›Lichtfest‹,
ch mit Wie-
nd (hinten)
betreibe.
nburg 1987

Torsten kommt als
ziger auf die Idee,
sere Hütte zu fotog
fieren, vier Jahre
unserer Trennung
März 1988

Deine Seele atmet
sobald dir der Du
ner Hütte in die N
steigt. Hier bist du
›Gerd‹ – hier darf
es sein.

Mit Fischen Fami
und Freunde zu ›
nähren‹, den treu
Tolkin an der Seit
das ist deine Vors
lung vom wahren
Leben.

hast Carmen ken-
ngelernt. Ich foto-
grafiere Vater und
ın und fahre weh-
nütig zurück nach
burg. Herbst 1989

lich auf Mallorca.
ten versucht, hier
r Sonne, seine Er-
ankung zu verar-
beiten.
Oktober 1990

ten ist stolz zu se-
wer alles mit sei-
Vater in »Schloß
örthersee« dreht:
‹ Larry Hagmann
›Dallas-Ehefrau‹
Linda Gray.
Sommer 1991

versuchen, Abstand zu gewinnen, ohne diesmal gleich in eine andere Stadt zu ziehen.

Wir leben nur noch wie Bruder und Schwester zusammen. Du hast dir eine Telefonleitung in die Hütte legen lassen und lebst überwiegend dort.

Unser empfindsamer Hund scheint als erster das Ende unserer langen Partnerschaft zu spüren. Er wirkt apathisch und sackt immer häufiger zusammen.

Trotzdem findet der Tierarzt keine körperliche Ursache. Ein paar Tage vor meiner Abreise zünden wir den Außenkamin an und setzen uns zusammen auf die überdachte Terrasse. Hilflos versuchen wir das verlorene Vertrauen durch Erklärungsversuche wiederzugewinnen. Vergeblich. Mißverständnisse und pauschale Vorwürfe errichten immer wieder haushohe Mauern um uns.

Müde verlasse ich das Schlachtfeld der Enttäuschung unserer Illusion und lege mich schlafen.

Du fährst überreizt und völlig betrunken mit deinem Motorrad los. Selbstmörderisch? Irgendwann spät nachts beugst du dich wütend mit blutverschmierten Händen über mich in meinem Bett: »Wieso machst du mir nicht auf, wenn ich sturmklingle? Darf ich nicht einmal mehr in mein eigenes Haus?«

Ich soll mitkommen und dir helfen, dein Motorrad aus einem Graben zu schieben. »Kinder und Säufer haben einen Schutzengel«, hast du immer wieder behauptet, und dein Glück gab dir bisher auch noch recht. Oder hattest du heute Pech? Deine Hände hast du dir beim Einschlagen der Haustürscheibe verletzt. Wie so oft warst du ohne deine Schlüssel losgestürmt. Dein Klingeln konnte ich nicht hören, da ich seit Monaten mit Ohropax schlafe, um nachts nicht immer durch deine gnadenlos übersteuerte Musik geweckt zu werden.

Später, nachdem du dich etwas beruhigt hast, helfe ich dir ins Bett. Augenblicklich fällst du in einen ohnmachtsähnlichen Tiefschlaf.

Deine Gesichtszüge entspannen sich und in traurigem Schmerz betrachte ich dich: Ich weiß, ich nehme Abschied.

Am Morgen Tag sind wir erschöpft und fast feindselig zueinander. Ein Termin wartet auf dich. Wir trennen uns mit einer Art Aufatmen.

Als du am nächsten Tag zurückkommst, stöhnst du zum wiederholten Mal: »Ich kann nicht mehr, ich will auch nicht mehr, es reicht. Ich halte die Menschen in ihrer Gnadenlosigkeit nicht mehr aus.«

Ich verstehe dich, doch du weißt auch nichts anderes zu tun. Wir sitzen beide aus unterschiedlichen Gründen traurig und hilflos nebeneinander und blicken auf die Scherben unseres Lebens.

»Es hat doch alles keinen Sinn mehr, irgendwann gebe ich mir die Kugel«, kommt von dir, ehe du dich in den Keller zurückziehst, um dir mit deinen geliebten Büchern eine Barriere gegen die Traurigkeit zu errichten, die aus deiner Hoffnungslosigkeit fließt.

Neu verliebt. August '84

Kurz vor unserem Abschied hast du, weich und liebevoll gestimmt, versprochen: »Wenn ihr zurückkommt, fangen wir ein neues Leben an.«

Ich habe darauf nichts erwidert.

Ich bin in die Sonne geflogen, in die Leichtigkeit des Seins.

Wie habe ich nur vergessen können, daß da ein Leben ist abseits von selbstmitleidigen gegenseitigen Schuldzuweisungen und Verächtlichmachungen. Ich bin eine attraktive Frau und fühle mich von den vielen Franzosen im Club umschwärmt und begehrt. Ich kann hier unter den Nicht-Deutschen vergessen, Roy Blacks Frau zu sein (die mit der Altersangabe in Klammern.).

Gleich in der ersten Nacht kümmert sich der Chef der Animateure, die gleichzeitig Spielleiter, Tänzer, Schauspieler und Seelendoktoren sind, intensiv darum, mich näher kennenzulernen und vielleicht zu verführen.

Olivier, so heißt dieser große rassige Brasilianer, gibt mir nach der langen Zeit, in der ich mich schon als *abgeschoben* und zu alt empfunden habe, das beglükkende Gefühl, mit neununddreißig eher am Anfang meines erotischen Lebens als am Ende zu stehen.

Wie ein Schwamm sauge ich alle Empfindungen in mich auf und kehre verliebt wie ein junges Mädchen zurück nach Deisenhofen.

Dieser Urlaub ist wirklich zu einer Wende in unserem Leben geworden. Nur vollkommen anders, als du es dir ausgemalt hast.

Monatelang hast du es zur Gewohnheit werden lassen, im Keller zu übernachten, jedesmal, wenn du Torsten wieder zurückgebracht hast. Wie ein trotziger Pubertätler bist du dann wortlos an mir vorbeigegangen, als wolltest du mich mit deiner Sprachlosigkeit für dein vermeintliches Unglück strafen.

Ich hatte schuld an allem und sollte das auch spüren. Nur ab und zu wechseltest du ein paar Sätze mit mir. Das aber immer seltener.

Als ich jetzt wieder da bin, rufst du mich von der Hütte aus an und fragst, ob du Torsten holen kannst.

»Ja, natürlich«, antworte ich, »aber ich möchte nicht mehr, daß du hier übernachtest, wenn du ihn zurückbringst.«

»Wie redest du eigentlich mit mir?« brüllst du daraufhin durch den Hörer. »Gerd, wir sind doch de facto getrennte Leute. Laß es uns in Würde beenden. Ich habe mich verliebt und will mich scheiden lassen.«

In diesem Moment sehe ich Torsten in der Stubentür stehen und sofort aufgeregt zu Angie in den ersten Stock laufen, um ihr mitzuteilen: »Angela, Mama läßt sich scheiden.«

Ich bin ihm hinterhergerannt und lege nun meine Arme um seinen kleinen Körper und frage, ob er denn wüßte, was das Wort »Scheiden« für ihn bedeutet.

»Nee, nicht so ganz.« »Du kannst dann den Papa nicht mehr so oft wie bisher sehen, weil er dann woanders wohnen wird.«

»Macht nix, dann bleibt ja alles wie es war. Ich habe ihn ja nie so viel gesehen, oder?«

Ich will ihm gerade erklären, daß er dich jederzeit an der Hütte besuchen kann, da ruft ihn sein Freund Frankie, der im Moment viel wichtiger zu sein scheint als so eine Scheidung der Eltern.

Kurz darauf kommst du, um ihn abzuholen. Du sitzt in der Küche und schaust mir still und traurig zu, wie ich Torstens Sachen zusammenpacke. Ich spüre, daß du etwas sagen willst. Aber irgend etwas hält dich davon ab. Es ist diesmal anders als die vielen Male vorher: Ich strahle Glück aus.

Unsere stressige Ehe mit ihren explosiven Krächen und rauschenden Versöhnungen funktioniert so nicht mehr. Wortlos nimmst du unseren jubelnden Sohn an die Hand und fährst los.

Zwei Tage später bin ich bei meinem Anwalt gewesen. Drei Tage darauf ziert meinen Kopf eine neue, fetzige Frisur, und jeden Tage bewege ich mich mit wachsender Begeisterung mit anderen Frauen in meinem *Alter* in den Aerobic-Kursen bei Gaby Just.

Da ich ahne, daß du die Trennung auch dieses Mal wieder als kurzfristige Laune von mir abtust, rufe ich dich an: »Gerd, erschrick nicht, wenn du in den nächsten Tagen Post von meinem Anwalt bekommst. Diesmal habe ich Nägel mit Köpfen gemacht.«

Mein Verliebtsein hat mir endlich die Kraft hierfür gegeben. Du warst immer stark, solange du gespürt hast, daß ich gelitten habe. Jetzt bist plötzlich du verzweifelt und schreibst mir einen letzten Brief:

»Die Tage ohne Dich sind so leer. Alles wird zunehmend dunkler und hoffnungsloser. Ich liebe Dich mehr als mein Leben. Ich hoffe ...«

Nach achtzehn Jahren habe ich keine Kraft mehr, darauf zu antworten. Du bist mir aus dem Herzen gewachsen und scheinst erst jetzt, wo meine Gefühle für dich unwiederbringlich scheinen, zu bemerken, daß die Dinge unseres Lebens und unserer Liebe auch schön gewesen sind.

Wieso kann ich diesen Traum nicht abschütteln? Einen Sarg nach dem anderen hat man mir heute nacht in mein Zimmer geschoben. Bei jedem Klingeln des Telefons zucke ich innerlich zusammen und habe Angst vor der Nachricht, daß dir etwas zugestoßen ist. Es kommt jedoch anders.

Torsten und ich sitzen gerade mit meinem Bruder Holger, seiner Frau und seinen beiden Söhnen in Deisenhofen zusammen und genießen den ersten Weihnachtstag, als Wieland anruft und stockend mitteilt, daß unsere Mutter in der vergangenen Nacht friedlich eingeschlafen ist. Mit tränenerstickter Stimme versucht er in kurzen Worten das Nichtfaßbare zu erklären: Jahrelang hatte sie unter schweren Herzrhythmusstörungen zu leiden, weigerte sich aber, sich operieren zu lassen.

Irgendwann wollte sie so nicht mehr weiterleben. Sie bat Wieland, ihr beizustehen, wenn es soweit war und sie aus dem Leben scheiden wollte. Zwei Monate wich er daraufhin nicht von ihrer Seite. Wieland versuchte, ihren Lebenswillen wieder zu entfachen, bis er schließlich sicher war, daß es keine Augenblicksdepression war, sondern die unumstößliche Entscheidung einer mutigen Frau.

Dann hatten sie nach einem Anleitungsbuch zum Freitod die entsprechenden Pillen besorgt, und unsere Mutter war in der Heiligen Nacht ohne Schmerzen eingeschlafen. Ich bin wie betäubt und kann es überhaupt nicht *begreifen*, daß diese so lebenskräftige Frau nicht mehr hatte leben wollen. Sie war doch ein ewig lachender Maria-Schell-Typ, dem wir alle eine eigene wirkliche Traurigkeit nicht zugebilligt hatten.

Und jetzt sollte sie nie wieder ein Wort mit mir wechseln? Wollte ich ihr nicht noch so viel sagen?

Ich beruhige Wieland noch, daß ich sein Verhalten akzeptiere und lege dann wie in Trance den Hörer auf die Gabel zurück.

Der Tod meines besten Freundes. Frühjahr '85

Immer wenn du Torsten holst, rufst du vorher an und wir klären kurz das Nötigste. Auf meine Frage, wie es dir geht, antwortest du nicht wirklich.

Unser Sohn trifft dich immer erst vor dem Gartentor, wo du auf ihn wartest, bis er aus dem Haus kommt. Jedesmal, wenn ihr dann gemeinsam zum Auto hinübergeht, stehe ich heimlich hinter der Badezimmergardine und blicke euch traurig hinterher.

Olivier lebt zur Zeit in Paris und ist beruflich so stark eingebunden, daß wir uns nur selten sehen. Meine Freundin Angie will mich deshalb ständig überreden, doch endlich mit ihr in München auszugehen.

Ich aber bleibe in diesen Wochen lieber in meiner gewohnten Umgebung. Zu viel hat sich um mich herum verändert.

Ich lerne erst ganz langsam, die Trennung als Freiheit und nicht als Einsamkeit zu begreifen und zu genießen.

Da es Tolkin zusehends schlechter geht, kannst du ihn nicht mehr wie früher mitnehmen, um mit ihm durch die Wälder zu toben.

Er vermißt dich. Immer häufiger schleppt er sich in »deinen« Keller und legt sich auf das Sofa als wolle er auf dich warten oder sterben. Er nimmt kaum noch Nahrung an.

Bisher hat mein Tierarzt es immer geschafft, meinen Freund mit kräftigenden Spritzen aufzupäppeln. Das gelingt jetzt ständig schlechter. Ich bekomme Angst, daß dieser treue Kerl unnötig leiden muß und will wissen, ob er trotz des Tumors, den der Doktor vermutet, eine reelle Chance hat. Mit großer Mühe schleppe ich ihn zum Wagen und fahre ihn in die Tierklinik, wo mir der so typische Gestank von Angst und Tod in den Gängen entgegenschlägt.

Mühsam quält sich Tolkin nach der Untersuchung zurück zum Auto. Immer wieder sacken ihm seine Hinterbeine weg. Zu Hause zieht er sich sofort wieder in den Keller zurück. Der Arzt will mir morgen die Befunde mitteilen, aber ich spüre schon jetzt, daß ich Abschied nehmen muß.

Jahrelang hat dieser große, gutmütige Freund mich in den bittersten Stunden getröstet, jetzt ist es an mir, ihm zu helfen. So breite ich neben ihm eine Decke aus und spreche stundenlang in seine wissenden Augen. Doch auch mein Streicheln und Verweilen über Nacht können das kluge Tier nicht täuschen: Auch Tolkin weiß Bescheid.

Der Satz des Arztes am nächsten Morgen: »Ihr Hund hat Lymphdrüsenkrebs«, bestätigt nur noch meine intuitive Angst. Schluchzend rufe ich meinen Tierarzt an und frage ihn, ob er Tolkin hier in seiner gewohnten Umgebung einschläfern kann. »Natürlich, gnädige Frau, ich bin in einer Stunde bei Ihnen.« Du brichst bei meiner Schilderung in Tränen aus, als ich dich telefonisch an der Hütte erreiche und versprichst, Tolkin später mit Walter abzuholen, um ihn an der Hütte zu begraben.

Als Torsten aus der Schule kommt, schlage ich ihm vor, doch noch vor den Schularbeiten zu Frankie hinüberzugehen und mit ihm zu spielen.

»Wieso?« fragt unser Sohn. »Weil Tolkin sehr große Schmerzen hat und deshalb in den Hundehimmel will«, versuche ich eine beruhigende Erklärung, die sich aber als unnötig herausstellt, da Kinder einen Schutzschild gegen zu schlimme Nachrichten aufzurichten scheinen.

Torsten sagt nur kurz: »Tschüß Tolkin« und geht dann zu seinem Frankie.

Als der Tierarzt endlich kommt, kann unser Freund noch wackelig auf ihn zutrotten, legt sich dann aber doch auf seinen Lieblingsplatz vor dem Außenkamin unter dem Vordach. Um ihn und mich zu beruhigen, spreche ich unablässig irgendetwas zu ihm, er blinzelt noch einmal und ist dann von seinem Leiden erlöst.

Ich rede weiter unaufhörlich mit ihm. Trotzdem. Mit viel zu viel Bier versuche ich mein Verlassenheitsgefühl zu betäuben. Als du kommst und Tolkin so friedlich daliegen siehst, fragst du schluchzend: »Ist er tot?« Dann fallen wir uns nach Monaten das erste Mal in die Arme und sind im Schmerz für einen Augenblick wieder vereint.

Schweigend hüllt ihr unseren toten Weggefährten in eine Decke und fahrt zurück zur Hütte. Es ist im Haus entsetzlich still geworden.

Mein bester Freund ist von mir gegangen.

Geldstreitigkeiten. '85

Ich kann dich nicht verstehen. Jetzt, da es sich langsam herausstellt, daß deine Hoffnung, daß dich dein ›Männerfreund‹ reich macht und mit der Steuer alles klärt, offenbar nicht in Erfüllung ging, siehst du unser Haus in Deisenhofen als das deinige an. Obwohl zwischen uns vereinbart war, daß die Villa Torstens und meine Absicherung sein sollte für den Fall einer Trennung.

Nachdem du vor kurzer Zeit in eine Wohnung in Vaterstetten gezogen bist, hast du dir diejenigen Möbel aus unserem Haus geholt, die du brauchst, um angemessen leben zu können. Als ich dich in diesen Tagen in der Hütte anrufe und nachfrage, wie du dir unsere finanzielle Trennung vorstellst, kann ich es kaum glauben, als du mich mit den Worten angiftest: »Daß du einfach gehst, ohne meinen Besitz anzurühren und wieder mal arbeitest, ist dir wohl überhaupt noch nicht in den Sinn gekommen, oder?«

Ich spüre hinter deinen Worten den Einfluß des Mannes, zu dem du nach unserer Trennung als Klient zurückgegangen bist: Dr. S.

Als dein Anwalt muß er ja wohl so tun, als ob du Ansprüche auf das Haus hättest. Mit den anderen Einnahmen ist er anscheinend nicht so umgegangen, daß für dich eine Alterssicherung übrigbleibt.

Er kanalisiert anscheinend deine unendliche Wut über deine an gierige Berater verlorenen Gelder, DEINE Steuerschulden aus der Zeit vor unserer Ehe und DEINE, respektive SEINE Entscheidung damals, alles zu Geld zu machen und das Finanzamt zu befriedigen, auf mich.

Ich schlage dir in diesem Telefongespräch daraufhin vor: »Gerd, ich habe mir gedacht, daß ich den Erlös unseres Hauses nach Abzug der Belastungen behalte und dafür auf Unterhalt von dir für alle Zeiten verzichte. Deinen Anteil würde ja sowieso das Finanzamt pfänden. Und du wärest mich dann los. Endgültig.

Da ich nicht zurück in meine beiden Berufe als Graphikerin und Fotomodell kann, will ich versuchen, mir mit dem Geld eine neue Existenz aufzubauen und Torsten ein angemessenes Zuhause zu bieten.

Du müßtest mich doch sonst noch sehr lange finanziell unterstützen.«

Als Antwort legst du wortlos den Hörer auf.

Das Haus hat einen Wert von einer Million Mark. Nach Abzug der Hypotheken blieben bei einem Verkauf zu diesem Preis 600 000 DM übrig. Die eine Hälfte davon habe ich selbst verdient, die andere wäre die Verrechnung gegen meinen Verzicht auf Unterhalt.

Meine Freundinnen halten mich für »blöd und viel zu fair«. Keine von ihnen würde mit vierzig Jahren auf die Möglichkeit eines lebenslangen Unterhalts verzichten.

Ein paar Tage später hast du wohl nachgedacht und hältst jetzt meinen Vorschlag für gerecht. Wir einigen uns.

Ibiza '85

In der Nähe unseres Hauses soll eine Zubringerstraße von der Autobahn hinüber nach Grünwald gebaut werden. Es wird schwierig, einen angemessenen Preis für die Villa zu erzielen. Und es dauert lange.

Noch kann ich keine Zukunft planen, ohne zu wissen, wo ich leben werde und mit wieviel Kapital.

So vergehen Monate, in denen ich nach Jahren der Abstinenz immer mehr Gefallen daran finde, wieder in München auszugehen. Meine elf Jahre jüngere Freundin Angie zeigt mir die Treffs des Nachtlebens und ich beginne, mich wieder so zu fühlen wie vor achtzehn Jahren, als ich das erste Mal in diese herrliche Stadt gekommen bin. Mein brasilianischer Lover gibt mir das Selbstvertrauen, darüber nachzudenken, im Süden ein Haus mit mehreren Appartements zu kaufen und diese an Sommergäste zu vermieten.

Wieland hat fast zwei Jahre auf Ibiza gelebt und will mit dem Restgeld aus dem LOGO-Verkauf endgültig auf die Insel auswandern. Er fragt mich, warum ich in Deutschlands Regen bleiben will, wenn alles so viel leichter unter südlicher Sonne zu ertragen ist. Was ich in München zurücklasse außer vielen wehmütigen Erinnerungen eines Lebens mit dir. Ich bin so davon überzeugt, so oder so in den nächsten Jahren im Ausland zu leben, schon allein wegen Olivier, daß ich Torsten auf der Münchner *International School* anmelde, um ihm die Schulwechsel in Zukunft leichter zu machen.

Doch als wir auf Ibiza fast soweit sind, uns niederzulassen, bricht bei Wieland die Trauer um unsere Mutter und die Art ihres Sterbens so stark durch, daß er nur noch den einen Wunsch hat, in Hamburg eine Wohnung zu mieten und zu versuchen, wieder Boden unter die Füße zu bekommen, um der Seele ein Zuhause zu geben.

Wir reisen wieder ab.

Du suchst wieder den Kontakt zu mir. Eines nachts rufst du bei mir an. Du klingst sehr verzweifelt. »Kannst du mir die Nummer der *Anonymen Alkoholiker* ausfindig machen?« Ich fühle genau, daß du nach mir schreist und mich brauchst. Du möchtest vorbeikommen. Ich bitte dich, es nicht zu tun. Ich kann nicht mehr. Obwohl du ins Nichts abgleitest, kann ich dir nicht mehr helfen. Auf der abgegrasten Wiese meiner Seele sprießen ganz zart ein paar Blumen, die du wieder niedertrampeln würdest. Wenn nicht heute, dann spätestens morgen.

Ich suche dir dennoch am nächsten Tag die Nummer der *AA* heraus. Sie interessiert dich nicht mehr. Ganz plötzlich. Trotzdem war das das Ende der Sprachlosigkeit zwischen uns. Wir lernen beide wieder, mehr aufeinander zuzugehen und verständnisvoll miteinander umzugehen.

Wir unterhalten uns häufig über den Tod meiner Mutter. Du hast meinen Bruder darüber ausgefragt, ob es ihr Schmerzen bereitet hat, zu sterben. Wieland hat dich offenbar beruhigen können. Mit der richtigen Pillenmischung kann man wohl einfach einschlafen und nicht mehr aufwachen.

»Dicke, ich weiß jetzt, daß ich krank bin. Ich bin Alkoholiker, und es ist mir scheißegal, Hauptsache, ich verrecke bald. Ich sehe keinen Sinn mehr. Ich habe keine Hoffnung auf eine Zukunft in mir, diese Aneinanderreihung von Niederlagen, Enttäuschungen ... endlos. Ich hätte gerne den Mut von eurer Mutter: Ich würde mich lieber schmerzfrei umbringen als mich zu Tode saufen.«

Gnadenlos ehrlich gestehst du mir, daß du manchmal schon früh am Morgen anfängst, Wodka zu trinken. Du schleichst dann durch deinen Supermarkt, kaufst alles Mögliche und Unmögliche, nur damit die vielen Alkoholflaschen nicht so auffallen.

Schon alleine bei der Vorstellung von Wodka zum Frühstück dreht sich bei mir alles um: »Wie erträgst du das Zeug bloß auf nüchternen Magen, ich würde sterben.«

»Umgekehrt«, erklärst du daraufhin vollkommen ernst, »ich habe in solchen Momenten das Gefühl einzugehen, wenn ich keinen erwische.«

Torstens Besuch bei dir. September '85

Unser Sohn liebt es, wenn ihr zusammen mit dem Rad oder auch zu Fuß durch die Wälder und Wiesen streift. Du hast ihm die Liebe zur Natur vermittelt, das Gefühl, daß man allein am Wasser unter einem vertrauten Baum niemals einsam ist.

Leider konnte ich es nicht verhindern, daß er auch dein anderes Ich kennenlernt.

Anruf nachts um eins: »Mama, bitte hol mich ab, der Papa ist wieder so furchtbar betrunken.« Ich kann Torsten kaum verstehen, so schluchzt er die Worte heraus. Er weiß nie, ob du seinen Besuch nüchtern überstehst und fleht mich jedesmal vorher an, doch ja zu Hause zu bleiben, um rechtzeitig aus deinem Aggressionsradius zu kommen, wenn deine Wandlung von ›Dr. Jekyll auf Mr. Hyde‹ überwechselt.

Ich reagiere sofort nach dem Anruf wie von unsichtbaren Fäden gezogen: anziehen, Auto aus der Garage und los, meinen Sohn retten. Erst als ich mit überhöhter Geschwindigkeit in Richtung Vaterstetten unterwegs bin, wird mir plötzlich bewußt, daß ich überhaupt nicht weiß, wo deine Straße innerhalb des Ortes genau liegt. Ich war doch noch nie bei dir in der neuen Wohnung. Es ist spät in der Nacht und ich bekomme Panik, nicht mehr rechtzeitig zu kommen. Ich leide wie ein Hund, daß kein Mensch auf der Straße zu sehen ist.

Nach vielen vergeblichen Fragen in Kneipen lande ich nach anderthalb Stunden eher zufällig vor dem Haus, in dem du deine Wohnung hast.

Torsten öffnet mir weinend die Tür und führt mich zu seinen im Schlafzimmer verstreut liegenden Sachen.

Nachdem ich sie notdürftig in seiner Sporttasche verstaut habe, sehe ich dich zusammengefallen im Wohnzimmer auf dem Sofa sitzen und herumlallen. Du siehst erbarmungswürdig aus, mit verzerrtem Gesicht fragst du giftig: »Ist da mein abtrünniges Weib, das seien armen, armen Sohn holen will?« Ich zerre Torsten schnell fort von hier.

Kaum sitzen wir im Auto, bricht es aus ihm heraus: »Eigentlich wollte ich schon gleich wieder gehen, als Papa zu trinken anfing. Aber du weißt ja, Mama, daß er noch kein Telefon hat und mich zu einer Zelle begleiten, um mir beim Telefonieren zu helfen, wollte er nicht.

Erst nach meiner ewigen Bettelei und weil ich überhaupt nicht mehr mit dem Weinen aufgehört habe, ist er zur Telefonzelle mitgegangen. Dort hat er dann immer wieder die Groschen danebengeworfen und als ich ihm helfen wollte, hat er gebrüllt: ›Du meinst wohl, ich kann das nicht und brauche deine Hilfe, was? Ausgerechnet! Du denkst, ich bin besoffen, oder?‹ Mama, ich habe Angst vor Papa, wenn er so ist. Ich will nur noch zu ihm, wenn er sich vornimmt, nicht zu trinken.« Ich verspreche ihm, daß ich mit dir reden werde. Aber ich weiß, ich kann ihn vor diesen fürchterlichen Eindrücken nicht ständig beschützen. Es wird immer wieder geschehen. Ich kann nur abrufbereit warten und hoffen.

Torsten muß selber entscheiden, was er von dir ertragen kann und was nicht.

Ich fühle, daß er mit seinen neun Jahren überfordert ist, aber ein Besuchsverbot ließe ihn auf andere Weise leiden. Mir bleibt nur, viel mit ihm über dich und deine Alkoholkrankheit zu reden.

Unser Sohn scheint intuitiv zu verstehen, daß du sehr unglücklich sein mußt und dich auch nachträglich immer wieder für dein Verhalten ihm gegenüber schämst. Aber trotzdem hat wohl die totale Unberechenbarkeit deines Verhaltens tiefe Risse in seinem Urvertrauen entstehen lassen.

Umzug nach Hamburg. November '85

Ich bin vierzig und weiß nicht so recht, was ich auf dem engen Arbeitsmarkt tun könnte, ohne Torsten zu sehr zu vernachlässigen oder auch zuviel vom Verkaufserlös zu riskieren. Wieland redet viel von unserer Mutter und ihren letzten gemeinsamen Gesprächen. Sie hatte demnach versucht, den fünfundzwanzig Jahre lang vernachlässigten Kontakt zu ihren Geschwistern in Kopenhagen wieder aufzunehmen und war gescheitert. Sie waren sich zu fremd geworden ohne die ständigen Gespräche, die geschwisterliche Nähe erhält.

Ich denke dabei viel über meine eigenen Beziehungen nach: Meine Liebe zu Olivier stellt sich nach und nach als Strohfeuer heraus. Wir sehen uns schon seit Wochen nicht mehr. Jetzt, da ich selber ein Single bin, leide ich darunter, daß meine Bekannten in München in ihre Familien oder Freundschaften so stark eingebunden sind, daß für mich meist nur ein gelegentliches Telefongespräch übrigbleibt.

So kommt es, daß ich Wielands Vorschlag, mit ihm ein Restaurant zu eröffnen, freudig aufnehme und die Übersiedlung nach Hamburg vorbereite. Meine vier Brüder leben alle dort, ich könnte durch einen engeren Kontakt zu ihnen unser Verhältnis erneuern. Torsten würde liberaler unterrichtet werden und ich ginge nicht in ständiger Erinnerung an dich durch die Straßen.

So stehe ich am 22. November, an einem naßkalten Tag, vor dem Haus unserer zerbrochenen Träume und nehme melancholisch Abschied.

Um Torsten eine fertig eingerichtete Wohnung mit all seinen Spielsachen präsentieren zu können, bleibt er solange bei der mit dir befreundeten Familie Wailer, die in Vaterstetten ein Lokal betreibt, bis ich in Hamburg ›Klarschiff‹ gemacht habe.

Vier Tage später wird das Ende unserer Liebe schriftlich bestätigt. Torsten darf dich besuchen, so oft er es will.

In der neuen Umgebung.

Wir leben jetzt in der Nähe von Wieland an der Alster schräg gegenüber von den Tennisplätzen am Rothenbaum. Es ist eine geräumige Altbauwohnung mit fast fünf Meter hohen Decken, die Torsten das Gefühl vermitteln, sich in seinem Riesenzimmer manchmal wie eine hilflose Maus zu fühlen. Er mag die hohen Decken nicht.

Seine Schule ist zwar schräg gegenüber, aber dieser zweite Schulwechsel und der Leistungsrückstand durch das kurze Zwischenspiel auf der International School hat ihn vereinsamt und demotiviert.

Er fühlt sich nicht wohl hier. Er vermißt unseren Garten, in dem er mit seinen Freunden herumtoben konnte. Alles ist anders hier mitten in der Großstadt. Oft kommt er nachts zu mir und weint: »Mama, wenn ich einen Wunsch frei hätte, würde ich mir wünschen, daß wir zusammen mit Papa in unserem Haus in München leben und auch Tolkin wieder dabei ist.« Ich fühle dann jedesmal einen Kloß im Hals. Auch ich wünsche mir so vieles, auch ich vermisse in dieser dunklen kalten, zum Norden gelegenen Wohnung meine Erdung durch einen Garten. Auch ich bin noch sehr einsam hier.

Man kann Familie und Freundschaften wohl nicht so einfach anknipsen, wie ich mir das ausgemalt habe. Ich muß Torstens Hoffnungen enttäuschen. »Du weißt doch, daß der Papa oft zuviel trinkt und wie er dann ist. Dein Papa und ich sind nur noch Freunde, wir lieben uns nicht mehr.« Torsten guckt dann verständnisvoll, aber er begreift trotzdem nicht, warum das alles vorbei sein soll, das mit einer vollständigen Familie.

Es ist der 23. Dezember. Das Telefon weckt mich aus meinen Gedanken, während ich den Baum schmücke. »Hallo, wie geht es euch denn so?« fragst du bei diesem ersten Anruf in Hamburg. Mein Herz krampft sich zusammen, weil ich fühle, wie einsam du bist, gerade heute und in diesen Tagen der Familientreffen.

Letztes Jahr hat dich die Einsamkeit um die Weihnachtszeit mit knapp drei Promille einen schweren Unfall verursachen und deinen Führerschein verlieren lassen.

Ich spüre deine Angst und schlage dir vor, die nächste Maschine nach Hamburg zu nehmen und Heiligabend zusammen mit uns zu feiern. Doch es ist schon zu spät. Du lehnst mit den Worten ab: »Tut mir leid, dafür bin ich leider schon zu betrunken. Aber ich habe gerade einen Satz gelesen, der zu mir paßt: Allein bin ich ganz gut. Zu zweit bin ich eine Achterbahnfahrt, die ganz oben begann. Zu dritt bin ich eine Katastrophe ... Aber ich kann nicht allein sein. Fröhliche Weihnachten, ihr zwei.«

Januar '86

Nach deinem lieb gemeinten Geständnis zu Weihnachten hören Torsten und ich erst jetzt nach vier Wochen wieder ein Lebenszeichen von dir. Und dieses Mal macht mich der Anruf wütend, denn ich spüre wieder den Einfluß deines *Freundes* dahinter.

Du hast doch tatsächlich gefragt, ob du die 800 Mark Unterhalt für unseren Sohn nicht auf ein separates Konto einzahlen kannst, an das ich nicht herankönnte. Ich habe bei dem Gespräch das Gefühl, du weißt überhaupt nicht, was Kinder in der heute schon früh einsetzenden Konkurrenzwelt kosten: Schule, Ernährung, Kleidung, Spielzeug, Versicherung und Wohnen sollen jetzt plötzlich, wo ich allein dastehe, billig geworden sein und so nebenbei bezahlt werden können.

Ich knalle den Hörer auf die Gabel und stecke mir wieder eine Zigarette an. Nach Jahren der Abstinenz rauche ich seit unserer Trennung wieder.

Unser Restaurant. Frühsommer '86

Wieland und ich haben ein geeignetes Gartenlokal in Hamburgs feinstem Viertel direkt gegenüber dem HSV-Zentrum und den Tennisplätzen am Rothenbaum gefunden.

Wir hatten vereinbart, daß mein Anteil an der Finanzierung so hoch ist wie der, den mein Bruder und Ronald, sein Ex-Partner aus dem LOGO, zusammen erbringen. Dafür sollen sich ausschließlich die beiden um den gastronomischen Teil des Restaurants kümmern.

Kurz nach dem Unterschreiben des Mietvertrages durch Wieland gerät Ronald mit einer seiner beiden anderen Kneipen in Schwierigkeiten und wirft das Handtuch. Ich muß nun auch noch diesen Anteil finanzieren und Wieland verliert einen wichtigen Partner, da Ronald sich jetzt verstärkt um sein *Elbrestaurant Palmgarten* kümmern muß und für uns erst später zur Verfügung steht. Ich bin nicht glücklich darüber, mehr Geld investieren zu müssen als ich ursprünglich wollte, aber nach den Erfahrungen, die mein Bruder mit seinen anderen Läden gemacht hat, verspricht unsere Unternehmung einen dreimal höheren Kapitalertrag als mir jede andere Anlage bieten könnte. Außerdem planen wir, nach vier Jahren das dann durch Image aufgewertete Lokal mit Gewinn wieder zu verkaufen. Es ist eine lukrative Investition, soweit ich das als Laie beurteilen kann. Und viele Alternativen habe ich sowieso nicht.

Deine schwere Krise. 18. Juni '86

Seit Tagen fühle ich ein schmerzhaftes Ziehen im linken Arm. Symptome, die bei meiner Mutter immer Herzflimmern oder sogar einen Infarkt angekündigt hatten.

Ich schränke schuldbewußt das Rauchen ein und hoffe. Die noch nie dagewesenen Schmerzen ziehen dennoch hoch bis ins Herz.

An der Abschiedsfeier auf Ibiza mit Angie und ihrem Freund habe ich gestern wegen der Schmerzen nicht teilnehmen können.

Ich konnte mir das lange nicht erklären, bis ich heute aus dem Urlaub nach Hause zurückgekehrt bin und den Anrufbeantworter abgehört habe:

»Silke, hier ist Helgard. Ich weiß nicht, ob du schon davon gehört hast. Aber der Gerd ist gestern nach einem Auftritt in eine Klinik eingeliefert worden. Es scheint etwas Ernsthaftes zu sein.«

Sofort wähle ich mit zittrigen Fingern die Nummer deines Managers Kaminski: »Ja, Frau Höllerich, es ist das Herz, es geht um Leben oder Tod. Kurz nach dem

Ende seines TV-Auftritts in Bremerhaven vorgestern ist er schweißnaß zusammengebrochen, diesmal war es anders als so manches Mal. Diesmal ist es ernst. Roy liegt auf der Intensivstation des Krankenhauses in Hagen und die Ärzte sagen, seine Chancen stehen fünfzig zu fünfzig. Wir können alle nur abwarten und hoffen.«

Ich bin zu nichts mehr fähig. Ich habe Angst um dich. Du bist nach Torsten der wichtigste Mensch in meinem Leben, und du bist sein Vater.

Fünf Tage Bangen, fünf Tage Selbstvorwürfe, zerfleischende Gedanken um das »hätte«, »könnte« und »würde« unseres gemeinsamen Lebens. Ich will nicht allein zurückbleiben, ohne noch mit dir gesprochen zu haben. Ich will nicht, daß du aufgibst.

Am sechsten Tag wache ich morgens auf und meine Herzschmerzen sind nicht mehr da. Ich weiß, daß du es geschafft haben mußt. Sofort telefoniere ich mit Kaminski: »Ja, heute früh ist er aus der Intensivstation in ein normales Zimmer verlegt worden.«

Ich bekomme deine Nummer und rufe dich sofort an. Mit leiser Stimme versuchst du mich mit tapferem Galgenhumor zu beruhigen: »Dicke, ich werde das scheinbar nicht los: Jetzt reimt sich bei mir schon wieder ›Herz‹ auf ›Schmerz‹.« Ich habe Torsten erst jetzt, da ich nach Hagen fahren will, um dich zu besuchen, von deinem Zusammenbruch erzählt. Natürlich nur so, daß er nicht richtig begreifen kann, wie schlimm es tatsächlich um dich steht.

Am nächsten Tag warte ich in der Aufnahme des Krankenhauses, um vorgelassen zu werden. Die Empfangsschwester glaubt mir nicht ohne weiteres, daß ich deine

Ex-Frau bin, stellt aber dennoch eine Telefonverbindung zu deinem Zimmer her. »Mensch Dicke, wo bist du denn?« »Hier unten, in der Klinik.« Du kannst es kaum fassen. Jetzt endlich werde ich zu dir gelassen. Vorsichtig umarme ich dich in deinem Bett. Du bist den Tränen nah, als ich dir Torstens Lieblingsstofftier aufs Bett lege und ein Foto von ihm in die Hand drücke, auf das er viele bunte Herzchen für dich gemalt hat. Wieland schickt dir einen Brief, in dem er es ironisch für »unfair hält, daß du, kaum daß wir alle nicht mehr richtig streiten, so'n Blödsinn machst.«

Wir sitzen beide stumm zusammen. Ich halte deine Hand fest. Es ist trotz all der Jahre wieder so wie damals vor knapp zwanzig Jahren im Schwabinger *Wendekreis*: Wir gegen den Rest der Welt.

Torsten will wenigstens telefonisch bei uns sein und fragt dich, wann du mit ihm wieder an die Hütte kannst. Mit tränenerstickter Stimme versprichst du ihm ohne innere Überzeugung: »Schon bald, schon sehr bald, mein Schatz.« Stunde um Stunde reden wir. Ich erzähle dir von meinem Restaurant, das gerade ausgebaut wird. »Eh, Dicker, wenn es so läuft, wie wir erwarten, brauchst du nicht mehr zu arbeiten, dann leben wir alle drei davon.«

Du strahlst und drückst zwischendurch immer wieder meine Hand, »und du wirst wieder meine Frau«. Ich lächle, sage aber nichts.

Als ich spät am Abend aufbreche, sehe ich, kurz bevor sich die Tür hinter mir schließt, wie du deinen Kopf zur Seite drehst und deinen Tränen freien Lauf läßt.

Auf dem Weg zum Flughafen bricht meine gespielte

Stärke zusammen. Noch im Flugzeug nach Hamburg weine ich ununterbrochen.

Um dich, um uns und überhaupt um die Unmöglichkeit, etwas festzuhalten.

Du erzählst mir, daß dein *Freund* Dr. S. an deinem Krankenbett war, um mit dir dein Testament abzusprechen. Woher BILD das kurze Zeit später weiß, frage ich mich?

Einige Tage später wirst du mit einem Hubschrauber ins Herzzentrum München geflogen: Du brauchst dringend zwei neue Herzklappen. Deine schließen nicht mehr und können so die Sauerstoffversorgung deines Körpers nicht mehr gewährleisten.

Wir telefonieren vor der schweren Operation miteinander. Ich fühle deine Angst und versuche dir Stärke in meine Worte fließen zu lassen. Alles ist so unwichtig in diesem Moment. Es gibt auch nichts zu verzeihen. Ich bin für dich da, wenn du mich wirklich brauchen solltest.

Du sagst, daß du das weißt und eigentlich schon immer gewußt hast. So wie du eigentlich auch unsere Ehe für unauflöslich gehalten hast all die Jahre.

Einen Tag nach der lebensbedrohlichen Operation rufe ich dich auf der Intensivstation an. Du kannst kaum sprechen, jeder Atemzug schmerzt entsetzlich. Ich erzähle dir von Torsten und seiner Sehnsucht nach der Hütte und eurer Zeit dort. Du versprichst, schon allein für ihn wieder auf die Beine zu kommen. Doch es dauert noch eine Woche, ehe ich dich besuchen darf.

Ich bin überrascht, wie gut du aussiehst, nur sehr schmal bist du geworden, was dir aber offenbar gefällt. »In Schönheit sterben«, lachst du schon wieder. Kurz vor unserem Abschied zeigst du mir die lange Narbe auf deiner rasierten Brust und ziehst meinen Kopf vorsichtig herunter. »Hör mal«, sagst du leicht amüsiert, »die klingen wie das Ticken eines Weckers.«

Dicht über deinem Herz höre nun auch ich deine künstlichen Metallklappen. Mir ist irgendwie unheimlich, was die Medizin inzwischen mit uns Menschen veranstalten kann. Aber ich bewundere deine Lockerheit und deinen sarkastischen Witz in dieser lebensbedrohlichen Situation.

»Bis bald!« rufst du mir hoffnungsfroh zum Abschied nach.

Doch das Schicksal meint es nicht gut mit dir. Die Chirurgen müssen dich noch einmal am offenen Herzen operieren: Die Nähte sind gerissen.

Wieder eile ich nach München, um dir Mut zu machen. Wenn nicht ich, wer dann, denke ich noch, als mir aus deinem Zimmer eine attraktive Frau mit einem kleinen Jungen entgegenkommt. Ich kenne diese Claudia aus Presseberichten. Mit ihr bist du gleich nach unserer Trennung auf die Malediven geflogen, obwohl du Fliegen und Fernreisen haßt. Trotz allem und obwohl wir kein Paar mehr sind, fühle ich einen tiefen Stich direkt ins Herz.

Angespannt gehe ich an der Frau vorbei an dein Bett. Du siehst erschreckend aus. Deine Züge wirken eingefallen und in deinem Blick ist kein Lebenswille mehr.

Du flüsterst etwas vom Sterbenwollen während der Narkose, von der befreienden Ruhe nach dem endgültigen Einschlafen und dann sagst du lauter:

»Dicke, ich hab dir wohl einiges zugemutet, was? Verzeih mir bitte.«

Ich habe Angst um dich, aber deine Bärennatur läßt dich wieder einmal eine Lebensbedrohung überstehen. Bei diesem letzten Besuch siehst du im wahrsten Sinne des Wortes blendend aus. Als ich ins Zimmer komme, versprichst du gerade am Telefon, Spielsachen für den Sohn dieser Claudia zu besorgen und nach deiner Entlassung mitzubringen. Ich bin hin- und hergerissen zwischen Nachsicht und Enttäuschung: Nach Torstens Wünschen hast du schon fast zwei Jahre nicht mehr gefragt. Nicht zum Geburtstag und auch nicht zu Weihnachten. Kurz darauf bekomme ich in Hamburg einen Anruf der unvermeidlichen Presse:

»Frau Höllerich, Sie wissen ja sicher, daß ihr Ex-Mann heute aus dem Krankenhaus entlassen wurde...« –

»Selbstverständlich«, lüge ich und bin enttäuscht.

Wieder der Alte. Spätsommer '86

»Hallo, wie geht's?« Du klingst beschwingt und leicht beschwipst bei diesem ersten Anruf aus dem Ferienhaus von S. in Kitzbühl. Freudig erzählst du mir von den köstlichen Tropfen, die du in seinem Weinkeller gefunden hast und schiebst meine Warnungen mit den Worten beiseite: »Er oder ich!« und meinst wie immer deinen geschundenen, kaum wiederhergestellten Körper.

»Gerhard Höllerich läßt nicht mehr alles mit sich geschehen. Mir geht's überhaupt nicht gut. Immer wieder diese fürchterlichen Atembeschwerden, Herzrhythmussprünge und Ohnmachtsanfälle. Wenn das nicht besser wird, möchte ich wirklich nicht mehr leben, Dicke. Wir haben doch schon häufiger darüber gesprochen. Ihr kennt doch die richtigen Pillen, könntest du mir dabei helfen, wenn ich mal nicht mehr will?« »Natürlich«, der Kloß im Hals erstickt mich, »aber gib dir doch noch eine Chance. Ein Körper braucht Zeit, derartig schwere Eingriffe zu verkraften.« »Entweder sterbe ich bald, oder ich zeige es allen noch einmal, das verspreche ich dir. Tschau und Prost Dicke.«

So nimmt alles seinen Lauf. Ich kann dir nicht helfen. Kann irgendjemand einen anderen ändern, der das selbst nicht will?

Eröffnung unseres Lokals. September '86

Nach dem anscheidend üblichen Terminstreß in der Endphase eines Umbaus und der nervenden Endabnahme der verschiedenen Behörden, eröffnen wir mit vielen prominenten Ehrengästen am 4. September unser Bar-Restaurant *Lichtfest*, das laut Presseartikeln eines der schönsten in Hamburg geworden ist. Wir haben von elf Uhr vormittags bis um drei Uhr nachts geöffnet. Neben dreißig Barstühlen und sechzig Eßplätzen können unsere Gäste auch draußen im Vorgarten an den zehn Außentischen unsere italienische Küche genießen.

Wieland kennt aus seiner LOGO-Zeit noch viele Musiker und Medienleute, ich mache mit meinem Namen wohl viele neugierig und so läuft der Laden erwartungsgemäß sehr gut an.

Dein erster Besuch. Februar '87

»Diese entsetzliche Einsamkeit ohne Euch und ohne Arbeit bringt mich noch um, Dicke. Ich halt' das nicht mehr aus, ich muß raus hier.«

Du rufst deinen Agenten an und bist schon drei Monate nach deiner Entlassung mehr unterwegs denn je. Offenbar wollen alle jemanden sehen, der gerade am Tod vorbeigeschlittert ist. In Frank Elstners ZDF-Sendung *Menschen '86* hast du wieder deine Rolle gespielt und so getan, als sei nun alles wieder im Lot. Du siehst aus wie in deinen besten Zeiten, aber auch entsetzlich traurig, wenn man genau hinschaut.

Dein Weg führt dich in diesen Tagen auch mal wieder nach Hamburg. Torsten ist schon ganz aufgeregt, daß er dich nach so langer Zeit wiedersehen soll und du dann auch noch bei uns übernachten willst.

Er bringt sein Zimmer auf Hochglanz, während ich darin das Gästebett für dich beziehe. Dann bereite ich eine Tasse Tee für deinen Empfang vor.

Endlich stehst du vor uns im Flur. Ein leises Lächeln um die Mundwinkel, das jedoch deine traurigen Augen nicht erreicht.

Torsten kommt dir strahlend aber scheu wie gegenüber einem Fremden entgegen. Ich spüre fast körperlich deine Sehnsucht, alles Vergangene ungeschehen zu machen, als du ihn zögerlich umarmst. Seltsam, wir sitzen hier, als wäre alles noch genau wie vor Jahren. Wir trinken Tee und unterhalten uns über deinen ungeliebten Beruf und über Klatschgeschichten aus meinem Lokal, das sich inzwischen als Szene-Treffpunkt etabliert hat, in dem Udo Lindenberg Texte zum Halbplayback ausprobiert oder Privatradiosender konzipiert werden. Ich karikiere für dich den vereinsamt am Geldautomaten hantierenden Pit Weyrich, mokiere mich über deine ebenfalls »tingeleigenervten« Kollegen Chris Roberts, Costa Cordalis oder Bernhard Brink, die immer wieder nach ihren Ostseeauftritten hereinkommen. Alte Kollegen aus meiner BRAVO-Zeit schauen vorbei und selbst längst vergessene Schulkameradinnen tauchen plötzlich wieder auf.

Nur an das Angestarrtwerden kann ich mich immer noch nur schwer gewöhnen.

Torsten hat dich seit mindestens sieben Monaten nicht mehr gesehen und kann gar nicht genug von deiner Aufmerksamkeit ergattern. Energisch verbietet mir unser »Löwegeborener«, zu viel »langweiligen Erwachsenenkram« mit dir zu bereden und ist froh, als ich mich endlich umziehe, um mich im »Lichtfest« sehen zu lassen. Überrascht und verwirrt schaust du mir nach, als deine vormals so häusliche »Alte« in einem sexy Lederkleid deinen Blicken entschwindet.

Beim harmonischen Frühstück am nächsten Morgen versprichst du deinem Sohn, ab jetzt immer bei ihm zu übernachten, wenn deine Termine dich nach Hamburg führen.

Danach brichst du hastig auf. Ich verstehe das, wir haben beide einen Kloß im Hals, als wir uns beim Abschied kurz umarmen.

Einen Monat später rufst du an und eröffnest uns, daß du es für einen guten Gedanken hältst, dir in Hamburg eine Wohnung zu nehmen, um Torsten häufiger treffen zu können. Ich spüre, daß du die Nähe zu uns als Rettungsschirm im freien Fall begreifst und biete dir deshalb spontan an, bei der Suche und beim Einrichten zu helfen.

Du erwähnst später deinen Wunsch noch ein paar Mal, machst dann aber doch keine echten Schritte in diese Richtung. Torsten ist enttäuscht, versucht aber, es nicht zu zeigen.

Gift in der Schule. Sommer '87

In Torstens Schule hat man festgestellt, daß bei Renovierungsarbeiten in sämtlichen Pavillons mit überdurchschnittlich vielen Giftstoffen gebaut und gemalt worden war. Sein Unterricht wird in andere Schulgebäude verlegt, die aber gemäß verschiedener Gutachten auch nicht einwandfrei sein sollen.

Meine Proteste und Eingaben verklingen ohne Folgen, da die anderen Eltern offenbar weniger Angst um ihre Kinder haben. Als nichts geschieht, Torsten immer atemloser die Treppen zur Wohnung heraufkriecht und auch unter ständigen Kopfschmerzen leidet, nehme ich ihn von der Schule und lasse ihn privat unterrichten.

Ich stelle nicht das erste Mal fest, daß ich als alleinstehende Mutter nicht für voll genommen werde. Ich glaube kaum, daß der arrogante Rektor mit dir so umgesprungen wäre, wie er es mir gegenüber gewagt hat.

Angst vor der Schule. Herbst '87

Torsten besucht inzwischen die Beobachtungsstufe des nahegelegenen Gymnasiums. Er hat Schwierigkeiten, sich zu konzentrieren und wehrt sich gegen einen Unterricht, der nur wenig Kreativität zuläßt und vom Schüler sture Wissensansammlung fordert, ohne Zusammenhänge begreiflich zu machen. Er soll nur aufnehmen und auswendiglernen.

Er ist ganz dein Sohn, denn er ist hochmusikalisch, singt aus dem Stegreif jede Melodie nach und kann Stimmen Prominenter spontan imitieren. Er malt phantasievoll und schreibt zu Hause spannende Geschichten auf, aber für diese Fähigkeiten bleibt in den vorgeplanten Leistungswegen dieser Schule kein Platz. Die einzige Zeit, in der er ohne Herzklopfen und Angst aufsteht und sich auf den Tag freut, sind die Ferien oder die Tage, in denen er sich in ein Krankfühlen flüchtet und einfach im Bett bleibt.

Herbstferien '87

Nach acht Stunden Autofahrt kommen wir schließlich an der Hütte an. Dicker als ich dich in Erinnerung habe, eine Pfeife im Mundwinkel, schlurfst du lächelnd in deiner üblichen Anglerkluft auf uns zu, als wir die kleine Brücke über den Fluß an der Mühle überqueren.

Wellen von Wehmut schlagen über mir zusammen, als ich nach Jahren das erste Mal wieder hierherkomme, an diesen Ort, der doch eigentlich meine wahre Heimat ist.

So, als wäre nichts geschehen, fahre ich wie früher gleich nach der Ankunft los, um die Essensvorräte aufzufüllen. Jeder im Dorf kennt mich natürlich noch, und ich werde überschwenglich begrüßt. Sind die letzten Jahre wirklich Realität? Bin ich tatsächlich endgültig von dir geschieden?

Gefühlsverwirrt fahre ich zu euch zurück. Ihr habt schon das Feuer auf dem alten Mühlstein entfacht. Es duftet nach dem Parfüm verbrennenden Holzes, und du bereitest das Fleisch und die Kartoffeln für einen gemütlichen Grillabend vor. Du stehst gelassen vor dem Schneidebrett, die Füße sicher und fest auf der Erde und bist eins mit dieser Natur um dich herum.

Torsten blüht sichtlich auf, von einer Minute zur anderen fällt hier jeglicher Leistungsdruck von ihm ab, und er gesundet.

Als wir Stunden später ohne ihn am verglimmenden Feuer sitzen, wirkst du angenehm zufrieden. Wir reden friedlich miteinander. Nur eines irritiert mich: daß du in immer kürzer werdenden Abständen zu deinem Wagen gehst und irgend etwas am Kofferraum zu schaffen hast, was sich meinen Blicken entzieht.

Als du mir jetzt ein Kompliment machst, gebe ich dir einen Kuß auf die Wange, und da rieche ich die Lösung für dein seltsames Hin- und Hergerenne:

Du hast dich geschämt, zuzugeben, daß du Schnaps trinkst.

Ertappt, fragst du, ob es mich stört, wenn du die Flasche ans Feuer holst.

Was soll ich sagen? Wir sind ja geschieden. »Weißt du, Dicke, ich habe mir neulich alte Fotos von uns angeschaut: Ich muß sagen, du warst ja wirklich mal eine schöne Frau.« Deine Hemmschwelle senkt sich mit dem Ansteigen deines Alkoholpegels. Du wolltest mir wohl ein Kompliment machen, hast mich aber verletzt. Genau wie mit deinem Spruch: »Es ist schön, wieder junge Körper anzufassen«, den du mir bei unserem letzten Treffen an den Kopf geworfen hast.

Ich versuche diesmal, mich zu wehren: »Ich bin doch auch heute noch eine schöne Frau und finde mich sogar attraktiver als mit fünfundzwanzig.«

»Finde ich nicht«, kommt von dir, meinem Ex-Göttergatten. »Übrigens packe ich die Trennung von dir so langsam. Ich schaffe das, indem ich mir immer deine Schlechtigkeiten vor Augen führe.«

»Welche sind denn das zum Beispiel?«

Kurze Pause. »Ach, die fallen mir bestimmt später ein. Weißt du überhaupt, was meine Mutter mir auf den Weg gegeben hat, als es mit meiner Karriere am Ende war? ›Ja, ja‹, hat sie getönt, ›die Leut' werden scho' recht haben, wenn sie dich nicht mehr mögen und deine Platten nicht mehr kaufen.‹ Nett diese Frau, gell?«

Eigentlich wollte ich zwei Tage bleiben, entschließe mich aber spontan, am nächsten Morgen zu fahren. Ich bin seelisch zu durcheinander: Einerseits lebe ich mich in Hamburg langsam ein, andererseits hast du mir mit deinen letzten Äußerungen wieder verdeutlicht, warum wir getrennt sind. Aber dennoch zerrt eine ungestillte Sehnsucht in mir nach einer *heilen Welt* hier mit dir und Torsten. Beim Abschied heulen wir beide wie die Schloßhunde. Es gibt leider kein Zurück.

Als Torsten zurückkommt, erzählt er: »Mama, der

Papa hat mir einmal abends gesagt, ich soll dir bestellen, daß du die beste warst. Ihr hättet euch nur zu früh kennengelernt. Er wüßte, daß er so eine wie dich nie mehr findet.« Während unser Sohn mir deine lieben Worte übermittelt, strahlt er, als hättest du mir einen neuen Heiratsantrag gemacht.

Treffen im »Lichtfest«. November '87

Wir treffen uns in letzter Zeit immer häufiger, und du verlebst mit Torsten manchen Nachmittag oder Abend in einer für ihn ungewohnten Vater-Sohn-Vertrautheit. So hast du dich, als dich mal wieder Fernsehaufnahmen nach Hamburg führen, bereiterklärt, zusammen mit mir im *Lichtfest* zu Werbezwecken für ein paar Fotos zur Verfügung zu stehen. Früh am Abend bringe ich Torsten vor unseren Aufnahmen ins Elysee-Hotel. Er möchte dich für sich alleine und außerdem liebt er es, in dieser luxuriösen Umgebung in deiner Suite zu übernachten. Vor allem die vielen Fernsehkanäle haben es ihm angetan.

Nachdem uns dein Manager Wolfgang Kaminski in verschiedenen Winkeln des Lokals aufgenommen hat, gesellt sich noch Carlo von Tiedemann an unseren Tisch. Mit ihm und Wieland sitzen wir noch längere Zeit zusammen und trinken.

Und wieder kannst du es nicht unterlassen, zu sticheln. Es scheint dir wichtig zu sein, vor den anderen festzuhalten, daß du eines immer warst, ein Opfer der Medien und der Frauen, vor allem ein Opfer von mir. Ich gehe und erinnere dich noch daran, daß dein Sohn seit vier Stunden im Hotel ist. Schuldbewußt ziehst du gleich mit Carlo und Kaminski los. Doch angekommen seid ihr wohl nicht so schnell. Mich erreicht zu Hause der Anruf von Torsten: »Wo bleibt Papa denn?« Ich beruhige ihn, daß du bestimmt jeden Augenblick durch die Tür kommst. Trotzdem ist unser Sohn mißtrauisch: »Hat er wieder getrunken, Mama?« »Im Lokal nicht viel«, antworte ich wahrheitsgemäß.

Keine dreißig Minuten später ruft Torsten an, ich solle ihn holen. Du bist besoffen ins Zimmer gekommen und auf der Stelle eingeschlafen.

20. Januar '88

»Herzlichen Glückwunsch zu deinem Dreiundvierzigsten.« Es ist Walters finnische Lebensgefährtin Marja, die einzige der Familie, die immer zu mir gehalten hat, auch nach der Trennung. Und sie ist die einzige, die heute an meinen Geburtstag gedacht hat. Sie hat immer und überall betont: »Der Walter und ich, wir haben uns schon seit Jahren gewundert, wie du das so lange ausgehalten hast, so wie der Gerhard dich behandelt hat.«

Ich erkundige mich ganz automatisch danach, wie es dir geht. »Gar nicht gut in den letzten Wochen. Walter hat Gerhard schon häufiger aus seiner Wohnung schleppen müssen, nachdem er sich tagelang nicht gemeldet hatte. Fast bewußtlos ist er dann mit Spritzen wieder aufgepäppelt worden, das letzte Mal zu Weihnachten.«

Sie hatten dich eingeladen, du aber hast in letzter

Sekunde abgesagt. So haben sie dir daraufhin einen Baum für deine Wohnung besorgt. Statt eines Dankes hast du dich über die fünfzig Mark aufgeregt, die »der Blödsinn gekostet hat«. Marja hat dir daraufhin die Tanne geschenkt.

Erneuter Umzug. Mai '88

Torsten wird immer krankheitsanfälliger und will in letzter Zeit überhaupt nicht mehr die vier Stockwerke hinunter auf die Straße. Auch meine Seele fröstelt in der Erwartung, einen weiteren Sommer in unserer dunklen, noch im Juni zu beheizenden Wohnung zu hocken.

Also suche ich wieder einmal in meinem Leben ein neues Zuhause.

Ich habe diesmal Glück und finde in Hamburg-Nienstedten parallel zur Elbchaussee eine Parterrewohnung mit Alleinnutzungsrecht eines herrlichen Südostgartens, an dessen alten knorrigen Obstbäumen ich mich überhaupt nicht sattsehen kann, ebenso nicht an der ländlich-idyllischen Umgebung so nah an der Großstadt.

Zwar nimmt sich der Vermieter mir als alleinerziehender Mutter Frechheiten heraus und Torsten muß jeden Morgen den langen Weg mit dem Bus über die Reeperbahn zur Schule am Rothenbaum in Kauf nehmen, aber sonst sind wir beide begeistert von unserem neuen Domizil. Ebenso wie unsere zwei jungen Katzen, die Torsten gleich ins Herz schloß, als er sie kurz nach der Geburt bei Wielands Freundin das erste Mal gesehen hatte. Ich kaufe unserem Sohn ein kleines Plastikschwimmbecken, in dem er mit Klassenkameraden fast jeden Sommertag herumtollt.

Umwälzungen. Oktober '89

Du hast dich bei den letzten beiden Besuchen von Torsten an der Hütte wacker geschlagen und nichts getrunken. Es waren beide Male traumhafte Zeiten für unseren Sohn.

Auch bist du seit deiner Operation immer häufiger nach Hamburg gekommen, hast mit Torsten im *Lichtfest* zu Mittag gegessen und warst überraschend milde im Umgang mit mir. Das hat sich in den letzten Wochen abrupt geändert. Deine Anrufe werden immer seltener und Torsten leidet so unter dieser Mißachtung, daß er mich immer häufiger fragt, ob du ihn denn vergessen hättest.

Er hat zunehmend Schwierigkeiten, in der Schule seine durch die vielen Umzüge verursachten Lücken im Wissensstoff aufzuarbeiten: Er hat nie richtig vermittelt bekommen, Spaß am Lernen zu haben.

Das Hauptgefühl, das die Schule und die Lehrer in ihm wachrufen, ist Angst. Du hast dich um solche Dinge nie gekümmert, du weißt weder, auf welcher Schule er ist, noch in welcher Klasse.

Dein Sohn ist immer stärker bemüht, auf dich einzugehen, er darf sich nicht einfach ohne Gegenleistung fallenlassen. Du gehst sogar so weit, ihn vollkommen zu überfordern, wenn du ihm sagst: »Torsten, du bist doch mein ganzer Halt im Leben.« Mir kommt es so vor, als ob du zuerst von Torsten Liebe erwartest, und dann erst zu Liebesgesten deinerseits bereit bist. Er fleht dich an, dir doch wenigstens die Tage während seiner Ferien von Terminen freizuhalten. Du versprichst es, ohne ernste Absicht, es auch einzuhalten.

Torsten hat es sich deshalb angewöhnt, einen Schulkameraden mit an die Hütte zu nehmen, um nicht ganz alleine zu sein, wenn du wieder fortfährst oder auch für den Fall, daß du wieder einmal zuviel trinken solltest.

Manchmal will deshalb der Freund schnell wieder nach Hause oder sie hocken den ganzen Tag alleingelassen im Wohnmobil und schauen sich von dir besorgte Gewaltvideos an.

Torsten kommt dann vollkommen enttäuscht mit nervösem Augenzucken und Depressionen nach Nienstedten zurück.

Ich selber habe weniger Zeit für ihn, da ich den Sommer über die theoretische Ausbildung zur Reisekauffrau absolviere, um vielleicht mit dem Verkaufserlös unseres Lokals später ein eigenes Büro im Süden aufmachen zu können. Jetzt ebenfalls auf die Schulbank zurückgekehrt, kann ich die Probleme meines Sohne um so besser verstehen. Ich will ihn von diesem tödlichen Gepauke erlösen und melde ihn an einer nahen privaten Schule an, die seine Kreativität fördern helfen soll. Es ist sein vierter Schulwechsel, und er verliert wieder seine Freunde, aber ich hoffe, es ist zu seinem Besten.

Wir wollen in den Süden. Januar '90

Obwohl ich meine Ausbildung zur Reisekauffrau abgebrochen habe, ist der Wunsch, im Süden zu leben und zu arbeiten, nicht kleiner, sondern eher größer geworden.

Trotz interessanter Begegnungen, wie zum Beispiel jener mit den Leuten von den Tagesthemen bei ihrer Weihnachtsfeier vor vier Wochen, ist der Gastronomiealltag unbefriedigend: Unzuverlässige Köche und in die Kasse greifende Kellnerinnen sowie nörgelnde Gäste lassen in Wieland und mir so dringend die Sehnsucht nach der Heiterkeit unter südlichem Himmel werden, daß wir beschließen, noch in diesem Jahr unser Lokal zu verkaufen.

Carmen, Du und Torsten. Frühjahr '90

Ich versuche zu begreifen, warum du dich kaum noch bei uns gemeldest hast und wenn, dann unwirsch und kurz angebunden: Wie wir es in der *yellow press* nachlesen konnten, hattest du dich für den wenig exklusiven Wohnort in der Nähe deines Managers in Herdecke entschieden: Ich wundere mich, warum du plötzlich eine solche Umgebung für dich akzeptiert hast. Du hast damit offenbar versucht, dich in den letzten Wochen und Monaten emotional von mir abzunabeln, um dich neu binden zu können.

Torsten erkennt deine neue Freundin Carmen auf den Pressefotos wieder. Er hatte die Aufnahme, die Carmen dir kurz nach dem Kennenlernen im Anschluß eines

Konzertes nach Augsburg geschickt hat, bewundernd angesehen und dir gesagt: »Papa, schau mal, das ist doch eine tolle Frau. Die wäre doch was für dich.«

Du bist wieder sehr erfolgreich und drehst die RTL-Serie *Ein Schloß am Wörthersee*, mit denselben Partnern und dem gleichen Team wie bei deiner erfolgreichen Filmkarriere Anfang der Siebziger Jahre. Du hast Torsten eingeladen, seine Sommerferien doch bei dir am Drehort zu verbringen. Torsten ist ganz aufgeregt: sechs Wochen allein mit dir. Wann hatte es das das letzte Mal gegeben?

Doch dann kam die Überraschung und der Schock: Als er kurz vor dem Ferienanfang noch einiges mit dir besprechen will, erreicht er unter deiner Nummer am Drehort nicht dich, sondern die ihm nur aus der Zeitung bekannte Carmen. Erschrocken wirft er den Hörer wieder auf die Gabel, um erst nach ein paar Minuten neuen Mut zu schöpfen und Carmen kurz zu fragen, wann du denn wieder da wärst.

Als ich ihn einige Tage später zum Flughafen bringe, ist er immer noch sehr beunruhigt: Er fühlt instinktiv, daß das mit Carmen eine für dich wichtige Beziehung ist. Noch nie seit unserer Trennung hat er eine Frau so lange in deiner Nähe gesehen.

Er hat sich zwar schon daran gewöhnt, dich mit deinen Liebschaften teilen zu müssen, aber das mit Carmen scheint etwas vollkommen Neues zu sein. Er weiß nicht, wie er mit ihr klarkommen wird, ob du trinken wirst und ob du dir überhaupt Zeit für ihn nehmen wirst.

Zum Abschied beruhige ich unseren Sohn, indem ich ihm versichere, daß er doch jederzeit nach Hause kommen kann, falls irgend etwas schiefläuft.

Drei Tage später kommt der erste Anruf: »Du, die Carmen ist okay. Wir unternehmen viel zusammen, ich glaube, sie mag mich auch.«

»Und der Papa?« »Ja, weißt du, du kennst ihn ja.«

Nach sechs Tagen ist es dann wohl wieder so weit: »Mama, ich komme morgen. Frag' jetzt bitte nichts. Ich steh' hier im Hinterzimmer, Papa brüllt vorne rum, ich soll nicht so lange telefonieren.«

Es ist ein schwüler Sommertag in Hamburg, an dem ich Torsten als Entschädigung für Erlittenes einen schönen Empfang bereiten will.

Es ist ja nicht das erste Mal, daß er seine Tage bei dir vorzeitig abbricht.

Als er endlich durch die Tür kommt, fällt er vollkommen erschöpft und extrem verschwitzt in sein Bett und bleibt eine Stunde fast regungslos liegen.

Erst danach ist er wieder ansprechbar.

»Es war so schrecklich, Mama. Papa hat jeden, aber auch jeden Tag getrunken.«

Die Produktionsfirma von Carl Spiehs hat dir in der Nähe des Drehortes ein kleines, romantisches Holzhäuschen zur Verfügung gestellt, in dem du mit deiner Freundin angenehm wohnen kannst. Am verabredeten Treffpunkt am Wörthersee holt Carmen unseren Sohn ab und offenbart ihm: »Dein Vater liegt leider total betrunken im Bett.«

Doch nicht nur diese Begrüßung fällt dem Alkohol zum Opfer, auch den gesamten nächsten Tag liegst du flach, die Flasche in ständiger Reichweite.

Carmen bemüht sich offenbar darum, die Enttäuschung für Torsten nicht allzu groß werden zu lassen. Sie begleitet ihn und seinen Freund Gregor, der im letzten Augenblick auch mitgekommen war, zum Tennis und an den nahen Badesee.

Nachdem du am dritten Tag morgens einigermaßen nüchtern zu den Dreharbeiten aufgebrochen bist, kommst du abends wieder angetrunken zurück und stürzt dich an Torsten vorbei auf deine Freundin, um sie demonstrativ zu knutschen. Carmen schiebt dich weg. Später sagt sie unserem Sohn, daß ihr das leidgetan hat, sie verstehe dich auch manchmal nicht.

Torsten wartet vergeblich auf den Augenblick, dich als Vater kennenzulernen.

Bei einem Spaziergang muß er mitansehen, wie du überherzlich ein kleines Mädchen schmust, das um ein Autogramm bittet. Deinen Sohn hast du schon lange nicht mehr zärtlich in die Arme genommen.

Daß er angesichts von Carmens Anwesenheit seinen Traum, daß wir jemals wieder zusammenfinden, sterben lassen muß, ist für ihn der erste emotionale Schock dieser Woche. Daß das aber Hand in Hand zu gehen scheint mit einer zerstörerischen Lieblosigkeit von dir, tötet etwas Wesentliches in ihm.

Torsten erzählt: Als du am sechsten Tag leicht schwankend mit der Schauspielerkollegin Julia Kent in das Häuschen platzt, ist es auch Carmen zuviel.

Sie macht dir schwere Vorwürfe und rennt weinend hinaus. Julia Kent geht, du fällst ins Bett, und Torsten sitzt mit Gregor unglücklich und ratlos vor der Karikatur eines Vaters.

Irgendwann in der Nacht kehrt Carmen zurück, weckt unseren schlafenden Sohn und schüttet ihm ihr Herz aus. Auch sie ist anscheinend schon nach einem halben Jahr Opfer ihrer zu großen Liebe zu dir.

Es scheint sich alles zu wiederholen.

Am nächsten Tag reist sie mit den beiden Jungs ab. Du schaust ihnen nach, ohne sie zur Rückkehr zu bewegen.

Wie gehetzt erzählt Torsten mir diese Geschichte. Er sitzt da vor mir und mir fällt auf, daß er mindestens acht Pfund weniger auf den Knochen hat. Noch nehme ich das nicht ernst, noch vermute ich, daß er mit Carmen viel unterwegs war und das Essen einfach vergessen hat.

Doch in den nächsten Tagen klagt er über einen unnatürlichen Durst mit gleichzeitigem Wasserlassen, das nicht enden will.

Er verfällt zusehends, wird immer kraftloser, klagt ständig über Übelkeit und schläft mitten am Tag immer wieder ein. Ich bekomme Angst.

Ich denke über die Symptome nach und mir kommt ein furchtbarer Gedanke: Diabetes. Mein Sohn ist todkrank – er ist zuckerkrank.

Ich bitte um irgendeine Gerechtigkeit des Schicksals und denke immer wieder nur: Nein, bitte das nicht, das nicht! Doch die Teststreifen aus der Apotheke zeigen nach dem Gebrauch eine dunkelgrüne Verfärbung. »Gehen Sie unbedingt sofort zum Arzt«, steht auf dem Beipackzettel. Meine Verzweiflung läßt mich an Verfallsdaten zweifeln, Sabotage in Erwägung ziehen, sogar dem Hamburger Wasser traue ich nicht mehr.

Doch als ich ebenfalls einen Test mache, verfärbt sich der Streifen nicht grün.

Mein unerschütterlich optimistischer Bruder Wieland beruhigt mich für ein paar Stunden: »Zucker im Urin? Ist doch ganz logisch bei den Mengen Coca-Cola und Süßigkeiten, die der in sich hineingeschüttet hat. Das geht bestimmt wieder weg.« Wir hoffen alle auf ein Wunder.

Doch am nächsten Tag, ich werde ihn nie vergessen, diesen 8. August 1990, sitze ich dem Arzt gegenüber und höre ihn wie durch einen akustischen Nebel sagen: »Frau Höllerich, ihr Sohn ist schwer krank. Er wird sein Leben lang Insulin spritzen müssen. Die Krankheit ist unheilbar. Fahren Sie bitte nicht mehr nach Hause, es besteht Komagefahr.« Aus den Augenwinkeln sehe ich Torstens schreckgeweitete Augen. Nur nicht weinen, hämmert es in meinem Gehirn. Stark wirken. Mein Hals ist wie zugeschnürt, ich bringe kein Wort heraus. »Bitte, lieber Gott, laß das alles nur ein Irrtum sein.« Torstens Schluchzen will nicht enden.

Ich weiß nicht, wie mein Auto zum Altonaer Kinderkrankenhaus gekommen ist. Ich registriere erst wieder etwas, als unser Sohn am Tropf mit Kochsalzlösung angeschlossen wird. Nach einigen Stunden wird Insulin dazugegeben.

Mein Lächeln, das sich in meinem Gesicht festgesetzt hat, schmerzt. Bloß nicht Unsicherheit zeigen, bloß nicht verzweifeln, er darf nicht zusammenbrechen. Ich muß ihm jetzt all meine Stärke geben.

Ich rede vom Süden, vom Baden und einer tollen Urlaubsreise, die wir nach seinem Klinikaufenthalt unternehmen werden. Beim Abschied huscht ein leises Lächeln über sein leichenblasses Gesicht.

Nach der düsteren Heimfahrt stürzt in meiner einsamen Stube das schlechte Gewissen einer Mutter gnadenlos auf mich ein. Torstens ständige Ohrentzündungen und das fürchterliche Penicillin, seine frühen Einsamkeiten, die Trennungen von mir und dir, seine Trostsuche in Süßigkeiten, deine Suffgeschichten, der Tod des Hundes, die Schulwechsel und seine ständigen Ängste, meine vielen Umzüge, deine Lieblosigkeiten ... ich bin kurz davor, zusammenzubrechen. Ich darf jedoch nicht.

Ich rase zwischen Wohnung und Krankenhaus täglich mehrere Male hin und her. Jedes greifbare Buch über diese Krankheit, über Therapien und Ernährungswissenschaften, arbeite ich durch. Ich lese und lerne, ich verzweifle und hoffe.

Eines kann ich nicht: mich mit der fürchterlichen Krankheit meines Kindes abfinden.

Wieland und ich gehen zu einem auf diesem Gebiet forschenden Professor im Eppendorfer Universitätskrankenhaus, der uns mit den Worten wieder nach Hause schickt: »Seien Sie doch froh, daß es Insulin gibt, noch vor zwanzig Jahren wäre Ihr Sohn zum Tode verurteilt gewesen.«

Ich halte Torsten aus meinen Nachforschungen heraus. Er erträgt die Behandlungen sehr tapfer. Schnell nimmt er wieder zu und lernt den Umgang mit den Testgeräten und der Insulinspritze.

Ich werde eine Fachfrau auf dem Gebiet der Zuckerkrankheit. Mein Sohn hat den juvenilen (jugendlichen) Diabetes, der im Gegensatz zur Alterserkrankung unheilbar ist. Auf der Skala von leichter Erkältung bis zum tödlichen Krebs liegt diese Krankheit nur kurz vor Krebs.

Aus irgendeinem erblichen Grund produziert die

Bauchspeicheldrüse plötzlich immer weniger Insulin, bei Ausbruch der Krankheit sind 80 bis 90 Prozent der produzierenden Zellen zerstört.

Der Körper braucht das Insulin, damit die in Zucker verwandelten Kohlehydratmoleküle als Energie von den Zellen aufgenommen und verarbeitet werden können. Insulin ist eine Art Schlüssel zum Durchgang in die Körperzellen, ohne ausreichendes Vorhandensein dieses Hormons fließt der Zucker einfach durch den Körper und wird wieder ausgeschieden. Deshalb die zu hohen Zukkerwerte im Blut oder im Urin.

Viermal täglich muß sich Torsten nun Insulin injizieren. Spritzt er zuviel oder vergißt er eine Mahlzeit, unterzuckert er und kann bewußtlos werden, sollte er nicht rechtzeitig Traubenzucker zu sich nehmen können. Ißt er zuviel Kohlehydrate, ohne vorher seinem Körper entsprechend Insulin zugeführt zu haben, überzuckert er. Übelkeit, Kopfschmerzen, Mißgelauntsein und Antriebslosigkeit sind die unmittelbaren Folgen.

Sollte Torsten in Zukunft nicht sehr diszipliniert leben, sind schlimmste Gefäßschäden die Folgen.

Ich entwickle den verzweifelten Plan, die Restproduktion in der Bauchspeicheldrüse meines Sohnes aufrechtzuerhalten. Er muß sich möglichst eiweißfrei ernähren und viel Sport, gerade unter südlicher Sonne treiben, um die Insulinaufnahme zu unterstützen und um seine Seele wieder aufzurichten.

Denn vor allen anderen Ursachen soll Diabetes nach bisherigen Untersuchungen auch eine psychosomatische Erkrankung sein. Meine Krankenkasse wehrt sich vehement gegen die Kostenübernahme jeder alternativen Behandlungsart. Sie ist gegen die Ernährung aus Rohprodukten verschiedenster Art, gegen Darmreinigungen, Sauerstoffbehandlungen oder »seelische Kuren« am Meer.

Noch im Krankenhaus frage ich Torsten, ob er will, daß du ihn anrufst. »Nein, Mama! Papa interessiert sich ja doch nicht für mich. Ich kann ihn auch im Moment nicht gut verkraften.« Du erreichst Wieland in meiner Wohnung und hörst von ihm von der Erkrankung deines Sohnes. Er erklärt dir, daß sie unter anderem psychosomatische Gründe hat, daß Torsten wohl deine Alkoholprobleme und meine vielen Umzüge doch nicht unbeschadet überstanden hat. Mein Bruder unterrichtet dich von Torstens Wunsch, in Frieden gelassen zu werden und kündigt dir einen Brief von mir an.

Nachdem Torsten am zehnten Tag wieder zu Hause ist, stehe ich regelmäßig nachts auf, um mich zu vergewissern, ob er nicht mitten im Schlaf unterzuckert und bewußtlos ist. Noch wissen wir nicht genau, wieviel er essen darf und wieviel er spritzen muß. Er ist noch in der sogenannten Einstellungsphase.

Ich komme fast um vor Angst, wenn er sich beim Nachhausekommen aus der Schule verspätet. Ich sehe ihn ständig irgendwo hilflos liegen und dann vielleicht sterben. Das tägliche Blutabnehmen, Teststreifenbenutzen, das viermalige Spritzen in die verschiedensten Stellen seines Körpers gehen nicht spurlos an uns beiden vorbei.

Ich fahre mit meinem Bruder zu meinem Freund Köhnlechner und hole seine Ratschläge ein. Wir sitzen stundenlang bei allen möglichen und unmöglichen Homöopathen herum, machen Testanalysen zusammen mit Torsten und hoffen, daß er weiterhin so wenig Einheiten spritzen muß.

Noch haben seine Drüsen nicht aufgehört zu produzieren, aber mit der täglichen künstlichen Zufuhr von Insulin wird es weniger. Die Zeit brennt.

Tennis und Tauchen, Lachen und Surfen im Süden wären Medizin, doch ich habe nicht mehr genügend Geld auf der Bank.

In meinem Brief an dich schildere ich dir genau, was geschehen ist und bitte dich, zu warten, bis Torsten wieder auf dich zutritt. Gleichzeitig erkläre ich dir meine finanzielle Situation, daß ich für Torstens Behandlungen und Aufenthalte leihweise 30000 Mark bis nach dem Verkauf meines Lokals benötige.

Drei Wochen vergehen, ohne daß ich etwas von dir höre. Torsten fragt, ob du dich gemeldet hast, denn trotz allem vermißt er dein Interesse.

Wie ein trotziger Junge scheinst du wieder nur dich zu sehen: du bist beleidigt, daß dein Sohn dich nicht sprechen möchte nach dem letzten Desaster am Wörthersee und strafst ihn nun mit völliger Desinteresse.

Eine Mutter kann keine Würde verlieren, eine Mutter kann Hure werden oder Diebin, sie kann sich ausbeuten oder unterdrücken lassen, wenn sie es für das Leben ihrer Kinder tut. Ich würde, ohne zu zögern, unserem Sohn meine Bauchspeicheldrüse geben, wenn es möglich wäre.

Und du bleibst stumm.

Ich schreibe einen bitterbösen, verzweifelten zweiten Brief, worin ich dir mit dem drohe, was dich immer am meisten getroffen hat: deine Angst, jemand könnte in der Öffentlichkeit erfahren, was für ein Vater du bist. Ich drohe damit, daß es ja wohl nicht unbemerkt bleiben würde, wenn ich mit Torsten auf der Straße lande, nur weil ich vorübergehend kein Geld zur Verfügung habe, in dieser so wichtigen Zeit unseres kranken Sohnes.

Torsten scheint jetzt langsam die Tragweite seines Leidens zu erkennen: »Mama, wenn es einen Gott gibt, wie die Oma Else immer gesagt hat, warum gibt er mir dann diese Krankheit?« Zum ersten Mal in meinem Leben bete ich: »Lieber Gott, sollte es dich geben, dann gib mir bitte diese Krankheit. Er ist doch erst vierzehn.«

Eine Woche nach Abschicken des zweiten Briefes, kommt endlich dein Anruf. Sehr unwirsch. Sehr unfreundlich. Wie eigentlich immer in letzter Zeit, seitdem du Carmen kennengelernt hast, nur jetzt trifft es mich extrem härter. »Ich bin also schuld an Torstens Krankheit?« ist alles, was du zu sagen hast. Meinen Vorwurf, daß wir beide Torsten überfordert haben, legst du nun so aus.

Ich versuche, dir alles zu erklären, du brüllst nur noch, dann lege ich auf.

Am nächsten Tag versuche ich dich am Wörthersee zu erreichen. Carmen ist am Apparat, sie ist schon vor Wochen zu dir zurückgekehrt. Zum ersten Mal reden wir zwei Frauen kurz miteinander. Ich habe das Gefühl, sie versteht mich. Zwei Tage später rufst du dann schließlich zurück. Erstaunlich milde gestimmt sagst du nur: »Dicke, es tut mir alles leid. Natürlich bekommt ihr das Geld.«

Es kommt aber nicht. Statt dessen meldet sich die

unvermeidliche BILD-Zeitung bei mir und fragt nach, ob es stimmt, daß Torsten an Diabetes erkrankt ist.

Ich leugne spontan, da ich finde, daß Torstens Erkrankung nur uns etwas angeht.

Doch nach kurzer Rücksprache mit Torsten und meinem Bruder redet Wieland mit der Reporterin. Er erklärt, daß Torsten wohl durch deine Beziehung zu Carmen begriffen habe, daß die Ehe seiner Eltern endgültig zu Ende sei. Diese anlagebedingte Krankheit habe wohl ihren emotionalen Anstoß zum Ausbruch beim letzten Aufenthalt am Wörthersee bekommen.

Die Schlagzeile der BILD-Zeitung lautet am nächsten Tag, am 24. September 1990:

Schmutziger Krieg um Roy Blacks Sohn

Dein Anwalt Dr. S. wird wörtlich zitiert: *Silke stellt ständig Forderungen. Sie hat die generöse Abfindung, ... gänzlich verbraucht. Es ist so traurig, daß die Mutter ihren Sohn vorschiebt, Geld herauszuholen.*

Weiter heißt es in dem BILD-Artikel: Die Mutter hat den kleinen Torsten dazu gebracht, für sie bei seinem Vater um Geld zu betteln ...

Woanders äußerst sich Dr. S.: „Es ist schrecklich, Roy muß ständig mit seiner geschiedenen Frau um Geld und Besuchsrecht seines Sohnes Torsten kämpfen."

Torsten soll nach Darstellung deines Beraters zu dir gesagt haben: „Papi, gib doch der Mami mehr Geld, dann können wir uns öfter sehen."

Ich bin wie vor den Kopf geschlagen. Ich hätte einen letzten Rest an Solidarität auf meine Bitte um einen Kredit erwartet, aber doch nicht auch noch derartige Unwahrheiten in der Öffentlichkeit.

Am ganzen Körper zitternd erreiche ich dich um acht Uhr früh am Wörthersee. Angeblich hast du mit diesem »Unsinn« nichts zu tun. Du versprichst mir, alles klarzustellen. Du willst über den RTL-Pressedienst die Wahrheit rausfaxen lassen. Ich bin vorerst beruhigt.

Aus diesem Grund sende ich an alle Redaktionen einen Text, in dem ich klarstelle, daß wir beide keinen Streit haben und du auch deinen Sohn jederzeit sehen könntest.

Doch ohne Gegendarstellung in der BILD nimmt sich jedes Klatschblatt das Recht, ohne eigene Recherche die Lügen nachzudrucken. Es ist wohl für den Start deiner *Wörthersee-Serie* eine gigantische Werbeaktion: hier die böse, geldgierige Mutter, dort der umsichtige, arme Vater, der nur das Beste will.

Immer noch hoffe ich auf die bisher nicht erfolgten Richtigstellungen. Statt dessen lese ich immer schlimmere Geschichten infolge der unwidersprochenen BILD-Meldungen.

Einige Tage später kommen 5000 Mark anstelle der von mir als Darlehen erbetenen 30 000.

Allein Torstens Ernährung kostet im Monat 1500, von den Kuren und Behandlungen, die die Krankenkasse nicht oder verspätet bezahlt, ganz zu schweigen.

Torsten ist immer noch sehr schwach, ich kann ihn nur schwer davon überzeugen, die komplizierte und manchmal langweilige Vegetarierkost über sich ergehen zu lassen.

In der Schule ist er, bedingt durch das Fehlen in den letzten Wochen, stark zurückgefallen. Jeden Morgen schnellt sein Blutzucker in die Höhe, schon allein wegen der Angst, in der Klasse zu versagen.

Wieland steht kurz davor, das *Lichtfest* für einen angemessenen Preis zu verkaufen.

Eine Reise in den Süden kann ich noch nicht aus eigener Tasche bezahlen.

»Aber der Papa hat doch Geld«, stellt Torsten mit Recht fest. »Aber er will mir keines leihen«, kann ich ihm nur sagen. Wütend und am ganzen Körper vibrierend greift er zum Telefonhörer und brüllt: »Das soll er mir dann selber sagen.«

Er erreicht dich in einem Hotel in Berlin: »Papa, Mama sagt, du willst ihr kein Geld leihen. Du willst nicht, daß ich in die Sonne fahren kann.«

»Torsten, ich habe das Geld nicht. Woher soll ich das denn nehmen. Weißt du wieviel ich verdienen muß, um dreißigtausend Mark übrig zu haben? Du kannst doch genauso gut an die Nordsee fahren. Der Sohn von S. hat auch Diabetes, so schlimm ist das nicht. Ich hingegen bin wirklich todkrank, bräuchte eine Kur und leiste sie mir nicht.«

Das war das erste Gespräch, das du mit deinem Sohn seit seiner Erkrankung geführt hast.

Kalkweiß im Gesicht legt Torsten den Hörer auf die Gabel, geht dann still in sein Zimmer. Ich höre ihn dort leise vor sich hinweinen. Ich weiß nicht mehr weiter. Deine Psyche ist mir nicht mehr erklärlich. Jeder arme Fabrikarbeiter würde sich ein Bein ausreißen, um seinem Sohn in dieser Situation eine Freude zu machen. Was ist bei dir so kaputt, daß du ihn auch noch niedertrittst

Drei Tage später wachst du wohl doch noch kurz auf: »Ich habe S. angewiesen, euch das restliche Geld zu überweisen. Es ist ein zinsloses Darlehen bis April nächsten Jahres.«

Endlich kann ich für Torsten und mich eine Reise in die Sonne Mallorcas buchen und vielleicht auch gleich mit den entsprechenden Leuten reden, um unsere Übersiedlung vorzubereiten.

Zehn Tage vor der Abreise ist immer noch kein Geld auf meinem Konto.

Am Telefon sagst du, daß du den Auftrag deinem Anwalt sofort erteilt hast, es bedarf aber mindestens acht Gespräche, bis sich dein Berater endlich dazu bequemt, DEIN Geld zu überweisen.

Trotzdem veranlaßt du immer noch nicht eine persönlich von dir herausgegebene Richtigstellung der Lügen in der BILD. Ich drohe jetzt mit einer Gegendarstellung.

Es geht einige Tage hin und her. Die Drohungen aus München verschärfen sich. Auf meinem Anrufbeantworter hören wir von dir: „Silke, ich warne dich, S. hat damit gedroht, dich öffentlich zu vernichten, wenn du ihn in einer Gegendarstellung der Lüge bezichtigen würdest. Er kann sich das als Anwalt nicht leisten." Die BILD teilt uns mit, daß sie fotokopierte Auszüge meiner beiden privaten Briefe vorliegen hat. Du gibst auf mein Drängen hin zu, daß du diese deinem Anwalt Dr. S. übergeben hattest, der sie anscheinend in Auszügen gleich an die BILD schickte. Er muß anscheinend seinen Ruf als glaubwürdiger Informant ohne Rücksicht auf unsere Intimsphäre aufrechterhalten.

Trotz meiner wütenden Anklagen in diesen Briefen, hat dein Berater Unwahres behauptet: Zum Beispiel habe ich »Torsten nie vorgeschickt«, bei dir »Geld herauszuholen«.

Mein Anwalt berichtet mir, daß die BILD mir ein Vergleichsangebot gemacht hat: Einen PR-Artikel in der BILD und fünftausend Mark. Unser Anwalt versichert mir, daß die Briefe nie und nimmer, auch nicht auszugsweise, veröffentlicht werden dürfen.

Ich erreiche dich und spreche dich auf die Ungeheuerlichkeit an, daß du meine verzweifelten Erklärungen und Bitten herausgegeben hast: »Gerd, warum hast du das gemacht?«

»Ehrlich, Dicke, ich weiß es nicht. Aber ich will, daß das beendet wird. Ich werde die Briefe von S. zurückverlangen und die ganze Sache stoppen«, hört auch dein Sohn beruhigt von dir mit an.

Doch die Männer in deiner Umgebung machen anscheinend weiter. Seit deinem Umzug nach Herdecke in die Nähe deines Managers Kaminski reden wir immer seltener direkt miteinander. Immer häufiger hören wir nur noch von anderen weitergetragene Meinungen übereinander. Ich empfinde uns als Opfer von Intrigen. Ich vermute deinen Manager dahinter.

Erschöpft fliegen wir in den Süden.

Mallorca ist herrlich in diesem Herbst, Torsten spielt täglich Tennis, taucht unermüdlich, Stunde um Stunde, und baut so auf natürliche Weise seinen überhöhten Zuckerspiegel ab.

Seit langer Zeit fühlt er sich endlich mal wieder gesund und glücklich. Er verliebt sich in eine junge Schweizerin und ist täglich darauf bedacht, im richtigen Winkel zu ihr zu sitzen oder zu essen, bis er all seinen Mut zusammennimmt und sie kennenlernt. Alles verläuft toll.

Inzwischen lehnt unser Anwalt das Vergleichsangebot

ab und die für die Zeitung und Dr. S. peinliche Gegendarstellung erscheint auf der Frontseite der BILD, die eine Unterlassungserklärung unterschreiben muß. Ich meine, daß damit auch der in der BILD zitierte Dr. S. in diesem Fall als Lügner dasteht.

Schon am folgenden Tag lesen wir auf Seite drei der Mallorca-Ausgabe der BILD groß und fett die angeblich durch deinen empörten Bruder Walter veranlaßte Freigabe von Auszügen meiner intimen Briefe an dich.

»Erschütterndes Geständnis von Roy Blacks Ex-Frau Silke:

»Ich bin finanziell am Ende«

Walter sagt darin: »Mir liegen erschütternde Dokumente vor. Aus Anstandsgründen möchte ich keine Einzelheiten enthüllen. Aber ich lese da zum Beispiel, handgeschrieben von Silke: ›...‹« Es folgen wild zusammengewürfelte Abschnitte aus meinem Brief. Was für eine Heuchelei!

Daß dein Bruder noch nie von des Geistes Blässe angekränkelt war, vermuten wir schon seit Jahren. So muß also ein klügerer Kopf hinter diesem Schmutz stecken, den die BILD vermutlich als Strafe für die von uns erzwungene Gegendarstellung druckt.

Denn ein Bezug zu meiner angeblichen Forderung nach Geld, damit du deinen Sohn sehen kannst, ergibt sich nicht.

Es kann höchstens eine wirkliche Erschütterung vorliegen, nämlich die, daß ich für meinen kranken Sohn solche Briefe schreiben mußte, an einen Millionär, der sich Vater nennt. Nach einem langwierigen Prozeß muß Dr. S. zusagen, die Briefe nie wieder zu verwenden.

Ein Pyrrhussieg, denn mein Ruf, mein sauberer Name, Torstens Schutz und meine geschäftlichen Möglichkeiten sind nachhaltig zerstört.

Hier stimmt etwas mit den deutschen Schmerzensgeldgesetzen nicht. »Meine verlorene Ehre« müßte die Täter finanziell empfindlich treffen können.

Du äußerst dich lange überhaupt nicht öffentlich. Wie auch? Müßtest du doch zugeben, daß du deinem Sohn in seiner Not nicht helfend zur Seite gestanden hast, daß dein Sohn dir daraufhin in einem Brief mitgeteilt hat, dich nie mehr sehen zu wollen.

Jetzt mitten in den Auseinandersetzungen steht in einem Blatt ein Satz, der dich wörtlich zitiert: *Ich glaube, meine Ex-Frau ist verrückt geworden!*

In diesem und anderen Artikeln äußert sich dein Manager Kaminski in wörtlich zitierter Rede: „... Ich habe den Eindruck, daß Silke ... aus Roys Erfolg und Torstens Krankheit Kapital schlagen will. Roy zahlt seiner Frau jeden Monat so viel, daß zwei Menschen sorgenfrei davon leben können.« Das ist eine Lüge, der dein Manager in anderen Interviews selbst widerspricht.

Und Dr. S. gibt noch einen oben drauf, ebenfalls des öfteren wörtlich zitiert: » ... Sie (Silke) hat bei der Scheidung eine Million erhalten. Die hat sie wohl verbraten.«

Im gleichen Zeitraum erhält meine Anwältin in Hamburg die Bestätigung von Dr. S., daß ich viele Hunderttausende weniger als eine Million Abfindung erhalten habe. Auch Dr. S. lügt also in diesem Fall.

Ihr dachtet, ihr trefft mich allein. Der Hauptleidtragende jedoch ist dein Sohn, der mit Recht immer wieder fragt: »Warum macht Papa das?«

Hast du das gewollt?

Wir sitzen im Restaurant in unserem Hotel auf Mallorca und ernten hämische Blicke. Ein Touristenbus hält am Café, und wir hören Sätze wie: »Ha, ha, das ist doch die, die das viele Geld von Roy erpreßt und es jetzt durchgebracht hat.« Ich bekomme anonyme Briefe mit Drohungen, zusammengeschlagen zu werden, wenn man mich zu Gesicht bekommt. Alle tuscheln, jeder weiß es besser, und Torsten traut sich kaum noch in die Schule.

Dieselben Leute, die jahrelang auf dich eingeschlagen haben mit ihren miesen Artikeln über deine Alkoholkrankheit und darüber, daß du noch arbeiten mußt, werfen mir jetzt vor, in einer Notsituation von dir einen Kredit für kurze Zeit zu erbitten.

Was müssen das für Charaktere sein, die den Kampf einer Mutter für ihren kranken Sohn mit solchen Attakken und seelischen Tritten begleiten?

Welche Ehefrau und Mutter kann ihrem Mann noch vertrauen, der sich daran beteiligt?

Ich fühle, daß ich dem nicht mehr gewachsen bin, eine Todessehnsucht ergreift mein gesamtes Gefühlsleben, für unseren Sohn halte ich durch.

Ja, es ist immer noch auch DEIN Sohn, dessen Liebe du mitvernichtet hast in diesen schweren Wochen seiner Erkrankung.

Er schämt sich seiner Eltern, denn auch ich kann ihm nun keinen Schutz mehr gegen die feindliche Welt bieten.

Mit dir möchte dein Sohn nie wieder etwas zu tun haben. Du erklärst dich nicht, rufst ihn nicht an, und er findet keine Antwort auf seine Fragen.

Bei dem Ehepaar Wollenberger, das 1992 monatelang in den Medien für Erschütterung sorgte, sollte es für jeden einsichtig sein, daß es fürchterlich sein muß, wenn ein Ehemann die Ehefrau und Mutter seiner Kinder an die Stasi verrät. Daß der Vater meines Kindes und Ex-Ehemann privateste Notschreie an ein Millionenpublikum preisgibt, wird mir, nicht ihm, zur Last gelegt.

Die potentiellen Käufer unseres Lokals haben natürlich auch die Presse gelesen und drücken den Kaufpreis auf 250 000 Mark. Eine Summe, die genügt, um in den Süden zu gehen.

Carmens Besuch. Weihnachten '90

Selten bist du auf so intelligente Weise von einer Interviewerin entlarvt worden wie von Annette Rupprecht in der Stern-Tv-Beilage vom Oktober 1990. Du sprichst davon, daß du schon wieder träumst von einem *Haus auf dem Lande, diesmal in Kärnten, weil das so ist wie in Deutschland vor zwanzig Jahren.*

Und ein Kind willst du von Carmen, *an das du dich anhängen kannst. Ein Kind, auch um vor dir selbst den Beweis anzutreten, daß du doch ein guter Vater sein kannst.*

Das Schuldgefühl, deinem Sohn aus erster Ehe zu wenig Liebe gegeben zu haben, quält dich mehr als jeder Karriereknick. Du willst also wieder wie am Hof in Altötting ein Kind, diesmal von Carmen.

Weil es damals mit uns so toll war?

Du willst zeigen, daß du ein guter Vater sein kannst?

Warum nicht jetzt an deinem vierzehnjährigen schwerkranken Sohn? Ist er für dich gestorben, weil wir, die Eltern, Streit haben? Aus dem Auge, aus dem Sinn und neue Lebenslügen aufbauen?

Die Autorin folgert am Ende des Artikels: *Gerhard Höllerich hat mit der Schizophrenie seines Daseins (und mit dem Alkohol) die Orientierung verloren.*

Ganz überraschend versucht deine Lebensgefährtin das Gespräch nach Wochen wieder in Gang zu bringen. Kurz vor den Weihnachtstagen besucht mich Carmen in Nienstedten. Es ist das erste Mal, daß wir uns persönlich begegnen, und ich bin ein wenig unruhig.

Das Eis zwischen uns ist aber sofort gebrochen, als auch sie mir ihre Nervosität gesteht.

Sie ist eine Naturschönheit, nur leicht geschminkt wirkt sie viel attraktiver als auf den Pressefotos und gewinnt zusätzlich durch ihre dunkle, warme Stimmlage.

Schnell finden wir beide einen Draht zueinander, und auf Anhieb ist mir deine neue Partnerin sehr sympathisch.

Wir spüren sofort die Ähnlichkeiten, die wir beide für dich in uns bergen.

Als die zweite Hauptfrau in deinem Leben hat dich Carmen offenbar gefragt, wie du eigentlich mit so einer vermeintlichen »Horrorfrau« achtzehn Jahre zusammenleben konntest und war losgefahren, das selbst herauszufinden. Irgendwie erleichtert stellt sie während unserer Unterhaltung fest, daß sie meine Sehensweise verstehen kann und daß auch ich ihr irgendwie vertraut bin.

Sie bittet Torsten, bei unserem Gespräch dabei zu sein.

Vielleicht glaubt sie ebenso wie du, daß es nicht seine freie Entscheidung ist, mit seinem Vater nicht sprechen zu wollen. »Carmen«, sagt Torsten, »ich finde es zwar ganz toll, daß du zu uns kommst, um einiges zu klären, aber warum meldet sich mein Vater nicht selber bei uns oder besucht wenigstens MICH?«

»Er hat Angst.«

»Vor wem denn? Meine Mutter wird ihn schon nicht schlagen, oder? Wovor hat er denn bloß Angst? Warum klärt er seine Probleme nicht einmal selber, verdammt noch mal!« Carmen zuckt mit den Schultern, Torsten geht zurück in sein Zimmer, und wir zwei Frauen verbringen den Rest des Abends gemütlich bei einer Flasche Wein.

Carmen könnte meine Tochter sein, und ich weiß von Torsten, daß auch ihr gemeinsames Leben mir dir problematisch verläuft.

Ich habe das Bedürfnis, sie zu beschützen oder ein wenig vorzuwarnen. Trotzdem stelle ich deine Vorzüge heraus. Auch Carmen sagt, daß eines ihr sehr wichtig ist: »Du weißt ja, Silke, er mag sein, wie er nun mal ist, langweilig ist es nie mit dem Höllerich.«

Ich stimme ihr zu: Ein Leben, das einem Angst macht, ist manchmal erträglicher als eines, das auf Jahre absehbar ist. Ein Mann, den man sicher an seiner Seite hat, kann auch das eigene Freiheitsgefühl einengen – ganz sicher war ich deiner Liebe – ganz tief drinnen – nie.

Carmen lacht ebenso wie ich gerne und oft. Auch sie ist von deiner Mutter nicht mit offenen Armen aufgenommen worden. Und da sich dein Vater Schorsch im Mai dieses Jahres umgebracht hat, erfährt Carmen noch nicht einmal mehr die wohlwollende Unterstützung dieses gutmütigen Mannes.

»Die hat einen Dünkel mit ihrer Familie, diese Mutter«, stellt Carmen fest, »als hätte sie sich die einzelnen Mitglieder und ihre Probleme noch nie richtig angeschaut.«

Ich frage sie noch, wie das denn am Wörthersee weitergegangen sei. »Der Gerhard hat während der gesamten Drehzeit nie aufgehört zu trinken«, sagt sie. »Und wie hast du das ausgehalten?« – »Es war nicht immer einfach.« – »Dann verstehst du jetzt vielleicht, daß man das einem Kind nicht zumuten darf, daß ich schon wegen Torsten gehen mußte?« – »Nein, mit einem Kind geht das auf keinen Fall«, bestätigt deine neue Lebensgefährtin.

Froh über den harmonischen Verlauf unseres Gesprächs verabschieden wir uns kurz darauf voneinander. Aber auch nach diesem Besuch hören Torsten und ich lange nichts von dir. Warum, wissen wir nicht.

Marbella. März '91

Es war ein schlimmes Jahr seit der Erkrankung unseres Sohnes. Auch mein Vermieter behandelt mich inzwischen ohne den noch zu Beginn kärglich vorhandenen Respekt.

Jeder geschiedene Mann in Deutschland sieht offenbar in mir die Personifizierung der ›Raffgier‹ der Ex-Ehefrauen. Als Höhepunkt der mich umgebenden ›Freundlichkeit‹ wurde unsere ›Momo‹, eine der beiden

Katzen, ermordet, weil sie zu oft die umliegenden Gärten betreten hatte.

Ich nehme Abschied von Hamburg. Leider auch von einer lieben, älteren Frau, die schräg gegenüber wohnt, und die sich immer rührend mütterlich um mich gesorgt hat.

Wieland hat seinen Bus wieder reisefit gemacht und ist schon vorausgefahren nach Marbella, wo ich vor Wochen eine herrliche Wohnung angemietet habe, um jetzt mit Torsten, Kater ›Dany‹ und sämtlichen Möbeln einen neuen Start zu wagen.

Es ist herrlich, in der traumhaften Umgebung Andalusiens die Seele baumeln zu lassen und fern von Boshaftigkeiten mißgünstiger Menschen, Wesentlichkeiten wiederzuerkennen. In den Tennisclubs, am Strand oder in den Restaurants der Umgebung treffen wir hauptsächlich Engländer, Skandinavier und Spanier, die meine Geschichte natürlich nicht kennen. Eine Wohltat, endlich wieder aufmerksam und ohne Vorurteile behandelt zu werden.

Wie habe ich mich in langen, einsamen Nächten nach dem Moment gesehnt, fern von allem, die Glieder von mir zu strecken und die Sonne den schlechten Nachgeschmack der Erinnerung wegbrennen zu lassen.

Torsten lernt von Wieland seine Furcht vor den manchmal gewaltigen Wellen zu bekämpfen und ist von Stund' an kaum noch aus dem Wasser zu bewegen.

Er macht mit einem nachgereisten Ex-Klassenkameraden Fahrradtouren in die wilde Natur der umliegenden Bergwälder, und sie übernachten sogar draußen am selbst entfachten Lagerfeuer.

Durch sein Toben im Wasser, das tägliche Tennisspielen unter heißer Sonne mit spanischen Nachbarjungen verbessert sich seine Insulinverwertung auf natürliche Weise.

Das erste Mal in seinem Leben kann er in der Sonne lesen, essen oder herumtollen, ohne schnelle Müdigkeit oder schmerzende Augen zu bekommen.

»Mama, noch nie in meinem Leben war ich so glücklich wie hier«, höre ich immer häufiger von ihm und sehe das auch. Seine eigentlich fast immer angespannten Gesichtszüge lösen sich und machen einer nie gekannten Lockerheit Platz. Jetzt erst, da diese schreckliche Krankheit in ihm vollkommen ausgebrochen ist und behandelt wird, fühlt sich Torsten paradoxerweise das erste Mal in seinem Leben tatkräftig und gesund.

Ich bin glücklich und versuche gleichzeitig über vielleicht Versäumtes nicht zu sehr zu grübeln.

Hier lernt er ein unernstes und damit intelligenteres Dasein, ein Leben mit humorvollen Menschen, erlaubtem Herumlümmeln, Naturschönheiten und Zwangslosigkeiten. Kurz: ein fröhliches und nicht zu leistungsorientiertes Menschsein.

Die Rückkehr. Spätsommer '91

Unsere Pläne, eine im Tourismus tätige Firma zu gründen, stößt auf ungeahnte Widerstände.

Zuerst spüren wir bei den bürokratisch notwendigen Schritten nicht, daß Spanien Mitglied in der EG ist.

Wir müssen unnötige Vorleistungen erbringen, die an

Schikanen erinnern. Hinzu kommt, daß in Marbella lange Zeit von der Kommune nichts mehr getan wurde, um Strände, Straßen, Wasser und Flanierviertel sauberzuhalten.

Dieses sich über vierzig Kilometer erstreckende Golferparadies wirkt verlassen und überhaupt nicht ›in‹. Im ›Stern‹ erscheint ein Artikel, wo die Gegend hier ›Se vende‹ (zu verkaufen) genannt wird.

Es herrscht Panikstimmung bei den ›Machern‹, doch trotz sinkender Touristenzahlen steigen die Preise weit über unser deutsches Niveau.

Erst als der neue Bürgermeister Jesus Gil y Gil gewählt wird, ändert sich mit rasanter Geschwindigkeit auf allen Gebieten etwas.

Du hattest vor unserem Umzug versprochen, zusammen mit mir Versöhnungsfotos machen zu lassen, um mir hier zu helfen, meinen angekratzten Ruf wiederherzustellen. Doch nichts geschieht wirklich von deiner Seite aus. Ich frage Torsten, ob er nicht versuchen will, von sich aus mit dir Kontakt aufzunehmen, um seine quälenden Zweifel vielleicht doch noch ausräumen zu können.

»Nein«, kommt die klare Antwort, »vielleicht will ich das in ein oder zwei Jahren, jetzt jedenfalls könnte ich das nicht, glaube ich.«

Ich mache ihn aus für mich unerfindlichen Beweggründen darauf aufmerksam, daß das dann vielleicht zu spät ist und er sich sein Leben lang Fragen stellen wird, auf die nur du antworten könntest.

Er will es sich überlegen.

In der Presse steht nach wie vor, daß du ihn nicht

sehen darfst. Und dort steht auch, daß Carmen ein Kind von dir erwartet.

Ich habe Mühe, Torstens Eifersucht zu bändigen und ihn in langen Gesprächen zu überzeugen, daß dieses neue Kind ihm keine Liebe wegnehmen kann, weil du selbst nie Liebe in deiner Kindheit erfahren hast und daher nie Liebe wirst geben können.

Trotzdem vermutet Torsten hinter deinem gnadenlosen Desinteresse ihm gegenüber, eine auf andere Personen projizierte Aufmerksamkeit.

Die Aufwärtsbewegung von Marbella kommt für uns leider zu spät. Die Saison geht zu Ende und für ein weiteres Jahr ohne ausreichende Einkünfte reichen meine Geldreserven nicht. Schweren Herzens entschließe ich mich, zurück nach Deutschland zu ziehen, um dort neben der Zusammenarbeit mit deutsch-spanischen Immobilienfirmen, einen weiteren Job anzunehmen.

Da ich nicht weiß, wo und wann ich diesen finde, kann ich auch noch keine Wohnung anmieten, schlage Torsten deshalb vor, daß er die Restferien bei dir verbringt und nicht erst hier das neue Schuljahr beginnt, sondern gleich in Deutschland. Torsten ist tief enttäuscht, daß wir nicht im Süden bleiben und gerät bei dem Gedanken in Panik, zu dir zu gehen und vielleicht längere Zeit bleiben zu müssen, da es für mich nicht einfach sein wird, von hier unten eine Wohnung und einen Job zu finden.

Erst langsam gewöhnt er sich an den Gedanken und freut sich dann schon ein wenig auf Carmen, die er für eine ihm freundlich gesonnene Verbündete hält.

So entschließt er sich im August, dich anzurufen und teilt dir mit, daß er gerne die nächste Zeit bei dir verbringen möchte, wegen meiner Schwierigkeiten hier, dem Umzug und so. Du äußerst nach so langer Zeit des Schwiegens gegeneinander keinerlei Überraschung, geschweige denn Freude bei der Aussicht, deinen Sohn nach all dem bei dir haben zu können. Du fragst nur, was denn der Flug kostet und stöhnst bei dem Preis.

Du drehst gerade die zweite Staffel der RTL-Serie »Ein Schloß am Wörthersee« und hast in den letzten beiden Jahren Millionen verdient.

Du verkomplizierst am Telefon den Besuch deines Sohnes: Angeblich ist keiner da, um ihn abzuholen, Carmen sei schon zu rund und unbeweglich in ihrem Zustand und sonst keiner da.

Torsten ist geschockt, fühlt sich zurückgesetzt und gibt die Hoffnung fast wieder auf, vielleicht doch willkommen zu sein.

Kurz darauf ruft Carmen an und erklärt, daß sie ihn gerne abholt, du übertreibst mit ihrem ›Zustand‹.

Wir gehen noch einmal mit Wieland frühstücken, der hierbleibt, um seinen Roman zu Ende zu schreiben und um zu versuchen, unsere Kontakte im Immobilienbereich auszubauen. Mein Bruder und Torsten haben beide beim Abschied einen Kloß im Hals und Wieland verspricht, sofort eingeflogen zu kommen, wenn seinem ›Surfpartner‹ etwas Böses angetan wird. Ich bringe meinen Sohn dann zum Flughafen von Malaga und weiß wieder einmal nicht, wie alles weitergehen soll.

Hier aus den langfristigen Mietverträgen raus, Job suchen, dann anmelden und Wohnung suchen, nein, erst Wohnung suchen, dann erst ist die Anmeldung möglich, aber ohne Anmeldung und Wohnung bekomme ich doch keinen Job. Meine Möbel kann ich nur nach erfolgter Anmeldung in Deutschland wiedereinführen, erst danach bekomme ich die an der Grenze hinterlegten Gelder zurück. Abmelden und Verkaufen des spanisch zugelassenen Autos, Kater ›Dany‹ in die ihm verhaßte Reisetasche stecken und wieder zurück nach Deutschland... und was dann?

Immerhin bin ich mittlerweile wenigstens aus den Schlagzeilen verschwunden.

Eine Woche später. Ende August '91

Torsten lebt bei Carmen und dir in Herdecke im Ruhrgebiet. Du hast dort zu Beginn des Jahres eine Doppelhaushälfte mit sechs Zimmern gekauft. Dein Manager Kaminski wohnt in der Nähe, Carmens Elternhaus ist leicht zu erreichen, und da du immer noch alle Auftrittsorte mit deinem Mercedes anfährst, ist dieser Ort in der Mitte Deutschlands wohl recht praktisch.

Vorher hattest du überwiegend bei Carmen in ihrer Wohnung in Mühlheim gelebt und nur ab und zu wieder in deiner neueingerichteten Wohnung unter dem Dach bei deiner Mutter.

»Na, wie hast du dich eingelebt? Verstehst du dich mit Carmen?« frage ich, als Torsten anruft.

»Also, ich habe hier mein eigenes Zimmer, und Mama, es ist hier alles wahnsinnig luxuriös. In jedem Zimmer stehen riesige Musikboxen. Und erst die Videogeräte, Kameras und und... Papa war noch nicht hier, aber mit Carmen bin ich schon los. Sie hat mir geile Tennisschuhe gekauft und eine meiner geliebten *Levis-501*-Jacken. Als Carmen das Papa am Telefon gesteckt hat, ist er zwar sauer gewesen, aber das kennen wir ja schon, oder?«

Torstens Verhältnis zu Carmen hat sich ein wenig abgekühlt. Er hat bei ihr mütterliche Gefühle für sich vorausgesetzt und dann das erste Mal erlebt, daß es sich nicht jeder gefallen läßt, ihm ständig seine Sachen hinterherzuräumen, wie ich es tue.

Du bist dann in einer Pause der Dreharbeiten nach Hause gekommen und hast dich sehr lange, wie es Torsten in seinem zweiten Anruf beschreibt, mit Carmen beschäftigt, ehe du deinen Sohn überhaupt begrüßt hast. Bei einem telefonischen Gespräch mit S. hast du zu diesem gesagt: »He, rate mal, wer hier neben mir sitzt und dir einen lieben Gruß hinüberschickt: der abtrünnige Sohn.« Torsten wird weiß vor Wut: Diesen Mann lieb zu grüßen, käme ihm nun wirklich niemals in den Sinn.

Dir aber scheint nur wichtig zu sein, daß deine Umgebung denkt, daß alle außer mir auf deiner Seite sind.

In den nächsten Tagen versucht unser Sohn, seine Krankheit herunterzuspielen. Er ißt alles, was ihm schadet und ist mit dem Spritzen des Insulins nachlässig. Er fragt dich dann als *pflegeleichter* Sohn, was du sagen würdest, wenn er so lange bei dir bliebe, bis ich eine Wohnung und einen Job gefunden hätte.

Du übergehst das mit zweideutigen Bemerkungen, die dich nicht festlegen.

Das Bedürfnis, ein neues Verhältnis zu deinem Sohn zu bekommen, wird auf jeden Fall nicht deutlich daraus.

In einem Streit wirfst du ihm vor, ich hätte ihn wohl geschickt, um Geld bei dir herauszuschlagen.

Torsten bekommt eine Erkältung mit starken Schluckbeschwerden. Als er mich deshalb anruft, muß er es ganz kurz machen, weil du ihm verboten hast, zu lange nach Spanien zu telefonieren.

Ich rufe also zurück und gebe ihm eine Liste mit wichtigen Vitaminen und homöopathischen Mitteln durch, die er unbedingt braucht.

Beim Anblick der Liste brüllst du deinen Sohn an, daß mir das so passen könnte, daß du jetzt auch noch diese vielen Medikamente kaufen sollst.

»Mama, erst als ich geheult und geschrien habe, daß ich als Diabetiker nicht so leicht mit Erkältungen fertig werde, hat er die Mittel gekauft, aber immer nur die kleinsten Packungen. Die anderen soll Oma kaufen, hat er gesagt. Zu der fahre ich übermorgen und bleibe eine Weile. Später will Walter mich dann mit an die Hütte nehmen.«

Torsten überspielt tapfer seine tiefe Enttäuschung. Immer hast du ihm versprochen, daß er jederzeit zu dir kommen kann, wenn er etwas braucht, du würdest alles für ihn tun. Jetzt ist er da und bittet und wartet, überspielt seine Krankheit, seine Wut und enttäuschte Liebe, und du erwartest von deinem fünfzehnjährigen Sohn ein reiferes Verhalten, als du selber an den Tag legst. Kein Wort über deine Liebe, auch wenn ein Geschwisterchen hinzukommt, keine Großzügigkeit, nein, nur deine eigene Gefühlsverworrenheit zählt.

Dein Sohn hat sich noch einmal ganz weit für dich geöffnet, um zu sehen, ob es nicht doch möglich ist, vielleicht auch, weil ich gesagt habe, es könnte sonst vielleicht bald zu spät sein.Diese Chance ist verpaßt.

Um Schlimmeres zu verhüten, nehme ich in München die erstbeste Wohnung, die mir über meine Freundin Helgard angeboten wird. Sie liegt zwar in meinem geliebten Obermenzing, ist jedoch wie die erste in Hamburg dunkel und wegen ihrer Nordlage immer zu kalt. Aber was soll's, der Wohnungsmarkt in München ist seit der Grenzöffnung katastrophal, und ich bin froh, überhaupt so schnell etwas gefunden zu haben, akzeptiere deshalb auch die überraschende Erhöhung der Miete um fünfhundert Mark bei Vertragsunterzeichnung.

Ich bitte dich, mir mit deinen Verbindungen zu helfen, einen Job zu finden, in den ich meine Erfahrungen und Qualifikationen einfließen lassen kann.

So lerne ich durch die Empfehlung von Walters Marja einen Unternehmer in der Lithographiebranche kennen und bekomme seine feste Zusage, Anfang November bei ihm als seine *rechte Hand* anfangen zu können. Euphorisch fliege ich zurück nach Marbella, um dort alles aufzulösen.

Nathalie. September '91

Am Vormittag des 14. Septembers sitzt dein Sohn mit dir bei Walter am Frühstückstisch, und ihr redet über Gott und die Welt, nur über eines nicht, daß doch offenbar in der Nacht zuvor Torsten eine Schwester bekommen hat, und auch nicht darüber, daß du vor einigen Stunden bei deiner Tochter und Carmen im Krankenhaus warst.

Erst ein paar Tage später erfahren wir aus der Zeitung, daß Carmen Mutter deiner Tochter *Nathalie* geworden ist. Auch als dein Sohn mit dir am 21. September telefoniert, erwähnst du dieses doch sehr einschneidende Erlebnis mit keinem Wort. Erst als er dich direkt darauf anspricht und fragt, ob das denn wahr wäre, kommt von dir ein »Ach so, das. Ja, das stimmt«.

Dein Abschied vom Leben. Ende September '91

In vielen Gesprächen vor der Erkrankung unseres Sohnes hast du immer wieder müde geäußert, daß du das Gefühl hast, nicht mehr viel Zeit zu haben: »Dicke, ich glaube, ich bin durch die ärztliche Technologie zurück ins Leben geworfen worden, um es allen noch einmal zu zeigen. Man hat mich zum Krüppel abgestempelt, der froh sein kann, überlebt zu haben, der nie wieder eine Frau findet und nie wieder zu Geld kommt..., aber ich werde auf dem Höhepunkt abtreten und nicht vorher. Vielleicht muß man auch erst sterben, damit man das erste Mal ernsthaft gewürdigt wird.«

Torsten vermittelt mir seinen Eindruck, daß du abwesend und an den Vorgängen um dich herum desinteressiert bist. Du bist freundlich, aber teilnahmslos, auch zu ihm.

Du machst immer häufiger den seltsamen Witz, daß du bald der reichste Mann auf dem Friedhof sein wirst.

Vor Jahren hast du gegen eine geplante Autobahn in der Nähe deiner geliebten Hütte protestiert. Endlich hattest du dich für etwas wirklich engagiert, es nicht einfach hingenommen.

Und schon haben »engstirnige Gesetzesverweser«,

wie du sie nanntest, das Zentrum deines Lebens, Torstens *Vaterhaus* und unsere einzige gemeinsame Heimat, zum Abriß freigegeben, weil angeblich vor zwanzig Jahren die Hütte überhaupt nicht hätte errichtet werden dürfen. Das fiel ihnen jetzt plötzlich ein, nach schon lange erfolgtem Telefonanschluß und Hausnummernschild 5 der Gemeinde Ornau und nachdem du zwanzig Jahre Grundgebühren gezahlt hast.

Dein Schrei ist überhört worden, er hat nur wieder dich selbst zerrissen.

Du holst offenbar, wie es sich später herausstellt, die von deinem Arzt als notwendig erachteten Mittel nicht mehr aus der Apotheke ab und nimmst auch sonst überhaupt keine Rücksicht auf deine schwer angeschlagene Gesundheit. Du rauchst schon kurz nach dem Aufstehen, trinkst starken Tee am Morgen, zu viel Alkohol am Abend, arbeitest von früh bis spät, nimmst sogar teilweise drei Termine am Tag an und jagst mit deinem Wagen vom Auftrittsort zum Drehort, dann zurück zu Walter oder Carmen.

In immer kürzer werdenden Abständen brichst du am Drehort zusammen. Deinen Kampf mit deinem geschundenen Körper »Er oder Ich« scheinst du bis zum bitteren Ende austragen zu wollen. Die Warnung deines Arztes schlägst du in den Wind. Er soll gesagt haben, daß du bald tot bist, wenn du so weitermachst.

Wie in einem schmerzlindernden apokalyptischen Rausch fühlst du dich zurück an die Spitze der Popularität katapultiert. Deine RTL-Serie hat größere Einschaltquoten als *Gottschalk*. Jeder will mit dir reden, dich engangieren, jeder ist plötzlich immer schon davon überzeugt gewesen, daß du der Größte warst und bist. Du spielst wieder Roy Black, und du bist darin sehr überzeugend.

Wieder willst du deinen vielleicht schon bald wieder endenden Erfolg mit einem Bauernhof, einem Kind und einer auf dich wartenden Frau koppeln.

Dieses Mal wird sich alles miteinander vereinen lassen, dieses Mal machst du bestimmt nicht dieselben Fehler wie mit mir vor fast zwanzig Jahren.

Umzug nach München.

Es ist ein schöner Spätsommer, und ich fahre jetzt immer häufiger vorbei an der Abfahrt zu unserer Hütte, da sie auf der Strecke nach Burghausen liegt, wo Torsten mit den Hunden, deinem ruhigen Bruder und der mütterlichen Marja versucht, am Wochenende auf »intakte Familie« zu machen. Am 28. September besuche ich das erste Mal Walter und spreche ihn auf die unter seinem Namen veröffentlichten Briefe an, um Klarheit zu schaffen. Wieder und wieder windet dein Bruder sich aus meinen lautstarken Vorwürfen heraus.
Torsten zuliebe schließe ich einen vorübergehenden Waffenstillstand mit Walter, da ich das Gefühl habe, daß er benutzt worden ist von Leuten aus deiner Umgebung.

Meine Möbel sollen erst in drei Wochen aus Marbella kommen. So ziehen wir ohne sie in die Wohnung, da Torsten wieder zur Schule geht und deshalb nicht mehr überall übernachten kann.

Marja hat mir Liegen und das nötigste Geschirr geliehen, und mit Walter fahre ich am 5. Oktober zur Hütte, um ein paar Lampen zu holen. Dein Bruder meint noch, ich solle doch wenigstens eine dalassen, korrigiert sich dann aber beim Blick auf das trostlose Innere der Hütte: »Nein, nimm ruhig alle mit, hier wird sicher niemand mehr übernachten wollen.«

Ein paar Wochen zuvor hatte Hochwasser den Boden der Blockhütte überschwemmt, und der festverlegte Teppich war deshalb teilweise herausgerissen worden. Nur noch wenige Möbel sind da und die auch noch übereinandergestapelt.

Unser *Heim* so vieler Jahre soll in wenigen Tagen auf behördliche Veranlassung hin abgerissen und dann plattgewalzt werden.

Jetzt bleiben nur noch wehmütige Erinnerungen an eine aufregende Zeit und an viele, viele in die verblichenen Balken geschriebene Feste. Alles an diesem einstmals so heimeligen Ort strahlt Tod aus.

Du hast alles hinter dir. 9. Oktober '91

Es klingelt. Marja ist am Apparat: »Du Silke, der Gerhard...« Mehr muß sie nicht sagen, ich weiß, daß du es geschafft hast und endgültig gegangen bist.

Ich schluchze und denke immer wieder, du kannst doch nicht einfach so gehen, so ohne Abschied und ohne ein letztes Gespräch.

Ich sitze hier auf dem trostlosen Fußboden meiner noch unmöblierten Wohnung und versuche, das Unfaßbare zu begreifen.

Um die Endgültigkeit deines Weggehens zu verkraften, versuche ich, dich vor mir zu erklären.

Ich weiß, du hast dich in den letzten Monaten regelrecht zu einem Arbeitssüchtigen gemacht, wolltest nicht aufwachen und Rechenschaft ablegen. Die Medizin hatte dir eine zweite Chance und damit die Möglichkeit gegeben, alles in einem Kurzdurchlauf noch einmal erleben zu können.

Irgendwann spürtest du dann wohl, daß alles doch wieder auf dasselbe hinauszulaufen schien:

Wieder einmal hast du ein Leben gelebt, das den *Anderen* klarmachen sollte, *wie* gut es dir ging, *wie* erfolgreich du alles in den Griff bekommst:

Frau, Kind, Karriere und dann ein Bauernhaus.

Und plötzlich wachst du wie aus einem Rausch auf: Wieder greift die lähmende Angst nach dir, daß nach dem riesigen Erfolg unweigerlich der Absturz kommen würde.

Jahre des Leidens lagen vor dir, der nachlassenden Belastbarkeit und der wieder nachlassenden Popularität. Jahre der Angst, jeden Abend auf das Ticken der Herzklappen zu horchen, einzuschlafen und nie zu wissen, ob man am Morgen auch wieder aufwacht.

Irgendwann in den letzten Wochen beschließt du mutig, Schluß zu machen.

Du wolltest nur noch abtauchen, aufgenommen werden in der fürsorglichen Unendlichkeit des dunklen Himmelsgestirns. Dein Herz, das wußtest du, würde sich nicht mehr wehren. Dein Herz war vorbereitet, schon sehr lange.

Wie gerne hätte ich noch mit dir geredet. Vielleicht

auch einen Brief, ein paar Zeilen für unseren Sohn in sein Leben gerettet.

Noch weiß ich nicht, ob du letzte Worte hinterlassen hast. Noch fühle ich mich im Stich gelassen.

Ich muß jetzt mit jemandem reden, die Trauer, den Schock, die Einsamkeit herauslassen.

Ich rufe meinen Bruder in Marbella an. Wieland vermutet genau wie ich, daß du freiwillig in den Tod gegangen bist. Mein Bruder versucht mein Schluchzen mit einem Ausspruch unserer Mutter zu beruhigen, die Hinterbliebenen hätten außer Selbstmitleid keinen Grund zur Trauer. Der Tote hat es doch hinter sich, diese »Ansammlung von Niederlagen, das sich Leben nennt.«

Nachdem ich aufgelegt habe, wird mir wieder bewußt, daß ich in den letzten Wochen, immer wenn ich an dich gedacht habe, eine Art Todesahnung gehabt habe.

Wir waren wohl zu lange ein Paar, als daß wir uns einfach voneinander abnabeln könnten.

Ich rufe Carmen an und biete ihr unter gemeinsamen Tränen an, daß sie mich jederzeit anrufen kann, wenn sie mit jemandem reden möchte.

Sie fragt, wie Torsten es aufgenommen hat, ich sage: »Der weiß es noch überhaupt nicht, der ist in der Schule, wie immer um diese Zeit.«

»Silke, hol ihn, damit er es nicht von Fremden erfährt«, schluchzt Carmen, und wir legen auf.

Wie in Trance fahre ich zu Torstens Schule und hole ihn aus dem Unterricht. Auf dem Weg zum Wagen fragt er immer wieder: »Mama, nun sag doch endlich, was los ist. Hab' ich noch 'ne Krankheit bekommen?«

Im Auto sage ich es ihm. Ganz still dreht sich dein Sohn zur Seite und weint vor sich hin.

Ich weiß nicht, wie wir beide nach Hause gekommen sind. In der Wohnung setzen wir uns in unausgesprochenem Einverständnis auf den Boden und fangen an zu reden.

Ich sage, daß du schon lange nicht mehr so weiterleben wolltest seit deiner Operation. Daß du nicht das Glück hattest, über längere Zeit Zufriedenheit empfinden zu können. Du bist jetzt erlöst, du hast es hinter dir.

Torsten weint nicht mehr, er wirkt sehr gefaßt und fragt dann aber: »Ich packe das nicht, daß Papa weg sein soll. Nie wieder reden können, ich kann ihm nichts mehr klarmachen, er läßt mir meine Zweifel. Hat er mich denn überhaupt jemals wirklich geliebt? Hätte er mich irgendwann geliebt?

Da stirbt dieser Mann und läßt mich zurück. Einfach so. Ich finde das nicht fair, irgendwie.«

Ich versuche deinem Sohn zu vermitteln, daß du am Schluß bestimmt überhaupt nicht mehr gewußt hast, warum du mit mir so erbittert gekämpft hast, warum du Torsten immer wieder weggedrückt hast. Daß du ihn auf deine Art immer geliebt hast.

Wir sind uns sicher, daß dir mit dem bevorstehenden Abriß deiner geliebten Hütte deine Zuflucht, deine Rückzugsmöglichkeiten endgültig genommen wurden. Mit der Hütte starben deine Träume, Selbstlügen, Illusionen und Hoffnungen. Du wolltest wohl nicht mehr blenden müssen, der Star für alle sein und dabei fühlen, daß das Herz vor Einsamkeit zerreißt.

Ich tröste Torsten mit dem Gedanken, daß sein Vater

noch einmal alles gegeben hat, um für seine Kinder vorzusorgen. Mit dem Raubbau an deiner Gesundheit hast du hilflos versucht, vieles wieder gutzumachen.

Torsten nickt und versucht zu verstehen.

Dann möchte er nach Augsburg, um mit deiner Mutter und Walter zu reden.

Seltsame Umstände. Oktober '91

Wie Marja, Walters Lebensgefährtin, erzählt, hat Carmen vergeblich auf dich gewartet. Beunruhigt hat sie Walter beauftragt, an der Hütte nachzuschauen, ob du vielleicht dort bist.

Walter findet dich und ruft, wie ich erfahren habe, scheinbar als erstes Dr. S. in München an und nicht etwa einen Krankenwagen oder die Polizei.

Es wird von beiden kein Antrag auf Untersuchung der Todesursache gestellt. Tod durch Herzversagen wird bekanntgegeben, aber das steht auch in einem Totenschein, der nach einem Selbstmord ausgestellt wird.

Im Obduktionsbericht steht, daß die Todesursache nicht festgestellt wurde.

Am Bett finden sich angeblich kein Wasser, kein Alkohol und auch keine Pillen. Du konntest nie ohne eines deiner geliebten Bücher einschlafen. Doch auch kein Buch ist zu sehen. Du sollst dich zum Schlafen in diese dunkle, naßkalte trostlose Hütte gelegt haben, wo dein Bruder kaum eine halbe Stunde entfernt wohnt?

Wie es vielleicht gewesen ist.

Immer wieder muß ich daran denken, was du wohl gefühlt und gedacht haben magst, als du so mutig auf den Tod zugegangen bist.

Die Dreharbeiten am Wörthersee sind an diesem Tag zu Ende gegangen. Im Auto Richtung Heimat hast du das erste Mal Zeit, in Ruhe nachzudenken. Joe Cocker begleitet lautstark deine gnadenlose Ehrlichkeit auf dieser Fahrt durch dein Leben.

Denkst du darüber nach, wo du dich eigentlich wirklich zu Hause fühlst? Oder wird dir mit Wehmut klar, daß du immer noch nicht einen einzigen echten Freund hast?

Dein Bruder konnte es nicht sein, er mußte zu lange zurückstehen. Du weißt, daß du die Liebe deiner Mutter als Gerhard immer vermissen mußtest: Sie konnte leider nur die Kunstfigur Roy Black verehren.

Schließlich hat auch noch dein Vater vor kurzem aufgegeben und sein Leben beendet.

Was bleibt dir, fragst du dich bestimmt in diesem Augenblick der Wahrheit.

In Carmen hast du eine begeisterte junge Frau, die aber wohl Ansprüche stellt, die du nicht gewohnt bist. Zu oft warst du unterwegs, als daß du mehr als nur Gast sein konntest in eurem gemeinsamen Haus.

Wieder hast du das Entstehen deines gerade geborenen Kindes kaum mitbekommen, geschweige denn begreifen oder genießen können.

Wie von einer magischen Hand geführt, bist du vor Minuten vorbei am Wohnort deines Bruders direkt zu deiner Hütte gefahren.

Was fühlst du in diesem Moment?

Ich bin mir ganz sicher, du hast in diesem Augenblick die Kraft in dir, jetzt das endlich auszuführen, was du seit Wochen oder Monaten in dir hast reifen lassen:

Du wirst die Pillen zusammen mit dem notwendigen Alkohol schlucken und einfach einschlafen.

So wie meine Mutter vor Jahren.

Traurig denke ich an deinen letzten, einsamen Weg durch das taunasse Gras, vorbei an der Feuerstelle.

Wehmütig blickst du ein allerletztes Mal über den kleinen friedlichen See, der dir so viele Jahre Freund und Gesprächspartner beim Angeln gewesen ist.

Du nimmst Abschied. In diesem Moment nimmst du die Trostlosigkeit der Hütte schon nicht mehr wahr.

Du hast das Bedürfnis, noch ein paar Zeilen zu schreiben. In wenigen Worten willst du alles noch Ungeklärte klären. Dann legst du dich in das kalte, unbezogene Bett und verläßt uns für immer.

Dein letzter Wille?

Dein Anwalt Dr. S. präsentiert spät – angeblich aus Rücksicht auf deine Mutter – ein von einem Juristen anscheinend vorformuliertes Testament aus dem Jahre 1989, in dem du zwar Torsten den Löwenanteil deines damaligen Besitzes vermachst, das aber rechtlich so formuliert ist, daß die Erben deines nach Errichtung des Testaments erworbenen Vermögens deine Mutter und dein Bruder sind.

Testamentsvollstrecker ist dein Anwalt Dr. S.

Von deiner Tochter konnte überhaupt nicht die Rede sein, weil sie erst danach geboren wurde.

Hättest du ein neues Testament verfaßt oder in einem Abschiedsbrief deine Tochter Nathalie und deinen Sohn Torsten als Erben eingesetzt, hätte man deinem Finanzverwalter schon sehr bald in seine Unterlagen schauen können.

Durch dieses Testament wurde dies zunächst blockert. Erst als das Jugendamt ankündigt, nach einem positiven Vaterschaftstest für deine Tochter Nathalie, das Testament anzufechten, wird ein Nachlaßpfleger eingesetzt und die Anwälte von Torsten und die von Nathalie können in die Transaktionen des Dr. S. Einsicht nehmen und diese kommentieren.

Und seine vielen Kontogründungen und Kontoauflösungen ergeben im Augenblick ein für uns verwirrendes Bild. Torstens Anwälte vermuten in einem Brief (6. 7. 92) an den Nachlaßpfleger: »Der Erblasser (Du) hat in den letzten drei Jahren mindestens drei bis vier Millionen Mark an Einnahmen erwirtschaftet.«

Dein Bar- und Wertpapiervermögen soll nur 1,2 Millionen D-Mark betragen haben, obwohl du Steuererstattungen in erheblichen Umfange erhalten hast, die Immobilienanlagen, die Dr. S. veranlaßte, vollständig fremdfinanziert wurden und du kaum oder keine Steuern hast zahlen müssen.

Torstens Anwälte, die faktisch auch für Nathalie nachforschen, schreiben in dem Brief weiter: »Es ist kaum denkbar, daß der Erblasser (Du) in den letzten Jahren vor seinem Tod zwei Millionen durchgebracht haben soll.« Das traue auch ich dir nicht zu!

Hast du das schon vor deinem Tod erfahren, daß wieder nur ein Bruchteil deines schwer verdienten Geldes vorhanden sein soll?

Und wolltest du wirklich deiner vermögenden Mutter und dem später erbenden Walter dein Vermögen zukommen lassen, ohne deine Kinder entsprechend zu berücksichtigen?

Auch das traue ich dir nicht zu!

Ich bin davon überzeugt, daß du auch das in deinem »letzten Brief« geklärt hast. Doch dieser Brief wurde nie gefunden.

Die Beerdigung. 20. Oktober '91

Torsten hat vor zwei Tagen zum ersten Mal deine Tochter im Arm gehalten. Noch hat er aber kaum brüderliche Gefühle, sagt er, das muß sich mit der Zeit erst entwikkeln.

Ich fände es toll für ihn, wenn er später eine Freundin in Nathalie hätte, einen Menschen, der anders zu einem steht, als alle anderen.

Tagelang lauert ein Fotograf vor unserem Haus in München. Sein größtes Vergnügen wäre es, Torsten und mich in unserer Trauer zu fotografieren.

Nach vielen Versteckspielen, Fluchten, Verkleidungen und Autojagden durch die ganze Stadt gelingt ihm schließlich ein Schnappschuß von mir. Pressekommentar zu dem gewaltsam erkämpften Foto: *Silke steigt ungerührt aus ihrem Auto. Ganz in Rosa. Kein Wort von ihr zu Roys Tod.*

Es ist eine Trauerfeier in ganz großem Rahmen geplant. Mehrere tausend Menschen werden erwartet, und Thomas Gottschalk wird die Trauerrede halten.

Du weißt, daß ich zu keiner Beerdigung gehen will, schon gar nicht, um mich in meiner Trauer auch noch verhöhnen zu lassen. Ich frage aber Torsten, ob er dabei sein möchte.

Er hat Angst, in einem solchen Augenblick fotografiert zu werden und dabei gleichzeitig seine Anonymität zu verlieren. Er will deshalb nicht. Die Presse sollte daraufhin schreiben: *Verzweifelter Torsten durfte nicht von seinem Vater Abschied nehmen.*

Torsten möchte bei der späteren Urnenbeisetzung, die ohne Öffentlichkeit erfolgen soll, Abschied von dir nehmen. In der Stunde der Trauerfeier setzen wir uns beide auf den trostlosen Fußboden unseres Wohnzimmers, denken an dich und reden über dich.

»Nie mehr, Dicker, niemals mehr.«

Dieses Gefühl nimmt uns beiden die Luft zum Atmen. Wir können deine jetzt wieder häufig gespielten Lieder und Fernsehsendungen nicht sehen, ohne sofort loszuheulen. Ich weiß zwar, daß die Zurückgebliebenen auch aus Selbstmitleid trauern, ich weiß, daß es für dich richtig war und du es nun geschafft hast, trotzdem frage ich mich immer wieder, was es war, das dich vom Lebenswillen abgeschnitten hat.

Am 20. Oktober kommt Torsten sehr blaß von der Urnenbestattung zurück. Sein Vater ist jetzt nur noch Asche und Erinnerung. Unser Sohn ist durch die vielen Belastungen in den beiden letzten Jahren sehr erwachsen geworden. Um der Presse auszuweichen, war die

Zeremonie morgens um sieben Uhr angesetzt worden. Nicht einmal Carmen wurde von deiner Familie davon unterrichtet. Sie sagt, sie wäre gerne bei dir gewesen.

Erneute »Hexenjagd« der Presse.

Du bist tot, und wir haben nicht mehr die Zeit gehabt, gemeinsam die Lügen von damals aufzuklären.

Doch die Hetzkampagne von vor einem Jahr wird jetzt um ein Vielfaches übertroffen:

Die Sehnsucht nach seinem Sohn trieb Roy in den Tod
Bis zu seinem Tod hat Silke Roy um Geld erpreßt
Sie hat ihn nie geliebt, sie war immer nur hinter seinem Geld her
Roy hat durch Silke das Lieben verlernt
Silke geht aufs Ganze: Sie will das gesamte Vermögen
Silke will sich an den Torsten zustehenden Geldern bereichern

Es ist Krieg im Nahen Osten, die Welt verändert sich in Ost und West. Überall Katastrophen, aber:

SILKE BEKOMMT NICHTS

als faustgroße Schlagzeile in BILD. Ich finde es normal, nichts zu bekommen, wir sind immerhin schon sechs Jahre geschieden. Aber was zum Beispiel ist mit Carmen und deiner Tochter?

Du hast nun alles hinter dir. Dein Sohn und ich jedoch leben. Ich weiß nicht, wie ich mich ohne dich gegen diese Hetzkampagnen wehren soll. Ich bin in den letzten beiden Jahren meiner Integrität und Ehre beraubt worden.

NIEMAND hat den Lügen widersprochen, hat Partei für mich ergriffen. Alle von mir erwirkten Gegendarstellungen waren vor Gericht erfolgreich und bewirkten doch nichts.

Du hast geschwiegen und andere reden und schreiben lassen. Nicht zuletzt deinen Manager Kaminski, der meines Erachtens die wahren Hintergründe kennen mußte, sie aber wohl für nicht »publikumswirksam« erachtete.

Du hattest damals gesagt: »Silke, ich werde Kaminski und S. stoppen.« Bis heute hält sich dein Manager nicht an deinen Wunsch. Dieser Mann, der sich mir gegenüber meist abfällig über dich geäußert hat, schwingt sich jetzt nach deinem Tod auf, dich »wahnsinnig gut« gekannt zu haben, ja, sogar dein »Freund« gewesen zu sein, obwohl er dich in den ersten Jahren eurer Geschäftsbeziehung noch nicht einmal duzen durfte. Er maßt sich an, über dich zu schreiben und gleichzeitig über mich zu richten.

Wenn er je dein Freund war, warum hat er dann einige der vielen Termine einfach NICHT angenommen, als es sich abzeichnete, daß du dich und deine Gesundheit überforderst. Warum »warf er nicht das Handtuch in den Ring«, als er spürte, daß du schon fast k. o. warst bei deinem Kampf gegen den Boxerspruch *They never come back*.

Du und ich, wir wissen, daß ich dich an einem Tiefpunkt deiner Karriere nach sieben Jahren gemeinsamen Lebens geheiratet habe. Diejenigen, die uns wirklich kennen, wissen, daß ich als einziger Mensch bei dir geblieben bin in all den Jahren, in denen so manch einer deiner jetzigen Fürstreiter Kübel von Häme ausgegossen hat über dich und deine Probleme.

Sollst du jetzt nach deinem Tode so übermenschlich idealisiert werden, um von dem Gedanken abzulenken, man hätte Mitschuld an deinem Sterben?

Heute habe ich kaum noch die Kraft, mich zu wehren und gleichzeitig unserem Sohn eine fröhliche und starke Mutter zu sein.

Aber ich muß und ich werde es schaffen. Denn gerade er wird mich brauchen.

Und er wird immer auch dein Sohn sein.

Nachwort

Ich sitze hier und denke an dich.

Nebenan in seinem Zimmer hört Torsten zum hundertsten Mal das Lied *Seasons in the sun*, in dem von einem Mann die Rede ist, der sich, bevor er stirbt, von allen ihn liebenden Menschen verabschiedet.

»Warum bist du gegangen, ehe ich dich wirklich kennengelernt habe!« schreit unser Sohn immer wieder seinen Schmerz hinaus.

Erst jetzt, Monate nach deinem Tod, begreift er immer deutlicher die Unwiederbringlichkeit einer Aussprache mit dir, schmerzhaft muß er lernen, Abschied von dir zu nehmen. »Warum ist Papa gegangen und hat dich mit diesen Lügen zurückgelassen?« fragt er immer wieder.

Er liest das, was ich über dich aufgeschrieben habe und ist stolz, daß du so differenziert denken und analysieren konntest. Er will alles in sich aufsaugen.

»Also, dann war Papa doch sehr intelligent«, stellt er beruhigt fest, »ich wußte das ja nicht, ich war zu klein, um das damals beurteilen zu können.«

Meine Seele weint.

Um dich, der uns zu früh verlassen hat. Um unseren Sohn, der das Leben nie wieder unbeschwert wird genießen können.

Warum du auch immer das alles so zugelassen hast, eines weiß ich sicher:

Gleichgültig waren wir uns nie!

Und das ist, finde ich, die größte Liebeserklärung, die

man einem Mann nach fünfundzwanzig Jahren machen kann.

Mit diesem *letzten Gespräch* mit dir habe ich versucht, das *Wie* und *Warum* unseres Lebens darzulegen. Jeder, der eine Partnerschaft »gelebt« hat, wird sich in Teilen wiedererkennen können.

Ich habe dich zu sehr geliebt, als daß diese veröffentlichte Aussprache ein Verrat an dir sein könnte, war ich doch als unmittelbar Beteiligte gezwungen, auch immer mich und meine Rolle in unserer wild wechselnden Lebensgeschichte zu beschreiben.

Ich glaube nicht, daß wir erfolgloser oder erfolgreicher waren als die meisten.

Nur öffentlicher.

Ich weiß, du bist in ein tiefes Loch schwerster Depressionen gerutscht, als du begriffen hattest, daß ich nach unzähligen Vorwarnungen endgültig gegangen war. Und du hast dich wohl nie mehr vollkommen davon erholt. Zu sehr hast du dich auf mich und meine Stärke verlassen können in unseren achtzehn gemeinsamen Jahren.

Für dich bin ich zu plötzlich gegangen. Und zu spät ist Carmen in dein bereits verlorengegebenes Leben getreten.

Du bist tot.

Die Endgültigkeit dieser Worte kann ich nicht begreifen. Wir werden uns wohl nie wiedersehen.

Wir glauben beide nicht an ein Leben nach dem Tod. Aber in Torstens und in meinem Herzen lebst du weiter. Du warst der wichtigste Mann in meinem Leben.

In mir spült die Flut der Erinnerung langsam die Spuren zu, die in Zeiten der Ebbe auf meiner Seele hinterlassen wurden. Ich denke mit Liebe an den, der du hättest sein können. Und ich bereue das Leben mit dir nicht.

Du hast die Kerze deines Lebens an beiden Seiten gleichzeitig angesteckt und bist verbrannt.

Aber nur

»wer sich selbst verbrennt,
wird den Menschen eine ewig brennende Flamme sein.«

Bildnachweis:

Titelfoto: Wolfram J. Mehl
Foto Umschlag-Rückseite: Showbild/Ingrid Kaminski
Fotos Innenteil: Peter Bischoff, Silke Höllerich,
Schneider-Press, Showbild/Ingrid Kaminski